公共经济与公共管理评论

PUBLIC ECONOMICS & ADMINISTRATION REVIEW

2023年卷

浙江财经大学东方学院公共经济与公共管理研究中心 编

经济管理出版社

ECONOMY & MANAGEMENT PUBLISHING HOUSE

图书在版编目（CIP）数据

公共经济与公共管理评论. 2023 年卷 / 浙江财经大学东方学院公共经济与公共管理研究中心编. -- 北京：经济管理出版社，2024. -- ISBN 978-7-5096-9887-7

Ⅰ. F062.6-53；D035-53

中国国家版本馆 CIP 数据核字第 2024NA9142 号

责任编辑：张　艳　张莉琼
助理编辑：康国华
责任印制：许　艳
责任校对：陈　颖

出版发行：经济管理出版社
　　　　　（北京市海淀区北蜂窝 8 号中雅大厦 A 座 11 层　100038）
网　　址：www. E-mp. com. cn
电　　话：(010) 51915602
印　　刷：唐山玺诚印务有限公司
经　　销：新华书店
开　　本：787mm×1092mm/16
印　　张：16
字　　数：284 千字
版　　次：2024 年 10 月第 1 版　　2024 年 10 月第 1 次印刷
书　　号：ISBN 978-7-5096-9887-7
定　　价：88.00 元

目　录

未来社区建设中的协同困境及其化解策略研究

——基于"引领—共建—赋能"的分析框架

姚　莉　张艺媛*

摘要　本文从社区治理理论研究的两条主要路径出发，构建基于"引领—共建—赋能"的分析框架，研究未来社区建设的过程、存在的协同困境及其化解策略。在顶层设计、行政推动下，未来社区建设形成党建引领下的组织协同、基于社区共建的社会协同，以及技术赋能的服务协同的建设路径。建设过程由于受自上而下的行政性因素、社区治理中社会参与的限制，以及技术赋能的工具等因素的影响，未来社区建设存在着协同困境，主要表现为行政推动中的权责倒置、组织嵌入中的条块分割等引起的组织协同困境；共建体系缺乏协同动机、行动能力不足、社区角色内在冲突、社区整合与居民参与矛盾引起的社会协同困境；场景建设与居民需求差异、平台建设较难支撑数智化服务、数据流程赋能技术限制引起的服务协同困境。在协同治理理论指导下，本文提出优化社区建设模式，纾解组织协同难点；明确社区主体地位，完善社会协同体系；消除技术赋能障碍，构建服务协同环境。总而言之，当地需要通过党建引领的组织协同、社区共建的社会协同、技术赋能的服务协同，实现未来社区建设。

关键词　未来社区；社区建设；党建引领；社会协同；技术赋能

一、引言

当前，城市发展已经进入结构优化、内涵提升的新的历史阶段。社区

*　作者简介：姚莉，女，浙江财经大学东方学院教授、博士、硕士生导师。主要研究方向：地方政府治理。张艺媛，女，浙江财经大学2020级行政管理专业硕士研究生。

作为城市建设的基本功能单元，是城市文化融合、市民凝聚力和幸福感提升的重要场所。我国的社区建设工作在过去的探索中已经取得历史性成效，也积累了基础设施落后、社区服务供给不到位、邻里关系紧张等一系列问题，社区生活品质与居民需求存在差距，社区建设与新时代文明发展不相适应。同时，新旧小区建设水平参差不齐问题愈发凸显，老旧小区基础设施落后、服务供给能力有限的问题更加突出，严重影响社区居民的生活质量。因此，在现代信息技术推动下，通过数字赋能创新社区建设，聚焦居民需求，提供多样化服务，满足居民对美好生活的追求，成为可选择的路径。

浙江省在全国率先提出"未来社区"概念，2019 年该概念首次被写入浙江省政府工作报告，随着《浙江省未来社区建设试点工作方案》的印发及第一批试点单位的创建，学术界和社会各界对其关注度越来越高。按照浙江省委、省政府统一部署，在省住房和城乡建设厅成立工作专班，推进未来社区、未来乡村建设和城乡风貌整治提升工作。未来社区建设以满足人民日益增长的美好生活需要为根本目的，以改革创新为根本动力。截至目前，经过各地部门的协同联动，通过凝聚多方合力，未来社区、未来乡村建设和城乡风貌整治提升均取得了阶段性成效，已形成一批实践成果。自 2019 年部署未来社区试点建设工作以来，共开展五个批次，合计467 个创建试点，首批通过验收并正式命名的项目有 28 个。

虽然未来社区在实践探索层面已经取得一定成效，但其中的具体问题需要进一步研究。未来社区建设是城市社区治理中的新生事物，分析其建设过程、面临的主要困境，以及提出相应的化解策略，对于建设真正与居民需求贴合的未来社区非常重要。本文提出"引领—共建—赋能"的分析框架，以杭州市 H 社区的未来社区建设为个案，研究未来社区建设中的协同问题，为完善未来社区建设提供相关思路。

二、概念界定与研究框架

未来社区概念最早在社会学和传播学中被提及，强调信息技术在未来社区建设过程中的重要性。米切尔在《比特之城——空间·场所·信息高速公路》中指出，未来人们不仅能够居住在由钢筋混凝土建设的社区住宅中，还能够栖身于由网络技术、传感器技术和信息技术组建的"软社区"

里，充满了智能化元素。① 罗杰·菲德勒在《媒介形态变化：认识新媒介》中提出，未来社区是以各种电子媒介为核心，结合建筑学技术构建的现代社区，这些电子媒介以网络形式互联，能够让社区居民足不出户便可完成工作、社交，获取生活和智慧服务。②

我国在数字化背景下提出的"未来社区"概念还未形成统一定论，总体上其界定呈现出综合性、全方位的特点。浙江省在国内最先开展未来社区建设，出台并实施《浙江省未来社区建设试点工作方案》，方案指出要以人为核心，聚焦人本化、生态化、数字化三维价值坐标，以和睦共治、绿色集约、智慧共享为内涵特征，突出高品质生活主轴，构建以未来邻里、教育、健康、创业、建筑、交通、低碳、服务和治理九大场景创新为重点的集成系统，打造有归属感、舒适感和未来感的新型城市功能单元，促进人的全面发展和社会全面进步。此概念主要包含三个方面的内涵：其一，"未来社区"的"未来"意味着其建设离不开信息技术的支持，同时表明其设计应具有前瞻性；其二，未来社区关注人的需求与行为，突出强调以人为本；其三，未来社区是一种综合性的社区概念，涵盖内容广泛，不仅能通过数字技术为居民提供更为便利的服务，还能满足居民对环境、邻里等各方面的需求，体现可持续发展的理念。

为了实现传统社区向未来社区的转变，本文从社区治理研究的组织推动和社会参与两条主要路径出发，构建基于"引领—共建—赋能"的未来社区建设分析框架（见图1）。组织推动路径强调在党建引领下，依托政府主体性地位，通过行政力量整合各方资源，完善社区治理架构，推动社区治理进程。社会参与路径以社区需求为导向，通过政府权力下放，多元主体互相合作、协商、互动，共同参与社区治理，解决社区公共问题，承担社区治理责任。仅依靠组织推动的社区治理路径过于强调行政化推动，有可能会因为公权力扩张而导致社会自主性减弱，阻碍社区建设共同体的形成，抑制社区主体参与社区治理的积极性。仅依靠社会自治难以完成全面的社区建设，社区建设的全面展开需要一定的活动空间、自主权利及可支配的资源作为保障，离不开党建引领及政府的行政推动。未来社区建设仅依靠组织推动抑或是社会参与的单一路径无法满足现代社区治理的需

---

① 威廉·J. 米切尔. 比特之城——空间·场所·信息高速公路 [M]. 范海燕，胡泳，译. 北京：生活·读书·新知三联书店，1999.

② 罗杰·菲德勒. 媒介形态变化：认识新媒介 [M]. 明安香，译. 北京：华夏出版社，2000.

求，必须同时发挥两条路径的优势，探索形成组织推动与社会自治相结合的社区治理新路径，即在党建引领下，通过政府的行政力量自上而下地推动社区治理，同时引导社区多元主体主动参与社区建设，形成合力共同治理社区。

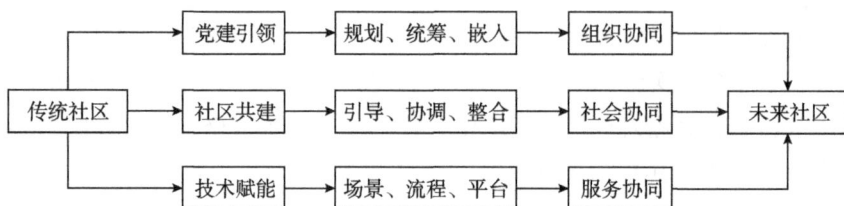

图 1　基于"引领—共建—赋能"的未来社区建设分析框架

首先，党建引领下的组织协同。基层党组织是构成基层社区治理体系的核心力量，在社区治理过程中发挥领航作用。在未来社区建设中，党组织通过顶层设计，科学合理地进行社区规划，统筹推动建设进程。政府作为组织、投资的责任主体，要在党建引领下形成行政推动，借助行政力量整合社区资源，做好引导、协调及财力支撑，[①] 满足客观需要，体现政府职能。党建引领贯穿社区治理全过程，党组织通过组织嵌入，形成对社区治理工作的全面覆盖。

其次，基于社区共建的社会协同。未来社区建设离不开多元主体共同参与的社会协同路径。社会协同路径从社区居民的需求出发，基于多元主体的协商、合作、互动过程实现社区自治，以加强社区管理与服务。社区治理的本质特征是多元主体的共同参与，居民需求是社区建设的出发点和落脚点，通过整合居民需求规划社区建设。在社区层面依靠政府下放权力，引导建立包括社区居委会、业委会、物业等在内的社区自治组织参与社区建设。

最后，基于技术赋能的服务协同。数字技术的快速发展为提高社会治理效能、优化社会治理流程、创新社会治理模式提供了可能。数字技术赋能社区治理可以为政府赋能，通过加强政府与多元主体的沟通，提高政府合法性。数字技术赋能社区可以实现社会赋能，利用数字技术改造社会生活，增加数字技术与社会生活之间的联系，基于数据的收集、整合、决

---

① 张永理. 社区治理 [M]. 北京：北京大学出版社，2014.

策，提高数字赋能解决问题的能力，利用数字技术进行精准化的社区服务识别及个性化的社区服务供给。基于政府有效治理、社区有效组织的社区治理能够有效提升社区的治理效能。未来社区建设对数字技术嵌入社区治理提出了更高的要求，通过数字技术的应用、智慧服务平台的构建、互联互通场景的建设及便捷数字应用的共享为未来社区提供智慧服务。

三、未来社区建设的案例分析：基于杭州 H 社区

浙江省委、省政府通过整合现有社区建设的创新模式，聚焦人本化、生态化、数字化多维价值导向，围绕人的全方位需求开展新型现代化社区建设模式探索，即未来社区建设模式。本文案例选择杭州市 H 社区，该社区凭借丰富的旧改经验成功入选浙江省第四批未来社区创建名单，且顺利通过 2022 年上半年省城乡风貌整治提升（未来社区建设）工作专班的验收工作，成为浙江省首批命名的旧改类未来社区。

（一）H 社区未来社区建设的基本情况

H 社区隶属于杭州市 Z 街道。社区整体建筑面积约 36.27 万平方米，容积率约为 1.81。社区内共包含房屋 68 幢，居民 2659 户，常住人口约 5453 人。项目规划单元的范围 79.67 公顷，实施单元的范围 20.06 公顷，预期建成之后直接受益居民 2 万余人。H 社区建于 20 世纪 90 年代，地处杭州主城区，是 70~90 年代住宅区最密集的区域，是个拆迁安置的老旧小区，社区内大部分为 90 年代从火车站回迁安置的居民。

H 社区作为老旧小区在社区治理推进过程中暴露出越来越多的问题。第一，基础设施薄弱。作为一个建成于 20 世纪的老旧小区，H 社区在建设初期受制于当时社会经济发展水平，基础设施功能较为单一且缺乏人性化考虑，在长期使用过程中出现老化现象，部分设施难以维持正常使用功能，突出表现为网管破损、墙面漏水、地面坑洼不平等。第二，空间资源紧缺。由于社区建设之初缺乏系统规划，社区整体空间资源有限且难以扩张，不利于后期对社区开展的整体性优化，有限空间难以充分满足日益增加的多样化社区活动需求。第三，服务供给不足。社区人口结构中的老幼比例高，养老、托育、托幼方面的需求较为旺盛，但社区内的"一老一

小"服务不够优质，养老托育服务不够精细，两者之间存在供需矛盾。第四，数字化水平低。社区内报表任务多而重，数据连贯性有限，经常出现重复填报情况，同时还存在基础数据散乱杂、数据采集困难、数据更新速度慢、数据精准性不强等一系列问题，导致数字化在社区治理中的应用效果大打折扣。

为了有效缓解 H 社区治理过程中存在的问题，Z 街道通过创新"9+1"改造模式，从设施、环境、文化、空间、管理等方面协同发力，推进对老旧小区的"综合改一次"改造。H 社区旧改项目以"美好环境、幸福生活、共融家园"为愿景，着力完善社区基础设施、优化居民居住环境、提升社区服务功能、打造社区文化特色，多维度、全方位朝着人民美好生活的目标迈进。在旧改过程中，H 社区积极探索资源整合挖掘，增加小区公共空间和服务设施。在社区内开展适老化设施改造，如在卫生间增加防滑垫、安装扶手；台阶改平、转角安装防撞条，以及安装室外电梯，方便老年人出行。通过适老化设施改造，改善老年人居住环境，满足社区中的特殊群体对生活质量的追求。H 社区 2020 年开始老旧小区改造，2021 年全面完工，建筑质量与风貌完好，整体改造成效显著，见效时间快，成为"点上示范、面上推进"旧住宅区更新的战略前沿区域，曾获得"杭州市旧改十佳案例"等荣誉。

H 社区在旧改期间就以未来社区场景落地为要求开展老旧小区改造，提前谋划未来社区建设。H 社区紧紧抓住老旧小区改造的基础优势，围绕省级第三批未来社区试点创建和数字化改革，优化社区整体设计，强化数字赋能社区建设，将未来社区九大场景融入旧改提升全过程。2021 年 10月，H 社区未来社区项目由 Z 街道确定的项目实施主体负责申报方案和编制实施方案。同月，Z 街道提出创建未来社区项目的申请。11 月，Z 街道与项目建设单位签订协议后，H 社区未来社区建设项目正式开工，并于2022 年 2 月正式交付使用。H 社区未来社区创建工作主要取得了以下成效：一是完成工程类项目改造，主要包括邻里中心室内装修、房屋外立面改造、屋顶绿化改造、绿化景观提升等；二是进行跨场景应用类项目建设，重点聚焦邻里、治理、教育、健康等场景的建设。

H 社区未来社区建设还在推进过程中，但已取得阶段性成果，在一定程度上形成了党建引领、社区共建、技术赋能的多元治理格局。其中，基层党组织的政治引领是推进未来社区建设的核心要素，自上而下的行政推动是关键，多元社会主体参与社区建设是社会基础，数字赋能是未来社区服务供给的质量保证。

（二） 党建引领下的组织协同

党在现代国家治理中的领导地位决定了社区党组织在未来社区建设过程中处于引领地位。这要求党在大力推动未来社区建设的同时，必须加强未来社区党建工作，进一步巩固党建在未来社区建设过程中的引领作用。

第一，顶层设计，统筹推进。浙江在未来社区建设过程中要突出党建引领的顶层设计。2019 年 12 月，浙江省政府在《关于高质量加快推进未来社区试点建设工作的意见》中提出要构建党建引领的科学高效社区治理架构；2021 年 12 月发布的《浙江省未来社区验收办法（试行）》与 2022 年 3 月发布的《浙江省全域推进未来社区建设的指导意见（征求意见稿）》都突出强调将党建引领作为全域推进未来社区建设的基本原则。在省委、省政府的领导下，杭州市发布《党建统领未来社区工作规范指引（试行）》《关于深化区域党建联盟助力未来社区建设的通知》，主要从深化组织建设、下沉党建力量、深化民生服务、打造标杆示范等方面强化党建统领。H 社区通过建立党建联盟，打破单位化党建带来的组织壁垒，发挥执政党的政治协调功能。在基层党组织的牵头下，H 社区党建联盟汇聚市、区两级住房保障和房产管理部门和有关下沉资源力量，吸收周边企事业单位、运营公司、社会组织等社区共建单位共同参与未来社区建设，推动组织、资源、业务等方面全方位融合，构建"社区党组织—小区党支部—特色党小组—志愿服务队"四级组织架构，招募党建联盟、红色物管会等 26 个单位和在职党员、志愿者、"小个专"党员等 12 类人员的 218 名人士加入，推动党建资源共享，实现不同主体间的优势资源互补，以共建形式、联盟框架促进社区党建能力建设。[①] 社区党建联盟从社区实际出发，基于居民需求，通过联盟成员在组织、资源、业务等方面的融合，建立常态化运行机制，在统筹推进未来社区规划、建设、运营等方面充分发挥作用。在规划阶段，H 社区积极争取市级企事业单位资源，通过党建共建、租金抵扣等方式，充分利用社区现有资源，在社区内打造 4300 平方米的党群服务中心阵地——邻里中心，并将其用作社区服务的集中供给场地。在建设阶段，H 社区坚持"把支部建在工地上，让党建深入现场"，

① 吴新叶，吕培进．在"规定动作"与"自选动作"之间：基层党建联盟的活力空间 [J]．学术界，2021（7）：83-94．

通过成立临时党支部，汇集各方力量。在运营服务阶段，H 社区坚持党建引领社区治理和居民服务的基层党建原则，以专业社区服务为抓手，以服务居民群众为重点，创新社区运营服务模式，夯实社区党群基础，打造服务完善、环境优美、文明和谐的未来社区。

第二，行政推动，任务下达。在党建引领下，通过"省级统筹、市级协调、区级主抓"的协同机制，将具体的未来社区建设任务依托垂直的权力网络下派至社区。省级政府主要负责未来社区的统筹谋划，通过政策性手段和工具积极推动省内各地区开展未来社区建设。2019 年 12 月，浙江省人民政府办公厅出台《关于高质量加快推进未来社区试点建设工作的意见》，提出未来社区建设要坚持分类统筹实施。在省级政府明确的目标任务要求下，市级政府主要发挥桥梁纽带作用，落实省级政府下达的政策文件，结合自身实际出台试点工作实施细则，积极创造条件保证试点项目早日开工、建成以及运营。杭州市于 2022 年公布《杭州市城镇未来社区验收办法（试行）》，在省级未来社区验收办法基础上结合地方实际，为全市未来社区建设提供操作落地指导，进一步深化全市未来社区"省级试点、省级创建点、市级创建点"三级梯度创建格局。[①] 各县（市、区）政府（管委会）充分执行上级政府的安排，重视本级政府未来社区建设工作，做好未来社区试点项目规划建设，响应省级政府号召在所辖范围内挑选符合条件且具有代表性的社区进行未来社区建设试点，建立相应的工作机制，协调解决推进难题，保障试点工作高质量落地，总结试点优秀经验，为后续未来社区建设提供建设思路。街道层面按照省、市、区的部署，重点落实好未来社区项目的实施工作。整个过程在各级政府的统一领导下，依托垂直的权力网络，自上而下逐级推进，最终将具体的建设任务落实到社区居委会。在街道向下安排的过程中，建设要求通过指示、指标的形式向下传达，最终汇集到社区，由社区作为主体承接繁多且复杂的各项任务，并开展社区实地建设。社区作为具体开展项目的建设主体负责未来社区项目的建设推进，完成相关部门下派的建设任务，协调相关职能部门在社区开展未来社区建设工作。在社区内完善配套基础设施建设、信息化等各项任务，保证未来社区建设的进度。

第三，组织嵌入，工作覆盖。为了促进未来社区建设中的条块协同，浙江省各级政府自上而下建立城乡风貌整治提升（未来社区建设）工作专

---

① 杭州市发布实施浙江省首个市级未来社区验收办法 [EB/OL]. [2024-04-04]. http://www.hangzhou.gov.cn/art/2022/6/29/art_1229660579_59060159.html.

班，分别由不同职能部门组成，各司其职，承担未来社区建设任务，并通过工作专班实现工作覆盖，最终由街道工作专班具体落实。省级专班的主要任务是锚定工作目标，充分发挥地方的积极性和创造性，扎实推进城乡风貌样板区建设，加快推动未来社区从试点创建到面上推广。[①] 杭州市市级未来社区建设统筹协调专班通过"专班化"实现"专业化"，以高标准组建社区建设团队。专班内分设综合规划组、建设推进组、民生保障组、服务双创组，分别由市发展和改革委员会、市城乡建设委员会、市民政局、市科学技术局牵头，研究确定未来社区项目申报、项目方案审核、提供政策支持、推进社区建设及运营管理等具体事宜。相关部门根据职责分工制定具体政策措施，分别指导各大场景建设推进工作。同时，通过未来社区建设例会制度，实时跟进建设进程，以便及时解决建设进程中发现的各项问题。各区（县）工作专班主要是根据指示做好相关规划、激励工作，督促未来社区建设的开展。H 社区所属的 Z 街道党工委在街道层面也成立了未来社区工作专班，Z 街道办事处党工委书记担任现场总指挥，Z 街道办事处主任担任常务副总指挥，专班成员由街道科室、社区相关人员共同组成。H 社区在 Z 街道管委会的统领下成立社区工作委员会，即 H 社区未来社区建设专班（见图 2）。Z 街道通过融合各职能部门及社区相关工作人员成立工作专班，为高品质推进未来社区建设工作奠定组织基础。这种组织策略通过发挥政党的政治整合功能，将街道内各行政部门整合起来，实现行政力量的集中，有效避免分散型治理带来的治理低效。一方面，未来社区建设专班囊括了街道内所有职能科室，包括党政综合办公室、党建工作办公室、综合信息指挥室、公共服务办公室等。根据社区建设具体任务安排将专班成员划分为不同职能组，包括综合规划组、场景落地组、建设推进组、群众工作组、信访维稳组、拆违整治组、宣传后勤组、监督检查组等，各个职能组根据建设要求开展工作。另一方面，H 社区未来社区工作专班积极吸纳设计施工单位、全过程咨询单位、社区领导班子、居民党员骨干等成员参与未来社区建设，同时在未来社区建设项目中设置工程组与监督组，负责施工现场的协调监督，保证社区建设的实施进度。街道办事处作为未来社区项目的建设主体，负责未来社区整体建设及明确实施主体。实施主体确定后，由实施主体负责申报方案和编制实施方案，以及前期手续的办理等工作。随后，街道办事处以文件形式提出创

---

① 省城乡风貌整治提升（未来社区建设）工作专班会议召开 [EB/OL]．[2024 - 04 - 04]．https：//www.zj.gov.cn/art/2021/7/28/art_1229514421_59123755.html.

建未来社区项目的申请，提交项目申报表及创建方案。申请通过后由街道办事处与项目建设单位、运营单位签订建设协议，负责落实未来社区建设期及运营期建设。

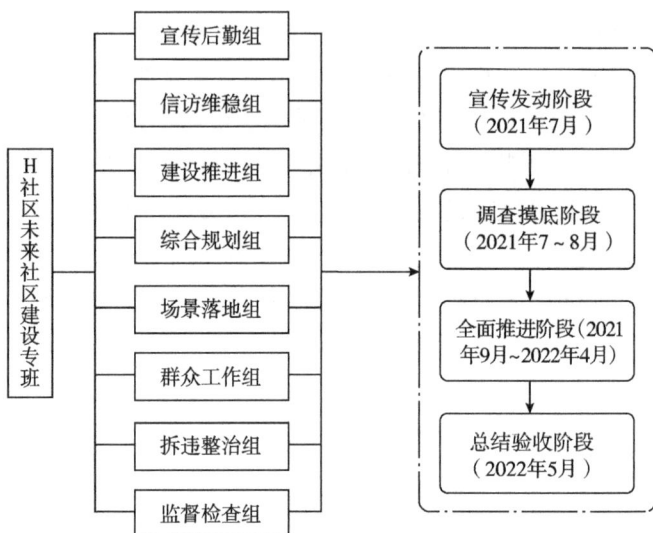

图 2　H 社区未来社区建设专班

（三）基于社区共建的社会协同

未来社区建设不仅需要党建引领下的组织协同，还应当构建社区主导的多主体共同参与的社会协同新格局，以调动多元主体积极性，联合不同社会力量及资源，在政府、社会、居民的良性互动间形成工作合力。

第一，建立共建体系，引导多方参与。为推进未来社区建设，H 社区探索形成在社区党委领导下，联合社区物业、居委会、业委会及社区共建单位共同参与的"1+3+X"共建共治共享体系，其中"1"指的是社区党委，"3"指的是社区物业、居委会、业委会，"X"指的是社区共建单位，包括 H 社区党群服务中心、H 社区卫生服务中心、养老服务中心、邻里中心等（见图 3）。首先，社区党委作为多元主体的凝聚者、共建共治共享体系的搭建者和工作引领者，通过制定工作规则、责任清单和议事规程，明确各主体责任，引导多方参与。其次，社区居委会、业委会、物业公司三方联动协同，共同参与未来社区规划、建设、管理及评估工作。居委会协调业委会、物业公司参与未来社区建设，物业公司和业委会共同支持居委会开展未来社区建设工作。在规划前期，H 社区面向社区内的"两委"班子、全体党员、居民代表、物业监督小组开展社区建设意见征询会 9 次，听取不同层面的建设意见。在推进过程中，居委会积极拓宽资金筹措渠道，探索政府、居民、社会力量、专项债等资金筹措共担机制。再次，H 社区在社区内成立三方协同治理办公室，对居委会、业委会、物业公司进行空间上的整合，使三者能在三方协同治理办公室中共同办公，以物理空间的集聚整合社区治理三大核心主体的力量。同时，制定"三方协同"议事规则、处理流程，规范协同流程，形成"日走访、周碰头、月例会"的工作机制，通过经常性沟通交流保证项目进展的实时跟进。最后，创新服务大厅"一站式"办公，优化服务供给体系，形成一站式、集成高效的便民利民服务。

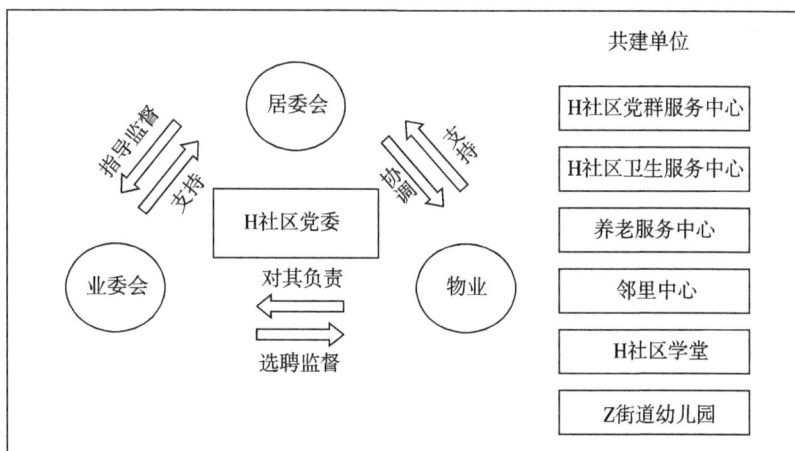

图3　党建引领下的共建共治共享体系

第二，协调社会资源，提供社区服务。社区是居民生活的场所，除了具有情感支撑的作用外，更为重要的是发挥保障生活的作用。H 社区积极将社区联合周边学校、商场、服务中心形成社区共建共治共享体系，打造综合性、一站式、多场景的邻里服务集合体，从而实现社区内的资源整合与共享。通过联合周边力量，打造集社区办公、教育、文化、社区养老等于一体的幸福邻里中心，为居民提供无障碍化、"一站式"的服务，使其成为为居民提供服务的场所和社区居民参与邻里活动的场所。H 社区通过吸收中铁二院、中大集团、乐刻健身等 40 余家单位，提供个性化的社区服务，集中关注文化娱乐、医疗照护、生活服务、社区托育四个方面。在文化娱乐方面，H 社区与社区共建单位协同打造"五分钟"未来民生综合体，为社区居民提供更加便捷的社区服务。通过改建两层 800 余平方米的社区学堂，引入专业第三方机构入驻，使其成为社区 0～3 岁幼托服务和青少年成长驿站。开办"四点半课堂"，为 90 余名学生提供晚托服务，满足不同年龄段青少年分层学习需求，将"孩子放学"和"家长下班"之间的断档连接上。在医疗照护方面，引入第三方养老机构，为社区居民提供专业化、个性化的养老服务，满足社区居民对社区的需求。社区卫生服务中心与 Z 街道科技公司及 X 社区组织等医疗、养老服务单位合作，结合专业化力量，打造"医养护"一体化居家养老服务链，为老年居民提供包括助医、助洁、助安、助餐在内的"十助"服务，共计服务 2200 余人。其中，生活助理员为社区内老人提供助餐、助洁等家政服务，专业康复人员为老人提供助医服务。在生活服务方面，均衡服务网络，提供针对性社区服务。H 社区结合社区内养老服务资源的分布情况，打造社区养老服务网络，依托综合服务中心，发挥邻里中心、"微型养老服务站"、老年食堂等配套设施功能，为老年人提供集生活照料、文娱活动、配送餐等于一体的综合服务，满足日常服务需求，通过整合社区养老服务资源，提高养老服务供给效能。在社区托育方面，H 社区在整合辖区幼儿园、社区医院资源的基础上，利用社区学堂推动托育机构运营模式创新，依托学前教育专业师资、持证保育员等为幼儿开展"医养保教"服务，有效保障儿童照护服务质量，提高托育机构服务水平。

第三，整合居民需求，促进居民参与。强化社会协同，促进居民参与，实现居民自治是推进未来社区建设的保障。H 社区充分利用社区治理优势，积极引导社区居民表达自身诉求，并进行需求整合，将其作为未来社区建设的依据。在建设前期，社区作为基层群众自治组织，开展群众工作是其主要任务，包括在社区内进行未来社区有关政策的宣传，鼓励居民积极参与未来社区建设；负责制作《调查摸底表》，收集居民对未来社区项目的意见、需求，并进行汇总；结合居民的改造需求，深化未来社区建设方案；做好居民协调工作，保证居民需求的满足；通过梳理三张清单，明确未来社区建设中的建设需求、居民需求及治理需求；运用技术手段，融合平台载体，聚焦居民最关心、急需解决的社区问题，形成针对性的目标。H 社区通过数字赋能社区居民意见收集环节，在社区内建设"一码报"意见征集场景，为居民提供表达意见的渠道。通过在社区门口、楼道等人流密集地设置二维码，方便居民扫描二维码进入系统，提交社区治理意见。在社区中，难以避免矛盾纠纷，H 社区通过组建"邻里坊"，解决社区内居民之间的问题，化解社区中的矛盾纠纷。自 2015 年起，Z 街道开展社区邻里坊的试点建设，逐步推广以"地域相近、人际相亲、楼栋相连、资源相通"为原则的邻里坊。截至目前，整个街道共有邻里坊 58 个，选配坊员 340 人。邻里坊依托治理网格划分自治单元，探索建立居民自我治理、协商议事、互助服务的"邻里站"，充分运用"民事民提、民事民议、民事民决、民事民评"的理论搭建意识圆桌会平台，形成"意识协商"七步法规范化流程。通过打造"社区—邻里坊（网格）—楼道"三级公约自治体系，建立居民日常行为准则。公约自治体系主要围绕社区内的文明规范、社区管理、社区建设、活动组织等方面展开，由物业牵头，业委会组织，居民共同起草、履行。通过建立社区党组织、小区党支部、居民代表、小区物业和业委会参与的居民自治公约体系，推动居民参与社区评议、社区管理及社区评价。同时，出台《天井规范细则》《文明楼道细则》《文明停车细则》等相关细则，通过具体的规范指导居民的日常行为。

（四）技术赋能导向的服务协同

未来社区以智慧互联、智慧物联为基本特征，注重数字技术在社区运营中的应用，充分利用互联网、物联网、大数据、云计算、人工智能等先进技术为社区赋能，以"数""景"结合、系统集成和数智流程化，实现未来社区建设线上线下的服务协同，提升社区服务的智慧化、精准化、精细化水平。

第一，"数""景"结合，赋能社区服务。数字化是未来社区的显著特征，也是未来社区未来感的体现。除了邻里中心提供的集中式社区服务供给，H 社区还通过打造特色场景，将数字技术与社区建设紧密结合，将未来社区服务数字化，实现服务协同。H 社区因地制宜归集数据资源和场景应用，通过梳理"三张清单"了解居民需求，基于居民需求打造特色场景，突出社区特色，形成"3+3+3"的场景体系，为社区居民提供优质的公共服务。"3+3+3"的场景体系，分别为 3 个核心场景、3 个重点场景，以及 3 个选配场景。其中，3 个核心场景分别为"交互共享的邻里场景""红色牵引的治理场景""智慧共享的交通场景"；3 个重点场景分别为"健康场景""教育场景""服务场景"；选配场景分别为"创业场景"

"建筑场景""低碳场景"（见图 4）。例如，在建设"交互共享的邻里场景"时，H 社区以邻里中心、农贸市场、文化小街、主题公园串联未来邻里场景。首先，在 H 社区内建立一站式邻里中心作为集中服务供给载体，现阶段已经建成并投入使用。该邻里中心包括共享咖啡屋、邻里会客厅、日间照料中心、老人文化活动区、健身运动中心等，是集商业、文化、娱乐、卫生服务、体育于一体的居住区商业中心，为社区居民提供一站式的社区服务。其次，形成邻里互助生活。一方面，借助平台将人际交往、信息资源、数据效应三者进行连接，通过信息技术赋能社区居民交往，打造"熟人社区"。另一方面，通过建立积分机制，将积分换服务及服务换积分作为激励机制，弘扬共享互助的社区交往精神。有服务需求的居民可通过App、网站、小程序等发布需求信息，能够满足需求、提供服务的其他居民接单，并提供相应服务。基于被服务居民的评价，服务者赚取相应积分，账户可用于后续服务支付。最后，H 社区通过建立街道、社区的数字化档案数据库，汇总各类养老政策、服务项目，连通城市大脑、区数据驾驶舱，实现数据共享，然后基于数字技术的分析匹配，进行精准化、精细化的社区服务供给，实现基层治理大闭环，并通过协同治理解决社区无法解决的问题。

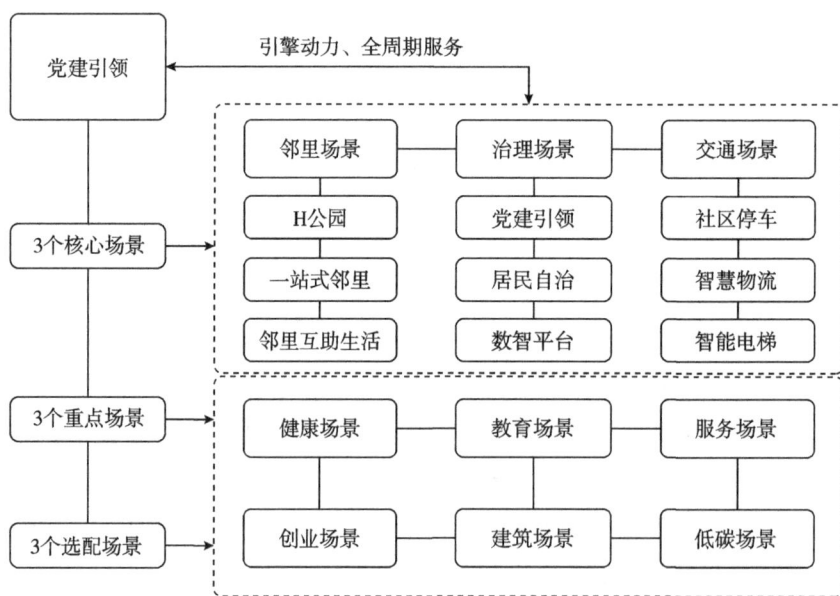

图 4　党建引领的"3+3+3"H 社区场景体系

第二，系统集成，建设智慧服务平台。为了实现未来社区的"数""景"结合，需要开发统一的未来社区数字化建设整体架构，围绕街道社区、居民群众、运营机构三方需求，打造未来社区智慧服务平台，借助城市大脑（与数字社会相关的数据、模块及应用）将社会事业公共服务落地到未来社区的社会空间，发挥"民生服务+社会治理"的双重功能，同时通过社区数字化平台归集社区各类信息，反哺城市大脑，构建"城市大脑+未来社区"的数字社会核心应用场景。H 社区坚持系统集成，以"线上+线下"共同协同的方式，依托一体化的社区邻里中心，打造集成未来社区场景应用的智慧服务平台。平台具备标准化、轻量化、低本高效、可复制的特点，通过"15931"架构实现落地，"15931"即 1 个数字底座，5 个应用，9 大场景、3 大服务端口和 1 个社区微脑。依托街道"一表通"数字化应用场景集成数据底座，连接"基层治理四平台"，[①] 通过一体化和智能化公共数据平台、街道数字驾驶舱、全员人口平台、市共享数据平台等 5 个独立应用，构建包括未来邻里、教育、健康、创业、建筑、交通、低碳、服务和治理在内的"9"大场景及其子场景，打造治理端、服务端和运营端"3"端入口，实现更易用、更开放、更高效的统一业务应用交互平台，形成老有所养、幼有所教、病有所医、居有所安的良好社区环境。第二个"1"指建设一个社区微脑，社区微脑对接城市大脑，构建"人车物事"信息资源及立体动态的关系数据库，加强数据动态更新及应用，通过获取数据，分析数据，为社区治理提供智慧化支持，实现数字技术赋能未来社区建设。在此基础上，搭建大数据决策分析云平台实现社区问题、公众需求和街道聚焦的三源合流，为社区问题的跟踪识别，以及决策方案的生成、选择、执行、反馈等各个环节提供了数据支撑。同时，打破传统智慧社区建设中条块化的建设和管理模式，为社区综合治理提供城市运行全貌的实时监测和展示中心，提升公共设施运行效率。例如，通过统一数字化管理，对社区内智能传感器进行总览，包含智能传感器部署的位置、数量、种类，以及基础设施的覆盖率、运行状态等，降低社区能源消耗，打造低碳未来社区。

第三，流程数智化，驱动服务协同。智慧服务平台是未来社区服务数字化供给的技术保障，如果要实现线上线下服务协同，还需要依托数智优势，通过实现流程数智化开展社区智慧服务供给。H 社区充分利用数字化

---

① 基层治理体系"四个平台"包括综合治理工作平台、市场监管平台、综合执法平台及便民服务平台。基层治理四平台是数字化背景下基层治理体系的重要架构，是推进"放管服""最多跑一次"改革在基层落地的重要载体，是乡镇（街道）治理能力现代化的重要体现，它涵盖经济、社会、文化和乡村建设等方方面面。

优势，在社区内积极开展智慧化场景应用，促进线上线下服务协同。社区场景的智慧化运作和服务协同依靠社区智慧大脑驾驶舱的操作，驾驶舱能够观察社区全貌，能够第一时间了解到社区的各种信息，包括建筑物的使用状态、社区管理的相关数据、社区内开展的各种活动等。在实际过程中，"一表通"系统运用于 H 社区服务供给的各个方面。例如，H 社区积极利用数字优势，开展智慧养老场景的探索。社区人口结构中的老年人比例高，60 岁以上老人占总人数的 45% 左右，社区养老服务需求相较于其他服务更为强烈。H 社区在政府主导、各方参与的情况下，有效整合辖区内医疗和养老服务资源，通过"线上+线下"同步推进的方式，探索"医养护"一体化居家养老服务链，构建包括助医、助安、助急、助餐、助洁、助行、助购、助聊、助乐、助学在内的幸福养老"十助"体系，让社区居民在社区内就能享受到优质的养老服务。在"一表通"的帮助下，H 社区全年精准落实高龄补贴 15 万元左右，惠及 201 人，办理 60 周岁以上老年优待证 48 本。通过对数字化应用的积极探索，H 社区智慧养老场景于 2016 年成为全国示范。再如，"服务"场景的应用开发了线上点单功能，由居民自主上报问题，经过数字技术分析，物业、社区及街道协同处理。停车难问题是长时间困扰 H 社区的问题，在数字赋能"服务"场景的建设中，居民在应用程序上进行问题申报，系统在收到居民反馈后第一时间预警，在街道的协调帮助下，区级有关单位提前介入，通过社区内地下空间的拓展，增加社区停车位，并在人大代表、政协委员的监督指导下完成首轮摇号工作，有效缓解了停车难的问题。类似应用还包括"教育"场景，依托"一表通"社区数据仓，筛选出有入园需求的适龄幼儿及家长，通过短信、社区小程序信息推送及社工上门提醒的方式向幼儿家长及时发送托育园体验邀请。这种针对需求提供的服务大大提高了社工的工作效率。

四、未来社区建设中的协同困境

未来社区建设是系统工程，类似 H 社区这样的旧改类社区有着较为复杂的建设背景，其建设过程受传统的自上而下推动社区建设的行政性因素的影响，传统社区治理中社会参与的限制，以及技术赋能的工具性影响等，未来社区建设中存在着协同困境。

（一）党建引领下的组织协同困境

第一，党建引领权能匹配待完善。在未来社区建设中，党建引领被置于首要位置，起着统领作用，这需要社区党组织以领导力推动组织协同。虽然省委、省政府通过出台政策、工作部署保证了党建引领的作用，但社区党建引领作用发挥仍较为有限。首先，社区党组织的组织协调能力有限，党建联盟之间缺乏深层次耦合。社区党委的主要职能是领导自己直属部门的党组织工作，缺乏对辖区内单位、组织的管辖权，彼此间的联系较为松散，缺乏组织上的强效联系，导致社区党委和共建单位党组织之间无法有效互动，以致社区党委和党建联盟内其他党委、党组织难以形成有效的互补和支持。党组织的引领作用发挥较为有限，社区中存在基层党组织的设置和作用发挥重合、交叉，甚至出现真空地带等问题。① 其次，统筹推进中的党政职责不清，权责范围不明确，难以调和党政协同的问题。目前，H 社区在未来社区建设推进过程中党政职责不清现象明显，社区党建工作更侧重于意识形态引领，社区居委会的工作更贴近民生，两者比较，社区党组织的存在感较低，治理权威难以有效发挥。

第二，行政推动中的权责倒置。权责倒置是指"市区政府—街道办事处—社区组织"三级政府（行政组织）在行政任务下达过程中存在的权限与职责不相适应的运行机制。② 在逐级任务下达过程中，县（市、区）政府或街道办事处仅仅将任务或者职责下达给社区，但是社区完成任务所需的资源和权限并没有下放。各项任务的落地需要资源的支撑，然而作为社区建设的承担者，社区获取资源的能力有限。例如，未来社区建设各环节都需要大量资金投入，但是资金分配和使用权限并不在社区，街道办事处作为建设主体，即项目权益拥有者，负责资金、财务和成本控制，社区主要完成街道安排的相关财政任务，社区资金支配自主权极其有限，筹措资金能力弱，能够获得的资本流入及发展机会相对有限。H 社区未来社区建设筹集到的资金按照金额大小依次排列为包含旧改的专项投资、街道出资、社会投资、区财政保障、居民自筹，专项投资和街道出资总额占

---

① 杨妍，王江伟. 基层党建引领城市社区治理：现实困境、实践创新与可行路径 [J]. 理论视野，2019（4）：78-85.

② 张翔. 城市基层治理对行政协商机制的"排斥效应"[J]. 公共管理学报，2017（1）：49-60.

比接近 85%。① "权责倒置"的另一体现是出现基层政府中经常发生的"上面千条线，下面一根针"的情况。社区承接市（县、区）政府及其下属职能部门，以及街道的不同任务，从城乡建设委员会、发展和改革委员会、财政局、规划和自然资源局，逐步扩展到宣传、组织、执法等各方面，不同行政任务来自不同政府部门，具有不同工作标准，需要社区一一落实，社区承担了与其实际权力不相匹配的职责压力，理论上需要大量人力资源来保障其完成各建设项目工作，但实际上社区缺乏足够人员。比如，H 社区缺少足够的社工人员参与未来社区建设。H 社区常住人口5453 人，社工 8 人，常住人口与社工的比例大致为 682∶1，同时社区工作者的结构设置也不合理，面临职业化水平亟待提升的难题。

第三，组织嵌入中的条块分割。未来社区建设是一项系统性工程，建设涵盖范围广，在建设过程中，基于"块块"关系形成的自上而下的试点式、指标化的行政推进与基于"条条"成立的建设专班，使不同层级政府和不同职能部门难以跨越组织边界，组织协同也变得困难。从纵向来看，未来社区具体的建设任务经"省—市—区—街道—社区"的路径沿着"条条"向下层层推进。从横向来看，浙江省政府按照行政职能对社区建设的各项工作进行分工，发展和改革委员会、城乡建设委员会、规划和自然资源局等不同"块块"部门共同参与未来社区建设工作。纵向的"条条"体系与横向的"块块"体系基于不同的管理目标划定各自管辖范围，人为地将同一公共事务划分成不同的领域及不同层级。这种"条块分割"的管理现状导致未来社区建设难以实现条块协同。一方面，条块之间互不统属，有可能造成"各自为政"，各个部门和单位所拥有的资源、预期完成的目标都不同，在"部门意识"的指引下优先考虑本部门的利益，不利于政府整体治理合力的发挥。"条块分割"意味着面临的绩效考核不同，为了更好完成本部门的考核，部分部门会放弃一些需要通过政府各部门协同完成的整体目标，将各种资源汇集至部门绩效考核的相关事项，造成治理"碎片化"，甚至整体治理效能下降。另一方面，"条块分割"由于权责界限不清晰导致推诿扯皮。"条"和"块"之间处理问题的出发点不同，"条条"部门基于本单位的固定职能，主要处理部门本职相关的事项，按照事项决定工作任务。"块块"部门则负责处理属地内的所有治理事项，注意各个事项之间的相互协调。"条条"运行逻辑下的单目标导向与"块

---

① 材料来自 H 社区未来社区的设计方案。

块"运行逻辑下的多目标导向在实际治理过程中时常会出现职能交叉,即某一治理事项既属于"条条"部门又属于"块块"部门,此时需要条块协同共同完成社区治理,但是实际运行过程中由于缺乏直接的领导与被领导关系,协同过程存在问题。

(二) 社区共建中的社会协同困境

第一,共建体系协同动机缺乏和行动能力不足。H 社区共建共治共享体系参与主体的利益诉求不同,主体间的共享动机缺乏,联合行动能力不足,协同仍存在困难。首先,居委会、业委会、物业公司三者参与共建的逻辑起点和利益出发点不一致,缺乏有效协同。社区居委会的主要目标是实现社区整体稳定和谐,关注社区治理的各方面;物业公司作为以营利为目的的企业,聚焦于社区物业安定,以及保证社区公共财物的安全,注重社区治理过程中的服务供给与利益回报,强调保证经济利益;社区业委会由业主代表组成,主要支持、配合、监督物业管理公司开展社区工作。H 社区的共建主体按照性质可以分为国有企业、事业单位、社会组织、私营企业等。其中,国有企业的公共属性意味着其共享资源意愿较为强烈,较容易基于共享动机达成共识。为了解决场地有限问题,街道与原产权所属单位杭州市城市建设发展集团有限公司经过协商,同意在产权不变的情况下进行整体改扩建,打造集成式社区邻里服务综合体。私营企业类型的共建主体参与社区建设更倾向于企业自身的经济利益,依靠外部力量推动参与社区建设,内生动力不足,参与社区建设的主动性有限。例如,邻里中心新改建的红梅学堂,引入专业第三方机构入驻,需要采用半市场半公益的收费方式,提供托幼、托晚服务。其次,多元主体参与未来社区建设的联合行动能力不足,共建主体或主体性不强,存在一定的资源依赖关系;或自身能力不足,在承担具体建设任务时遇到困难较难解决。在整个未来社区建设过程中,社区居委会不可避免地会对政府产生较强的依赖性。H 社区在社区改造之前并无业委会,社区改造之后参照"金牌管家"服务模式,引入市场化物业,建立社区居委会、小区业委会、物业公司三方联动协同机制。整个专业物业公司及业委会选聘都是在 Z 街道的推动下完成的,对于街道的依赖性较强,难以作为独立主体参与社区建设,三方联合行动能力有限。最后,共建单位自身能力有限,联合行动能力不足。社会组织是共建共治共享体系中重要的共建单位,社区内参与共建的社会组织存在发育不足的问题，难以有效参与未来社区建设。社会组织内部成员大部分由志愿者和兼职人员组成，专业专职成员较少，队伍的专业素养有待提高。现阶段的社会组织要么是曾隶属于政府职能部门的行政性组织，要么是在政府自上而下的推动下组织成立的，依靠政府的财政资金维持社会组织的正常运转。组织的独立性弱，对政府依赖性较强，政府和社会组织关系模糊，能够自主参与在社区建设的能力有限。

第二，社区角色的内在冲突。社区是行政推动的"神经末梢"，扮演政府决策执行者角色，通过具体组织形式将角色固定化、行政化。社区还是城市基层自治组织，承担社区事务治理者角色。当两种角色集于一身，甚至前者甚于后者，社区角色就会形成内在冲突，加之其自身治理能力限制，不利于在社区层面形成组织协同，治理能力与治理需求之间就会产生差距。H社区一方面依靠社区发动市场和社会的力量，汇集社会资源作用于社区建设；另一方面在行政力量的推动下，依靠行政资源进行社区建设，两者间会产生一种行动上的张力。行政推动与居民需求同时在社区汇集，造成社区角色的内在冲突。现阶段，未来社区中社区服务的供给仍更多依靠自上而下的路径，或者说是为了服务供给而供给，存在社区服务与居民需求不匹配的现状，对"一老一小"需求的满足有待进一步加强。过于依赖政府资源进行社区建设，不仅会增加政府负担还会导致社会无法发挥市场资源及社会资源对社区建设的支撑作用，同时建设资源来源单一导致的不稳定性不利于社区的长期发展。

第三，社区整合与居民参与的矛盾。H社区未来社区在推动建设时，社区积极推动居民参与，将居民纳入未来社区规划、建设、运营全生命周期，但是目前居民在城市社区建设过程中普遍扮演消极、被动的角色。老年人群体对社区事务关注度比较高。一方面，老年人在社区中居住的时间比较久，对社区的感情比较深，社区归属感强。另一方面，社区中的老年人很多都到了退休年龄，从工作岗位退休之后，有了更多的时间和精力为社区做贡献。虽然老年人群体对于社区建设参与的积极性非常高，但是受制于其对信息技术的掌握程度，他们中的大多数人无法通过互联网或者手机等媒介参与数字化的社区建设，或者说能够发挥的作用有限，对于新型的社区建设方式心有余而力不足。与之相反，社区中的年轻人群体接受过高等教育，能充分掌握并熟练运用信息技术，但是由于其空闲时间有限，难以保证有足够的时间参与社区建设，因此大多对社区事务持比较冷漠的态度，消极参与社区建设。从总体上看，社区居民普遍缺乏参与社区建设的积极性。由于未来社区的建设不像老旧小区的外立面改造、加装电梯之类的变化那样让居民能够产生比较直观的感受，因此居民不了解也不愿意了解未来社区建设的进程及相关事项，参与意识淡薄。同时，部分社区居民受传统思想的影响，认为社区提供什么我就接受什么，更习惯于被动接受社区提供的服务，缺乏向社区积极表达自身需求的意识。大部分居民不主动参与社区建设，只有在需要社区办理相关业务或者需要社区帮忙解决问题时，才会主动联系社区相关工作人员了解社区情况。小部分居民愿意参与社区建设，但受到参与渠道限制，无法很好参与。H 社区在未来社区建设的征询意见环节出于节约成本的考虑，由少数居民代表表达居民诉求，并非全体居民共同参与。这就意味着在建设过程中，参与社区相关决策并且真正对社区建设决策发挥作用的只是社区居民群体中的一部分代表，并非全体社区居民。在这种情况下，社区中的普通居民很少有机会、有渠道能够真正参与社区建设过程，社区居民的意愿难以有效整合，这增加了社会协同的难度。

（三）技术赋能中的服务协同困境

在数字赋能未来社区建设中，各方在数字化重构未来社区的规划建设方面的思考相对有前瞻性，但多数未来社区在建设方面数字赋能相对滞后，未达到数字赋能社区建设、实现线上线下服务协同的目的。线上线下服务协同需要有满足居民需求的场景建设、提供社区服务的智慧平台，其协同运转还需要数据流转通畅，在实际过程中存在困难。

第一，场景建设与居民需求存在差异。未来社区数字化应用场景作为社区服务的载体，存在落地不力的现状。现阶段的业务场景尚未完全成熟，还未形成明确的体系和生态。建设部门协调发展和改革委员会、民政局、卫生健康委员会等部门间资源的流转力度有限，同时各大场景间建设资源的互融互通有限。跨部门、跨业务的建设资源流转难，九大场景的数字化落地及场景融合难以产生，最终会导致各个场景的功能性较为分散，且较容易因缺乏有效支撑而弱化。同时，不同类型场景间的融合有限，对未来社区项目的实施和运营会产生不利影响。更为重要的是，场景建设与居民需求不相匹配，在未来社区推进过程中侧重于对设施设备的数字化改造，过于突出技术的作用，在一定程度上弱化了治理在未来社区建设过程中的作用。例如，H 社区在未来社区未来治理场景建设过程中加装人脸识别、体感测温设备，增设智能门禁，将智慧治理融入安防、消防等方面。在建设初期，数字化硬件设备的建设能够有效提升未来社区的数字化建设水平。但是，随着未来社区建设的不断深入，社区应该从关注技术转向关注社区治理。未来社区建设的根本出发点是居民能获得更好的服务，提高居民生活的便利性。居民对信息化感受明显，如进入社区的车牌自动识别，小区主要出入口和道路、主要公共区域、消防通道等重要点位无死角监控等，但是对于九大场景的了解明显有限。

第二，平台建设较难支撑数智化服务。虽然省内各市开展未来社区建设试点工作有其自身目标和规划，也分别制定了相应的建设标准及社区管理体系，探索建立了智慧服务平台，但当前未来社区智慧服务平台建设普遍存在同质化现象，即各个社区智慧服务平台整体建设相类似，平台设计未充分考虑当地的实际情况、人文环境及居民生活习惯等。同质化平台难以满足社区居民对社区场景的多样化需求，导致居民对平台的使用度不高。H社区作为年代久远的老旧小区，生活着许多高龄老人，对数字化产品的接受及使用能力有限，同质化的智慧服务平台难以承接H社区未来社区建设的数字化服务任务。平台设计同质化现象的产生原因包括以下两个方面。一方面，部分社区没有未来社区建设经验，同时缺乏相关信息技术的专业人才，基于节约建设成本的考虑，直接复制现有的未来社区探索模式。另一方面，各社区的智慧服务平台为了实现省、市、区（县）、街道、社区各级的上下贯通、综合集成，均按照统一的社区智慧平台建设框架进行建设，以保证平台建设的共性。未来社区在规划之初就确定了全面创建的未来导向，统筹谋划未来社区设计，城市级别或街道级别的未来社区连片创建，在数字平台降本增效上具备一定优势，对运营主体而言，在资金平衡上有很大的优势。对全域推进未来社区而言，同质化平台建设具有一定的优势。因此，在省级专班小组的引领与技术支撑下，各社区进行了轻量化、标准化与可复制的社区智慧服务平台建设，形成了以市县为单位的数字化全域未来社区推进模式。

第三，数据流程赋能的技术限制。数字化赋能未来社区建设，主要实现方式是利用信息化手段整合社区居民各类信息数据，归集、整合数据，结合未来社区九大场景建设。但是，由于数据收集及流转困难，导致数据难以有效赋能流程运作。首先，居民数据收集困难。社区信息主要来自街道内部。H社区未来社区项目建设的数据来源比较单一，基本来自Z街道，一部分来自街道收集、整理的信息，如社区信息、个人社保信息、退伍军人信息等；另一部分来自街道向城市大脑申请的信息，如疫情防控期间的境外人员信息、境外华侨人员信息、浙江省侨胞回国健康预申报数据等。社区收集的各种信息中的基础部分可以共享，但另外一部分涉及人员信息的数据对数据安全的要求较高，使用数据需要开通权限。这意味着能够接触到该数据的人员有限，无法大范围流转，只能在本单位内小范围使用。其次，数据流转困难。在数据流转过程中，数据标准不统一、场景间的兼容性不够高导致不同系统间的数据对接不畅、数据复用性差。由于无法获得全面、精准的社区信息，因此在利用数字化对未来社区进行赋能时，无法匹配到有针对性、高质量的社区服务，未来社区服务供给效果也会大打折扣。另外，数据归集方面还存在"碎片化"现象，主要原因是各区、街道、社区之间的数据共享和整合不足，数字资源流转范围小。不同社区使用的信息化平台并不统一，每个社区都会结合所在社区的基本情况及数字化基础，针对性地构建与本社区匹配的信息化平台，不同社区的平台信息互不兼容。最后，信息深入挖掘存在困难。H 社区未来社区建设方案的三张清单显示，未来社区信息化建设将更关注数据的归集整理，对于数据的分析、运用目前只能够解决类似于年龄分布、学历人数等一些基础数据的整合问题。未来社区数字化的使用旨在通过数据梳理及模型建立在不同的数据之间建立联系，分析数据，精准对接社区服务。简单的数据汇总对社区治理效能的提高并不显著。

五、未来社区建设中协同困境的化解策略

未来社区建设过程一方面通过国家基层治理重心下沉，将党和国家的各项政策落实在社区，通过完善现代化的社会管理与服务，形成社会治理体系；另一方面由基层党委和政府引导社区居民和各类主体参与社区建设，形成社区中的"有机团结"，从而实现社区自治及社区的可持续发展。未来社区建设既需要党建引领，也需要数字赋能社区参与，集合多元建设主体，通过协同治理，满足社区居民需求，提供社区服务，提升社区生活质量。

（一）优化社区建设模式，纾解组织协同难点

第一，提升党建引领能力，促进党政协同。首先，提高党组织自身能

力。社区党组织不仅是未来社区建设过程中的政治核心，也是领导核心。这表明未来社区内的各级党组织，如街道党工委、社区党组织、小区党支部、特色党小组等应充分嵌入社区治理过程，实现党建工作在未来社区推进过程中的全覆盖。社区党组织要充分发挥自身的组织与政治优势，通过加强自身建设增强协调能力，在充分协调现有参与主体的基础上，吸纳更多主体参与社区建设，积极推进社区建设。在未来社区建设过程中，社区党组织要获取和挖掘党建联盟各单位人员、资金等方面的资源用于社区建设，同时发挥社会整合者的作用，合理配置及科学运用获取的资源。其次，在加强社区党组织建设的过程中，重点是提高社区党组织的组织力。社区党组织组织力的提高能更好地整合社区治理资源，为社区居民提供更优质的社区服务，居民的认可与支持可以增强党组织在社区的治理权威，从而更好地发挥党建引领作用。[①] 加强社区党组织建设是提高社区党组织组织力的根本途径。各级组织部门要加强对社区党组织的指导，帮助社区党组织解决社区党建与社区建设的融合问题，推动社区党建在社区落地。在社区建设过程中充分发挥党组织和党员群体的模范带头作用，把党的建设工作融入社区建设过程。最后，明确党委和政府在建设过程中的职责，保证社区建设任务顺利完成。政府作用体现在建设的全过程，在规划建设阶段，为了制定科学完善的建设方案，应该通过召开座谈会、听证会等方式会集专家，充分听取专家建议。在建设过程中，各个社区可以通过实践经验不断提升自身在未来社区建设中的协调、指导能力，丰富未来社区的内涵。

第二，明确政府责任作用，推进政社协同。未来社区在建设过程中应理顺责任边界，明确纵向政府层级在社区建设中应承担的角色与任务，优化组织架构。政府通过制定政策和规划方案来推动社区规划的实施。各级政府在未来社区建设过程中要做好顶层设计及总体规划，出台未来社区建设的基本要求、基础设施和基本配备规定，以及建设办法和建设计划，体系化谋划未来社区建设，把握未来社区整体推进进程。首先，政府作为未来社区建设中政策的制定者，对社区建设工作具有指导和导向作用。省级政府做好系统谋划，把握未来社区整体建设方向，从整体上规范未来社区建设。各市级政府在省级政府的政策和机制框架下，根据本级的基本情况确定发展定位，明确发展路径，推出符合本市特色的未来社区建设政策体

① 杨妍，王江伟. 基层党建引领城市社区治理：现实困境、实践创新与可行路径 [J]. 理论视野，2019（4）：78-85.

系，积极探索土地出让、资金支撑、产业培育等方面的政策，建立本市的政策引导与支持体系，推动形成多样化、差异化、特色化的未来社区建设模式。其次，厘清政社关系，将两者的领导与被领导关系转变为指导与被指导关系。社区是社区建设主体，街道办事处要将重心向社区倾斜，协助社区自治建设。通过政策制定、财政拨款等方式支持、保证社区在开展未来社区建设项目规划、建设、运营全过程的可持续推进，帮助解决社区在建设过程中遇到的各种矛盾和问题。同时，对居委会的自治运行活动进行监督，保质保量完成社区建设活动。要将居民的满意度作为评价社区工作质量的重要指标，降低政府对社区考核评价结果的影响。再次，政府是未来社区建设过程中重要的资源管理者和承担者。社区资源是未来社区建设的基础，资源不足是目前未来社区建设过程中面临的主要困境，未来社区建设的顺利推进意味着要加大各项资源下沉社区的力度。政府角色应该从资源分配者转变为资源管理者，通过建立各项保障制度，为社区建设提供足够的经费和人力。一方面，政府应做好财政支持工作，破解财政难题。政府也可以制定财政优惠，鼓励符合建设条件的社区积极探索未来社区建设新模式。政府还需要创新投资方式，实行建设和改造多主体投资、产权共享等措施，吸引企业投资社区建设。另一方面，政府应增加人力资源配置。在社区建设过程中增加社区工作者的数量对优化社区生活具有重要作用。在社区工作者队伍建设过程中，要遵循高效、合理的原则对社区工作队伍人员进行配备，综合考虑社区地域规模、人口数量、管理幅度、综合半径等因素，科学合理设置人员数量。同时，加强专业的社工队伍建设，打造一支沟通能力强、具备一定信息化技能的专业社工队伍。最后，政府要积极引导居民、企业、社会组织等非政府主体参与未来社区建设，并做好管理工作。政府应提供宽松的政策环境，降低各主体参与社区治理的准入门槛。通过创造良好的建设环境，吸引多元主体积极参与未来社区建设。同时，政府对非政府主体参与行为进行有效监督，通过政府与非政府主体的互相协同，探索建成可持续运营的未来社区建设模式，保证社区长效治理效能的实现。

第三，协调条块关系，形成组织合力。首先，明确事权范围，界定各部门职责分工。根据权责一致原则，调整未来社区中城乡建设委员会、规划和自然资源局等部门及省级、市级、区级、街道等政府的事权范围。通过立法的形式确定社区建设过程中条与条之间、块与块之间、条块之间各职能部门应该承担的权利与义务。其次，在社区建设过程中加强条线沟通和条块协作。条块合作能够保证"条"上的各种行政资源、社会资源在"块"上得到集中，通过整合与利用，完成社区建设。条和块之间矛盾点的根源在于两者利益上的分割，"条条"基于本部门的利益，"块块"着眼于整个层级的利益。当涉及交叉的职责、功能时，优化基层条块关系需遵循以块为主的属地管理原则。最后，强调以块为主的原则，保证社区建设的完整性、系统性。在未来社区建设过程中进行条块合作，其根本目的是更好地建设未来社区，基于这个根本出发点，要强调以块为主的原则，保证社区建设的完整性、系统性。"条块"结合以"块"为主的条块关系既可以充分调动"块块"的积极性，又能使"条条"在社区建设过程中充分发挥自己的作用，实现上级职能部门的宏观调控。加强"条块"之间的沟通与交流，通过协商实现共治。

（二）明确社区主体地位，完善社会协同体系

第一，加强社区自治的独立性，建立多方耦合机制。首先，通过提高居委会、业委会的独立性来提高协同效率。社区居委会要发挥好联结社区内多元主体合作共治和协同参与的纽带作用，运用自身的优势和地位引导并推动社区自治力量的生成，形成社区中居委会、业委会、物业公司三方协同的发展格局。要在体制机制上保证社区居委会的独立性，破除社区居委会行政化倾向性。居委会按照法律规定应该是通过居民自下而上的选举成立的满足居民需求的自治组织。厘清居委会与街道办事处的工作职责，发挥社区居委会作为自治组织应承担的社区自治责任。提高业委会的独立性，针对业委会在参与社区治理过程中的问题现象，通过提升业主的自治能力进行改善。通过政府购买服务及聘请专业第三方机构的方式培训业委会现有成员的业务能力，主要针对社区物业矛盾纠纷调解的相关专业知识进行定期培训。明确社区业委会作为社区治理主体的地位，通过立法规定业委会成员依法享有的权利及必须履行的义务，将业委会日常运行程序规范化。其次，通过建立居委会、业委会及物业公司的联席会议制度，提供多元主体平等参与社区治理的途径。进一步明确社区居委会、业委会、物业公司在社区建设中的角色定位和工作职责，引导形成三方协同的社区建设机制。社区居委会、业委会、物业公司代表了各自的利益，有不同的利益出发点，各治理主体的目的不同是限制协同力量有效发挥的重要原因。依托联席会议制度能够实现各方利益诉求的表达，通过协商平衡各方利益

可以解决协同参与社区治理过程中存在的矛盾与冲突，提高社区治理效能。最后，以共同需要为纽带，促进共建单位参与未来社区建设。社区应从"地区性、群众性、公益性、社会性"工作入手，以共同目标、共同利益、共同需要为纽带，调动社区资源，完成社区建设任务。社区目前运作的"1+3+X"体系还需要进一步健全机制、改进方法、拓展现有领域。在引导社会组织、企业等参与未来社区建设、提供社区服务的过程中，社区要厘清各主体间的项目、资源、需求等方面的内容，形成资源和服务的共享和需求对接平台，做到资源下沉、指导下沉。通过项目共建、资源共联、利益共享等方式，为社区居民提供更加精准、更加优质的社区服务。

第二，协调社区角色冲突，形成社会协同合力。首先，未来社区建设要充分体现社区自治这一特性。具体的社区建设任务下沉到社区，由社区作为建设主体实施社区建设。社区居委会无论是从法律规定来看还是从自身能力来说，都应该明确社区的自治主体地位，承担社区自治角色。要完善居委会的自治功能，意味着要弱化社区居委会对行政资源的依赖。通过法律赋予社区在财务、人事、社区公共事务决策和处理方面的自主权，使社区居委会真正成为实质上的社区自治主体。其次，社区以网络化治理形成社会协同的合力。协同治理模式意味着打破行政化的治理模式，建立以邻里中心为核心的网络化治理模式。随着居民对社区提出的诉求不断增加，社区往往在诉求回应过程中表现出力不从心，特别是在社区多元利益主体不断分化的情况下，具体化、多样化的诉求对社区治理提出了更高的要求。未来社区建设通过"一统三化九场景"建设对居民要求做出有效回应。未来社区中的邻里中心作为社区服务一体化供给的载体，能够有效整合社区中的服务资源，发挥资源整合的优势，提高社区服务供给效能。因而，以邻里中心为核心打造网络化治理模式在社区建设中具备科学性。在未来社区中，政府不再是唯一的社区服务供给主体，更重要的角色是公共价值的创造者。政府通过引导社会组织、企业共同参与社区治理过程，发挥各主体自身优势，通过发挥治理合力提高社区治理效能。这种治理模式将政府、居民、企业、社会组织等多元主体共同纳入同一个网络领域，这些主体彼此间的资源、利益互相依赖、互相影响，努力寻求在集中的、非层级节制的基础上，通过集体行动共同参与社区治理。

第三，激发居民参与活力，全过程参与建设。首先，完善居民参与机制，激发居民参与热情。居民在参与未来社区建设过程中受主体作用和地位认识、社区归属感、参与能力与意愿的影响，这些因素共同影响其参与社区建设的主动性和积极性。居民的参与意识来自居民对自己在社区中的主体地位的确认，对未来社区建设的内容和意义的认知程度决定了居民对未来社区建设的参与程度。未来社区的建设追本溯源就是一个构建新型社区关系的过程，因此要调动更多的居民参与社区建设的各个环节，激发居民的社区归属感。其次，引导居民在规划、建设、运营各个时期全过程参与未来社区建设，发挥主体作用。在规划阶段，引导居民积极表达自身需求，避免造成因居民消极参与导致的未来社区呈现效果与居民预想的未来社区之间存在较大出入的情况，违背未来社区建设初衷。在建设过程中，居民应全面了解社区建设的现状、问题、诉求，提倡全民全过程参与，广泛汇集民智。在运营阶段，居民作为在社区生活的社区主体，应将居民的意见作为未来社区建设成效的重要评判标准。

（三）消除技术赋能障碍，构建服务协同环境

第一，细化居民服务需求，完善场景建设。首先，场景建设应以居民需求为逻辑起点。居民需求应该是社区服务供给的出发点，只有针对需求提供的服务才是居民最需要的，居民的需求既是社区服务供给的逻辑起点，也是后续未来社区建设过程中各项资源的倾斜点。在未来社区建设前期通过线上线下相结合的方式开展覆盖全社区、包含社区内各个群体的问卷调查，并将问卷结果统计分析作为未来社区各服务供给场景的基础。其次，实现多场景联合，打造互联互通的多跨场景。未来社区多跨场景的设计和落地，能够高效连接多种类型的公共服务，加强未来社区的长效运营，提升社区治理能力，满足居民多样化的服务需求；实现多跨协同场景应用，实现数据在各个场景中的高效流转，充分发挥数据资源优势，优化智治场景，提高场景服务供给的精细化、精准化。

第二，加强平台建设，支持数智化服务转型。首先，数字平台建设应与未来社区建设实际结合。为了使社区智慧平台建设充分贴合居民日常生活，提升社区智慧服务平台的使用率，社区应该在标准化的基础之上，基于社区的调研、实地考察，充分了解居民需求，遵循因地制宜原则，挖掘社区独特性。例如，针对老年人群体产生的"数字鸿沟"问题，增加"适老化"应用改造，专门针对"数字弱势群体"提供相应版块，设置"一键养老"等操作简便的应用，让未来社区的数字优势惠及全体社区居民。数字平台应尽可能简化设计，吸引更多群体以线上方式参与社区治

理，政府要加强对未来社区智慧平台的建设和指导，突出平台设计的个性化，提升社区居民的用户体验。其次，加快基础设施建设，升级物联网设备。通过互联网对各种物联设备进行控制，使设备之间形成有效协同，推动社区治理与服务通过智慧服务平台向智慧化转型。在现有的智慧化设施基础上，社区依托城市大脑，利用高效物联网、大数据实现社区数据化、智能化管理服务，建设高度智能、实时反馈的现代化未来社区。

第三，提升居民数字化能力，实现信息流转畅通。首先，社区居民必须在政府的倡导下积极参与未来社区建设，并努力提升自身数字化能力，适应未来社区智慧化的生活方式。居民只有具备相应的数字素养才能享受数字化带来的社区便利。社区必须强化对社区居民数字化社区管理的宣传和培训，树立数字化社区治理的意识，让居民深入了解未来社区中的数字化应用场景，促进数字化应用场景在居民群体间的普及。其次，实现未来社区建设过程中信息的流转畅通。数据是未来社区数字化建设的基础，未来社区旨在通过数据分析提供精准化社区服务，提高社区居民的生活质量。只有打破不同部门间、各个政府层级间的信息壁垒，数据才能进行有效流转，实现数据的有效协同。最后，有效发挥数据资源的整体优势。加快各种数据的有效整合，形成包含各种数据在内的综合性数据库，有效发挥数据资源的整体性优势，提升数智治理的能力，为后续未来社区智慧治理打下坚实的数据基础。未来社区建设所涉及的数据应该从更高层级的区一级政府或省级政府层面进行统筹规划，形成基础数据库。为了保证数据的有效流转，应对收集到的数据建立统一标准，规范数据处理流程，根据不同用途、数据保密程度等对收集到的数据类型进行分类整理，通过严格的数据使用审核标准来保障数据安全。

参考文献

［1］田毅鹏．"未来社区"建设的几个理论问题［J］.社会科学研究，2020（2）：8-15.

［2］卓么措．政府职能视角下的未来社区——未来社区的内涵、意义及建设对策［J］.浙江经济，2019（4）：26-28.

［3］郁建兴，吴结兵．走向科学化、精细化、智能化的未来社区治理体系［J］.浙江经济，2019（7）：21-23.

［4］威廉·J. 米切尔．比特之城——空间·场所·信息高速公路［M］.范海燕，胡泳，译．北京：生活·读书·新知三联书店，1999.

［5］罗杰·菲德勒．媒介形态变化：认识新媒介［M］.明安香，译．北京：华夏

出版社，2000.

[6] 方彬，吴靓星. 人本视角下未来社区创建路径探讨——以杭州市余杭区为例 [J]. 城市观察，2021（1）：140-151.

[7] 沈费伟. 未来社区的空间实践与调适治理——基于空间生产理论的研究 [J]. 河南社会科学，2022（7）：88-96.

[8] 张永理. 社区治理 [M]. 北京：北京大学出版社，2014.

[9] 彭小兵，李文静. 赋权：党建引领与社会工作互嵌的社区治理探索——基于重庆市 T 社区的实践 [J]. 社会工作，2020（2）：78-88，112.

[10] 方彬，吴靓星. 人本视角下未来社区创建路径探讨——以杭州市余杭区为例 [J]. 城市观察，2021（1）：140-151.

[11] 吴新叶，吕培进. 在“规定动作”与“自选动作”之间：基层党建联盟的活力空间 [J]. 学术界，2021（7）：83-94.

[12] 叶敏. 城市基层治理的条块协调：正式政治与非正式政治——来自上海的城市管理经验 [J]. 公共管理学报，2016（2）：128-140，159.

[13] 徐迪，赵连章. 社区治理中基层党组织建设的功能、挑战与对策 [J]. 社会科学战线，2015（9）：264-267.

[14] 杨妍，王江伟. 基层党建引领城市社区治理：现实困境、实践创新与可行路径 [J]. 理论视野，2019（4）：78-85.

[15] 张翔. 城市基层治理对行政协商机制的“排斥效应”[J]. 公共管理学报，2017（1）：49-60.

[16] 杨爱平，余雁鸿. 选择性应付：社区居委会行动逻辑的组织分析——以 G 市 L 社区为例 [J]. 社会学研究，2012（4）：105-126，243-244.

[17] 吴晓霞. 当代中国城市基层治理的演进线索和内在逻辑 [J]. 新视野，2016（2）：67-71，91.

[18] 陈亮，李元. 去“悬浮化”与有效治理：新时期党建引领基层社会治理的创新逻辑与类型学分析 [J]. 探索，2018（6）：109-115.

[19] 黄俊尧，魏泽吉. “党建”与“共建”：形塑基层社会治理格局的双重逻辑——基于杭州市 D 区的考察 [J]. 中共天津市委党校学报，2020（3）：13-20.

[20] 李宁宁. 社区居委会的体制、职能与工作机制——南京市鼓楼区社区管理体制改革个案研究 [J]. 学海，2003（4）：67-72.

[21] 杨海涛. 城市社区网格化管理研究与展望 [D]. 长春：吉林大学，2014.

从供需两侧降低家庭生育养育成本的研究

——基于杭州市的养育成本调查

李媛媛　惠　文[*]

摘要　浙江省的总和生育率处于超低水平，杭州市是省内最低。本文基于杭州市生育成本的一项社会调查，分析了家庭生育养育成本的构成及其居高的成因，借鉴相关发达国家的经验，建议政府从供需两侧入手降低社会生育养育成本和家庭负担比例。一是规范托育服务市场。建立托育质量标准，开展托育标准化试点和托育示范点建设，在扩大托育服务有效供给的同时，推动托育服务质量提升和社会生育养育成本下降。二是发挥政府引导作用。确定和完善普惠性托育机构的认定条件、质量标准、收费标准，综合运用信贷支持、土地要素保障、规划设计引领等举措，降低市场主体的供给成本。三是延伸政府基本公共服务。将0~3岁婴幼儿的早期发育异常筛查、养育异常筛查及干预等服务纳入公共服务范畴，降低家庭负担的成本比例。四是建设儿童早期发展指导服务体系。建立线上公益性科学育儿指导资源库及科学育儿指导平台，完善县（市、区）立体化儿童早期发展服务体系，在满足合理需求的同时警惕成本过度。五是完善用工休假制度，帮助育儿母亲重返劳动力市场。

关键词　生育成本；养育成本；成本分担；供需两侧

一、引言

党的十八大之后，我国政府先后通过"单独二孩""全面二孩""全

---

* 作者简介：李媛媛（1982-），女，浙江财经大学东方学院副教授。惠文（1990-），女，浙江大学博士研究生。

面三孩"等重大决策鼓励生育，生育率却持续下降。据第七次全国人口普查数据，2020 年中国育龄妇女总和生育率为 1.3，低于国际高度敏感警戒线 1.5，2021 年和 2022 年公布的统计数据显示总和生育率仍在下降。从生育理论的角度看，总和生育率降到更替水平 2 以下即为成本约束的低生育率阶段。张昭等（2021）认为当育儿成本高到足以影响人们的生育决策乃至家庭经济决策时，就可能对人口结构产生影响，这是近年来中国出现"少子"化现象的重要原因之一。国家对降低家庭育儿成本的政策进行了修订。2021 年，中共中央、国务院发布的《关于优化生育政策 促进人口长期均衡发展的决定》提出"降低生育、养育、教育成本"；同年，十三届全国人大常委会第三十次会议通过了关于修改人口与计划生育法的决定，规定："国家采取财政、税收、保险、教育、住房、就业等支持措施，减轻家庭生育、养育、教育负担。"党的二十大报告对人口工作也提出了新任务和新要求，强调"中国式现代化是人口规模巨大的现代化"，提出"优化人口发展战略，建立生育支持政策体系，降低生育、养育、教育成本"，这一任务明确了生育支持政策体系的出发点和落脚点是降低"三育"成本（杨文庄，2023）。

以上情况表明我国人口主要矛盾已由总量压力转变为老龄少子化的结构性挑战。家庭承担的生育、养育、教育成本高，政府分担的养育成本不足是生育率降低的重要原因。如何完善育儿友好社会建设的公共政策，尤其是降低 0~3 岁婴幼儿的养育成本，建设普惠性托育基本公共服务，已然是我国人口发展的重要课题。浙江省作为全国共同富裕建设示范区，在促进人口、经济、社会均衡发展方面承担着对其他地区启发、引导的使命。第七次全国人口普查数据显示，浙江省总和生育率为 1.04，低于全国平均总和生育率 1.3，杭州为 0.96，处于超低生育水平。面对人口结构变化，浙江省委、省政府从推进"两个先行"先导作用出发，提出加快建立"浙有善育"支持政策体系，并选取部分地区作为试点。

因此，本文将结合杭州市养育成本的调研实践，分析家庭养育成本高昂的原因，并借鉴其他典型国家的经验，建议从供需两侧入手降低社会生育养育成本和家庭负担比例，完善"浙有善育"支持政策体系。

二、杭州市家庭生育养育成本分析

2021 年，杭州市财政局联合卫生健康委员会对婴幼儿家庭 0~3 岁的养育成本进行调查，调查对象为3岁以下婴幼儿家长，覆盖全市各区、县（市），调查采用网络问卷方式，回收有效问卷23625份。

（一）调查样本基本情况

在本次调查的婴幼儿家长中，母亲占比88.8%，父亲占比11.2%。在父母学历均为大专及以上的样本中，母亲占比80.4%，父亲占比75.2%。在父母年龄均为25~40岁的样本中，母亲占比92.6%，父亲占比88.2%。在调查样本中，一孩、二孩、三孩家庭分别占比56.9%、41.2%、1.9%。调查样本基本情况如表1所示。

表1　调查样本基本情况

调查情况	细项	占比（%）
婴幼儿家长情况	母亲	88.8
	父亲	11.2
	母亲学历在大专及以上占比	80.4
	父亲学历在大专及以上占比	75.2
	母亲年龄在25~40岁占比	92.6
	父亲年龄在25~40岁占比	88.2
家庭孩子情况	一孩	56.9
	二孩	41.2
	三孩	1.9

资料来源：根据《共同富裕背景下杭州市"一老一小"财政支持政策体系研究》整理所得。

（二）0~3岁婴幼儿的生育养育成本

问卷主要从生育（孕期及分娩）费用、养育（婴幼儿0~3岁生活所需）费用两方面调查家庭承担的生育养育成本。生育费用主要包括孕期检查及分娩费用（扣除生育保险报销）、坐月子期间的照护劳务费（见表2）。

表2　生育费用统计情况

孕期检查及分娩费用		照护劳务费	
费用范围	占比（%）	费用范围	占比（%）
≤5000元	31.10	0	32.20
5000~10000元	35.50	≤10000元	30.50
10000~50000元	30.30	10000~25000元	22.90
≥50000元	3.10	≥25000元	14.40

资料来源：根据《共同富裕背景下杭州市"一老一小"财政支持政策体系研究》整理所得。

0~3 岁的养育费用主要包括食物支出、生活用品支出、专用设施支出、启蒙教育支出、保健服务支出、疾病支出、照护劳务支出七项。食物支出中除了婴幼儿食物外，还包括营养补充剂。专用设施支出指购买奶瓶、温奶器、消毒机、辅食机、婴儿推车、婴儿床、爬爬垫等婴幼儿专用物品的费用。启蒙教育支出包含购买绘本、图书、玩具、亲子课、启蒙课的支出。保健服务支出包括接种自费疫苗及自费体检。疾病支出包含就医支出和购买保险支出。家庭照护劳务支出指支付给保姆或祖辈等照护者的劳务费用。各类费用的占比情况如表 3 所示。

表 3 养育费用调查情况①

食物支出		生活用品支出		专用设施支出	
费用范围	占比（%）	费用范围	占比（%）	费用范围	占比（%）
≤1000 元	32.10	≤500 元	17	≤1000 元	28
1000~2500 元	40	500~1000 元	44.60	1000~5000 元	43.30
≥2500 元	27.90	≥1000 元	38.40	≥5000 元	28.70
自费疫苗支出		自费体检支出		就医支出	
费用范围	占比（%）	费用范围	占比（%）	费用范围	占比（%）
≤1000 元	27.10	0	17.40	0	9.10
1000~2500 元	25.90	≤1000 元	53.30	≤1000 元	34.90
2500~5000 元	27.20	1000~2500 元	18.60	1000~2500 元	25.40
≥5000 元	19.80	≥2500 元	10.80	≥2500 元	30.60
保险支出		照护劳务支出		启蒙教育支出	
费用范围	占比（%）	费用范围	占比（%）	费用范围	占比（%）
0	23.50	≤2500 元	26.30	≤500 元	33.10
≤1000 元	40.80	2500~5000 元	34.30	500~1000 元	33.10
1000~2500 元	8.80	5000~10000 元	27.50	≥1000 元	33.80
≥2500 元	26.90	≥10000 元	11.90		

资料来源：根据《共同富裕背景下杭州市"一老一小"财政支持政策体系研究》整理所得。

根据以上调研内容及数据情况，整理出杭州市家庭负担的婴幼儿 0~3 岁生育养育成本（见表 4）。从表 4 可见，杭州市家庭负担的生育养育成本平均值为 21 万元。按照 2021 年杭州市人均居民可支配收入 6.77 万元计算，占杭州三口之家可支配收入的 34.5%。

---

① 存在照护劳务支出的家庭占总样本的 25.1%。

表4 杭州市家庭负担的婴幼儿0~3岁的生育养育成本[①]

成本构成项目	平均成本（元）	备注
1. 生育成本		
孕期检查及分娩费用（扣除生育保险报销费用后）	13031	一次性支出
2. 养育成本		
（1）月子期间因照护产妇及新生儿发生的劳务支出	10157	一次性支出
（2）生活必需品支出	102300	食物、生活用品月均支出分别为1730元和846元，家用设施支出年均3189元
（3）医疗保健支出	21516	自费接种疫苗、自费保健服务及体检、疾病治疗、健康保险年均支出分别为2824元、1407元、1572元和1369元
（4）家庭照护劳务支出	46252	月均支出1285元，其中25%的家庭为保姆或祖辈支付了劳务费，月均支付额5119元
3. 教育成本		
启蒙教育支出	16895	年均购买图书和启蒙教育支出分别为819元和4865元，其中28%的家庭有启蒙教育支出，支出额集中在1万元~2.5万元
总计	210151	

资料来源：根据《共同富裕背景下杭州市"一老一小"财政支持政策体系研究》整理所得。

养育成本高昂在一定程度上抑制了人们的生育意愿。在上述接受调查者中仅有14.9%的人有计划再生育二孩或三孩，85.1%的人无再生育计划。在调查中发现，政府的育儿补贴对改变生育意愿有一定的影响，即"假设再生育二孩或三孩，每月可获得政府补助1000元，补贴时段从孩子出生至3周岁"，有9.4%的被访者愿意再生育。

调查发现66%的家庭无送托计划，其中一个主要的原因是托育费用无力承担，另有23.6%的家庭计划送托，10.4%的家庭已经送托，这两类家庭对托育费用的看法总体呈现"愿意负担的托育费用少于实际承担的托育费用"的特征。61.5%的家庭愿意负担3000元/月以内的托育费用，28.8%的家庭愿意承担3000~5000元/月的托育费用，能够承担5000元/月

---

① 2022年，育娲人口研究发布的《中国生育成本报告》，以国家统计局居民收入与消费支出数据和各种物价为基础，测算中国家庭生育成本（从怀孕到17岁）的平均值为48.52万元。低收入组家庭平均养育成本为11.6万元，中等收入组家庭平均养育成本为39.5万元，高收入组家庭平均养育成本为120.8万元。其中，上海、北京、浙江位列前三，平均养育成本分别为102.64万元、96.86万元和72.08万元。

以上托育费用的家庭占比不到 10%。然而，在实际送托家庭中，支付不足 3000 元/月托育费用的家庭占 32.7%，支付 3000～5000 元/月托育费用的家庭占 43.3%，有 24%的家庭每月支付超过 5000 元的托育费用。同时，对托育机构的调查发现，2021 年杭州市婴幼儿平均托位使用率为 68%，一半左右的托育机构存在亏损。

三、推动生育养育成本升高的原因分析

综合分析杭州市的调查数据发现，推动生育成本升高的原因仍离不开"三育"成本。

第一，优生需求推动家庭生育成本上升。浙江省统计局发布的第七次人口普查系列分析报告显示，浙江省育龄妇女的平均初育年龄普遍延后，29 岁及以上年龄段的育龄妇女的生育率均高于 2010 年的生育水平，尤其是 29～39 岁年龄段，平均每岁高出 8.26 个千分点。2020 年，在全部有生育的妇女中，30 岁及以上的产妇占 49.39%，即近一半的产妇年龄超过 30 岁，比 2010 年大幅提高 19.10 个百分点；35 岁及以上的"高龄产妇"占到 16.07%，比 2010 年提高 5 个百分点。全省育龄妇女的平均生育年龄从 2010 年的 27.98 岁提高到 2020 年的 29.09 岁，延后超过 1 岁。分孩次来看，一孩平均生育年龄从 2010 年的 26.37 岁提高到 2020 年的 27.33 岁，二孩平均生育年龄从 30.89 岁略提高到 30.96 岁。由此可见，在 29 岁及以上年龄段的育龄妇女中 35 岁及以上非最佳育龄妇女的占比呈逐年增加趋势。然而，医学研究表明，女性超过 35 岁后，胎儿畸形等健康风险显著增加，健康风险与优生需求叠加推升了婚而优生的成本。例如，在 25～29 岁女性中，生育先天愚型婴儿的发生率仅为 1/1500，30～34 岁为 1/900，35～39 岁为 1/300，45 岁以上者为 1/40。

第二，优养需求推动家庭养育成本上升。生而优养的普遍需求与家长科学育儿知识的缺乏催生了普遍的育儿困惑。教育界的基本共识是儿童早期的发展对其一生有决定性的作用，诺贝尔经济学奖得主詹姆斯·赫克曼（Heckman）通过研究证明早期人力资本的投资回报率始终高于后期人力资本的投资回报率，结合越来越广为人知的儿童发育敏感期理论，儿童期的照料模式不仅得到了教育学家、经济学家、发展心理学家等各类科学工作者的关注，也受到了养育孩童家庭的关注。家庭会在子女身上尽可能多地进行教育、医疗、照料等多方面的投入，这一方面占用了工作、闲暇等时间资源形成的间接机会成本，另一方面不断增长的消费需求推高直接经济成本。现有多数文献从子女成本角度对降低家庭养育成本提出建议，如带薪休假、提供幼儿照料服务和现金补贴等一揽子家庭政策（Luci-Greulich and Thévenon，2013），或者直接给予托育津贴，从而对二胎生育产生积极的促进作用（Kalwij，2010）。前文的调查显示，杭州有育儿困惑的家长占比达95%，性格培养、情绪管理、喂养及生长发育为家长关注的焦点。

第三，优教需求推动家庭教育成本上升。与优养支出推动的成本上升的出发点类似，家庭对养育质量的关注延伸至对教育的关注。"不能让孩子输在起跑线上"是悬在众多家庭头顶的"达摩克利斯之剑"，优教需求推动着教育支出快速增加。上述调查显示，杭州市绝大多数家庭带婴幼儿上亲子课或启蒙课的支出费用在1万~2.5万元/年，托育费用超过3000元/月的家庭将近70%。另有义乌市的调研数据显示，2021年每月收费低于3000元和2000元的托位占全市托位的比例分别为37.6%和29.4%。然而，0~3岁的教育成本在0~17岁的教育成本中的占比显然是最低的，自从进入学龄段教育后，家庭教育成本难以遏制地攀升。这显然会影响家庭生育决策，让多数家庭难以下决心生育二孩和三孩。

四、降低家庭生育养育成本的国际经验借鉴及启示

放眼世界各国，低生育率已然是全球性现象，低生育率导致的人口老龄化、少子化问题也是一个世界性难题。为提高生育率，日本、韩国、挪威、德国四个发达国家将生育和育儿作为社会责任，出台了"妇女妊娠—生子生产—养育—重返劳动力市场"的全周期减轻育儿家庭负担的支持政策，在减缓少子化、老龄化方面成效颇为明显，为优化人口相关政策、促进人口长期均衡发展、提升人力资源竞争力提供了宝贵的经验。

（一）韩国：加强对怀孕和分娩的经济支持

1960年，韩国人口政策以遏制人口快速增长为主。到20世纪90年代，生育率不断下降，人口政策开始转向鼓励生育。为将生育率提高到经

济合作与发展组织国家的平均水平，韩国政府出台了一系列鼓励生育的政策，主要有：①为收入低于一定水平的新婚夫妇提供保障性住房。②为怀孕女性提供一定的孕产诊疗补贴，从 2022 年 1 月开始，健康保险孕产诊疗补贴按不同情况分为单胎补贴（由 60 万韩元上调至 100 万韩元）、多胎补贴（由 100 万韩元上调至 140 万韩元）。补贴金的使用期限从生产（流产、胎停）日之后的一年延长至两年。③由于生理条件随年龄增加逐渐受限，许多夫妇已经错过了生育"黄金期"。为此，韩国政府将原来低收入家庭已婚妇女才能享受的不孕治疗补助范围逐步扩大到 45 岁以下已婚妇女，再到全部已婚妇女。上述这些补贴政策在提高育龄妇女生育意愿，特别是低收入家庭生育率方面的成效逐渐显现。

育儿友好型社会的构建是一个系统的工程，育儿友好的基础是孕育友好，政策既需要着力于促进生育意愿，也需要切实提升生育能力。当前，男女结婚年龄普遍推迟，这自然造成生育难度增加，而不孕不育症的医治费用超出了许多家庭的经济承受范围，所以鼓励生育的建议可以从以下四方面进行考虑：①提高二胎及以上孕妇孕产检查费用的医疗保险、生育保险报销比例。②将不孕症夫妇的试管婴儿费用纳入医疗保险报销目录。③完善危重孕产妇和新生儿应急救治费用在基本医疗、大病报销、临时救助和生育保险内的分担机制，实现家庭零负担。④为低收入家庭的产妇护理和新生儿护理提供技术援助和资金援助。

（二）挪威：便捷、优质的托幼服务

挪威的生育率在 20 世纪 60 年代中期开始下降，原因是妇女受教育水平提高，普遍接受晚婚、少婚及新避孕技术。但是，挪威的生育率水平从未降到每个妇女 1.6 个孩子以下，这与挪威不断完善的托幼服务直接相关。1970 年 1~2 岁幼儿的入学率仅为 1%，2016 年儿童入学率达到了91%。这一增长在 1~3 岁的幼儿中尤为显著。与此同时，挪威政府非常重视托幼服务质量的提高，1998~2012 年，政府托幼支出占 GDP 的比例达到 1.4%。财政资金不仅用于新建幼儿园，还用于增加现有日托中心补贴。政府补贴大大降低了父母保育成本，目前儿童保育费约占平均工资的10%，而经济合作与发展组织国家的平均比例为 25%。优质托幼服务大大缓解了挪威 20 世纪 70~90 年代的生育率下降问题。学者的研究显示，1957~1962 年出生的妇女平均只会在 35 岁之前生下 1.5 个孩子。然而，挪威实际完成的生育率超过了每名妇女两个孩子，这在一定程度上归功于1973年之后托幼服务的快速提升。相关研究表明，育儿服务的便利值每增加10%，每名妇女生育约增加0.10~0.12胎。提升托幼服务对防止出现第二次和第三次出生率下降尤为重要。

0~3岁育儿劳动力的刚性投入大，甚至需要所有家庭承担育儿压力，这是很多年轻夫妇不愿意生育的重要原因。结合挪威的托育经验，提高生育率可以采取的方法有：①大力发展0~3岁普惠保育服务体系。按容纳幼儿数量对新建或扩建的普惠性保育机构给予财政补贴，按实际接收的幼儿数量给予保育服务的补贴。②鼓励现有学前教育机构拓展功能，提供保育服务。③鼓励企事业单位为职工提供非营利性保育服务。④健全婴幼儿照护的支持体系，大力加强对家庭照护和社区服务的支持指导，增强家庭科学育儿能力。⑤设置保育师学费贷款、潜在保育师研修制度，保障保育师人才供给。

（三）日本：近乎免费的教育服务

20世纪90年代以后，日本意识到低生育率问题的严重性，开始不断推出促进生育的政策。2004年推出的《少子化社会对策大纲》提出，建设有利于家庭生育的社会环境，并推出为减轻家庭养育子女的经济负担而提供儿童补贴、奖学金及降低儿童医疗负担等具体措施。2019年2月12日，日本内阁通过了实施日本幼儿教育及保育免费化的《儿童及育儿支援法》，根据该法案，从2019年10月1日起，有3~5岁儿童的家庭不管收入多少都可以免费进入政府认可的幼儿园（普惠性幼儿园），对于政府不认可的非普惠性幼儿园，在夫妻两人都工作的情况下，政府会给予3~5岁的儿童每月最高3.7万日元（约2300元人民币）的补助，给予0~2岁的儿童每个月最高4.2万日元（约2600元人民币）的补助。从2020年开始，家庭年收入不超过590万日元（约36万元人民币）的子女就读私立高中时，每年将得到40万日元（约2.4万元人民币）的高中助学金，这意味着就读于学费低于私立高中平均值的私立学校，不再收取任何学费。与此同时，日本的高等教育机构在2020年开始对低收入家庭学生发放无须返还的补贴性奖学金。

育儿友好型社会构建的关键在于优质普惠教育的提供，然而日本近乎免费的教育服务从现实来讲并不完全适合中国国情。借鉴日本经验，我国应该在免费义务教育的基础上，尽可能完善非义务教育阶段的成本补偿机制，降低家庭教育成本。譬如：①在学前教育阶段，可以借鉴希望小学做法，鼓励社会捐赠资金。②在学前教育阶段，适当降低财政在公办幼儿园的成本分担比例，将节约的财政资金补贴给普惠性民办幼儿园，同时增加财政对普惠性幼儿园的投入金额，以此降低家庭的学前教育费用。③在高中阶段和高等教育阶段，政府对二孩及以上家庭子女发放无须返还的补贴性奖学金，以此冲抵部分学费。

（四）德国：帮助育儿母亲重返劳动力市场

育儿母亲重返劳动力市场的困境是导致德国生育率下降的原因之一。2007 年，德国推出一系列弹性产假和灵活用工政策，协调工作和家庭关系。①以育儿假取代以母亲为导向的产假，育儿的责任从母亲转向父母，使申请育儿假的父亲人数大幅度增加。②育儿假采取灵活方式，休假期间的收入与休假前的收入挂钩。自 2015 年以来，德国父母可以在长达 36 个月的育儿假内兼职。这样，父母双方都可以同时兼职和照顾孩子。③鼓励灵活用工。2019 年，德国开始实行"过渡兼职工作时间"计划，员工可以向老板提前申请在 1~5 年内减少合同约定的工作时间，而且不需要陈述任何理由。当这一特殊阶段结束后，雇员即可恢复到合同约定的工作时间。

毫无疑问，重返职场的困境是制约育龄妇女生育的重要原因，借鉴德国兼顾工作和家庭的经验，我们可以尝试如下做法：①增设女性弹性产假，提高产假灵活性。根据浙江省经济发展和社会状况，启动女性自主选择在子女 0~3 岁用完假期的试点工作。②鼓励灵活用工，为育儿母亲重返劳动力市场创造条件。鼓励用人单位为育儿母亲提供灵活就业，并从法律上认可灵活就业人员的社会地位。③建立女性人力资源库供需信息平台，为重返就业市场的女性提供免费的职业培训、职业介绍。

五、构建供需两侧降低家庭生育养育成本的政策体系

政府更多地分担家庭育儿成本是现有人口政策和理论研究的共识，张昭等（2021）应用世代交叠一般均衡模型结合中国实际数据进行政策模

拟，结果显示当前中国的育儿补贴和公共教育支出水平都低于最优水平，还有提升空间。赵美洁、严成樑（2022）认为利于生育率、人力资本及社会福利的最优政府分担比为 36%～43%。由此可见，我们应尽快转变幼儿照料只能由家庭承担的认识，政府需在普惠托育服务领域多"下功夫"，深入调研供需两侧的真实情况，从供需两侧发力，降低社会的生育养育成本，降低家庭的负担比例。换言之，在供给侧规范托育服务市场，发挥规模效应和公平竞争优势，实现保质量前提下的成本下降或稳成本基础上的质量提高。同时，加大财政扶持、延伸公共服务，增加政府责任，降低家庭负担成本。在需求侧普及科学育儿理念，引导家庭合理需求，避免过度需求带来社会生育养育成本虚高。

（一）规范托育服务市场，降低社会生育养育成本

截至 2022 年 5 月，杭州共有婴幼儿照护服务托位 36751 个、托育机构 866 家，其中示范性婴幼儿照护服务机构 25 家。这表明一方面婴幼儿托育机构正在为满足托育需求积极发展；另一方面现有的托育机构仍以自发形成的托育市场为主，其质量参差不齐，信息不对称，加大了家长甄别难度，这种不充分、不公平的竞争制约了市场竞争优势和规模效应优势的发挥，阻碍了社会生育养育成本的下降。结合杭州市的现状，规范托育服务市场需要从以下三方面入手：第一，要建立托育质量标准。总结各地托幼机构标准，建立符合杭州市实际情况的托育总体质量标准及托育课程标准、托育过程标准和托育人员能力标准等专项指导性标准。第二，要标准化示范推广。以标准化试点和托育示范为抓手，通过奖优汰劣树立标杆，以"比、学、赶、超"带动托育服务质量整体提升。第三，要加强托育市场监管。完善省—市—县三级托育服务综合管理网络，加强对托育服务的质量和价格监管，同时加强对托幼机构的指导和巡查。

（二）发挥政府引导撬动作用，降低市场主体的供给成本

据《杭州日报》所载的《让婴有所"托"幼有所"护"》一文，杭州市截至 2022 年 5 月已建成公建民营普惠托育机构 23 家，由此可见，普惠性托育机构相对于托育机构的总数来说，仍显不足，仍需充分发挥政府引导作用，提高托育服务的规模效应，增加普惠性托育机构的数量。首

先，要提供制度保障。确定和完善普惠性托育机构的认定条件、质量标准、收费标准、财政补助标准和退出机制，为吸引社会资源体验托育服务提供制度保障。其次，要创新鼓励、引导机制。鼓励、引导社会提供托育服务、企事业单位自建托育场所，通过民办公助、PPP 等方式引导社会力量建立普惠托育机构，综合运用信贷支持、土地要素保障、规划设计引领、税费优惠政策等多种举措吸引更多的社会资源提供普惠性托育服务。

（三）延伸政府基本公共服务，降低家庭分担的成本比例

公共教育支出水平会随着经济水平的发展而提升，政府分担家庭养育成本的比例也需要根据经济发展水平和托育服务需求的提升而提升。政府应延伸基本公共服务范围，降低家庭养育成本。杭州市政府可以推进的措施：一是逐步推进托幼一体化。鼓励有条件的县（市、区）前延学前教育段 2~3 岁，统一交由教育部门管理。二是扩增健康管理服务项目。适当增扩基本公共卫生服务中 0~6 岁儿童的健康管理服务项目，将 0~3 岁婴幼儿早期发育异常筛查、养育异常筛查及干预等服务纳入基本公共服务范畴。三是以数字化改革促进基本公共服务优质共享。借鉴义乌"善育宝"数字化管理平台，打造儿童健康报告、儿童成长曲线等应用场景。整合医院信息系统、妇幼智慧系统、孕产妇全程服务和智慧医疗保障系统等多源数据，实现线上自测、自动预警、精准推送。

（四）普及医育结合的儿童早期发展指导服务体系，在满足合理需求的同时防止成本过度

一是建立科学育儿平台。省级相关部门组织力量，建立线上公益性科学育儿指导资源库及科学育儿指导平台，逐步实现精准推送，帮助家长确立科学育儿理念。二是建设儿童早期发展指导服务体系。借鉴义乌经验，县级妇幼保健机构设立指导中心，基层医疗卫生机构设立服务中心，充分利用文化礼堂、党群活动中心、社区学校等公共场所资源，举办家庭科学育儿、育儿分享、亲子游戏等活动，提供线下专业化指导和服务。三是加强托育服务队伍建设。在省、市、县三级妇幼保健机构建立专业化的婴幼儿照护服务实训基地，加强托育服务从业人员职前培养和职后培训，探索建立婴幼儿照护服务队伍星级评定机制，增加执业荣誉感。

（五）优化用工休假制度，帮助育儿母亲重返劳动力市场

生育对职业发展的不利影响是抑制育龄妇女婚育的重要因素，帮助育儿母亲协调好工作和家庭的关系，帮助她们更好地重返职场，能够有效地减少育龄妇女对生育的后顾之忧。借鉴国内外经验，可以采取以下措施：一是鼓励灵活用工和弹性工作时间，为育儿母亲重返劳动力市场创造条件。鼓励用人单位为育儿母亲提供灵活就业和弹性工作时间，并从劳动法律上完善弹性工作的福利待遇等。二是建立女性人力资源库供需信息平台，为重返就业市场的女性提供免费的职业培训、职业介绍。三是完善育儿假制度，取代以母亲为导向的产假，育儿的责任从母亲转向父母，这样能够减轻就业歧视。

参考文献

［1］杨文庄. 学习贯彻党的二十大精神 做好新时代优化生育政策工作［J］. 人口与健康，2023（1）：15-18.

［2］杨文庄. 生育支持政策体系的实践及其优化［J］. 人口与健康，2023（3）：16-18.

［3］张昭，杨澄宇，龚婧. 育儿补贴、经济增长与代际不平等：理论模型与政策模拟［J］. 中央财经大学学报，2021（12）：81-93.

［4］赵美洁，严成樑. 政府分担育儿成本、生育率与人口质量［J］. 世界经济文汇，2022（4）：20-38.

［5］韩凤芹，曹蕊. 构建儿童早期发展公共服务体系：理论探讨与现实选择［J］. 财政研究，2020（9）：80-92.

［6］Luci-Greulich A，Thévenon O. The Impact of Family Policy Packages on Fertility Trends in Developed Countries［J］. European Journal of Population，2013（29）：387-416.

［7］Kalwij A. The Impact of Family Policy Expenditure on Fertility in Western Europe［J］. Demography，2010（47）：503-519.

数字经济下我国地区间增值税收入与税源背离的问题研究

郁　晓　党怡琳[*]

摘要　当前，数字经济已经逐渐成为我国经济高质量发展的重要动力，一方面数字经济具有经营去实体化等特征，可以使商品与服务在地区间的流通更为频繁，在线跨地区交易规模日渐扩大；另一方面我国各地区数字经济的发展水平存在一定的差异，在增值税生产地征税原则下，造成了地区间增值税收入与税源的背离。本文选取 2015~2021 年省级面板数据，从定性与定量的角度进行深入的研究，分析数字经济对地区间增值税收入与税源背离所产生的影响。研究发现数字经济的发展加剧了地区间增值税收入与税源的背离，造成了地区间增值税收入分配失衡；数字经济在不同工业化水平下对地区间增值税收入与税源背离的影响是有差异的。

关键词　数字经济；增值税；收入与税源背离

一、引言

我国数字经济近年来保持着迅速发展的趋势，数字经济的发展不仅推动了互联网技术的进步，也重塑了我国消费市场格局，我国消费市场格局由单一的线下消费转变为线上与线下消费相结合的新格局。2023 年 4 月，《中国数字经济发展研究报告（2023 年）》显示，我国数字经济的规模已经达到 50.2 亿元，数字经济占 GDP 的比重达到 41.5%，在助力消费增长中持续发挥着积极作用。数字经济在茁壮发展的同时，也对地区经济发展

　＊　作者简介：郁晓，浙江财经大学东方学院教授。党怡琳，浙江财经大学。

产生了差异化的影响。我国地区间增值税收入与税源的背离问题在传统经济模式中存在已久，增值税作为流转税，税负容易在各交易流通环节通过税负转嫁的方式转移至最终的消费者身上。我国是基于生产地征税原则来征收增值税的，这会导致原本属于消费者所在地的税收流入生产经营地，从而使不同地区间的增值税收入与税源产生背离现象，进而加剧地区间增值税收入分配不均衡的问题。

在数字经济发展速度加快、发展规模不断扩张的背景下，这一背离趋势逐渐加剧。数字经济发展对传统的销售商品与服务所产生的增值税收入分配产生了显著的影响，打破了地区之间的旧有格局，逐步凸显了其"销售相对集中，消费较为分散"的发展格局。数字经济企业普遍存在集聚效应，实体机构会更多地集中在浙江、广东等东部经济发达的省份。在数字经济无实体经营模式的情况下销售商品，可能会使数字经济活动生产方销售更多的商品与服务至消费地省份，从而使产销分离的现象日益显著。同时，在增值税按照生产地征税原则征收的背景下，增值税收入归属于征税对象的生产地政府，而消费地政府的部分增值税收入流失，出现了增值税收入与税源背离的现象，这将导致地区间增值税收入分配的失衡，进而影响到地区间经济的均衡发展和整体的社会公平，还可能会影响地方政府的决策行为和经济资源的合理分配。在党的二十大报告中，习近平总书记强调，要深入实施区域协调发展战略，构建优势互补、高质量发展的区域经济布局。近年来，国家出台的各项政策文件和总体发展趋势都是朝着共同富裕的方向进行的。在此背景下，税收作为政府分配经济资源和调控经济运行的重要工具，必然要考虑其对地区间收入差距及税源分布的影响。然而，我国数字经济的快速发展有可能加剧地区间增值税收入与税源之间的背离，这将不利于地区间增值税收入的均衡发展，以及共同富裕目标的实现。

目前，大多数文献将研究重点集中在单一的增值税收入与税源的背离上，本文以数字经济为主要研究对象，对两者的影响机制进行深入分析，选取2015~2021年的省级面板数据，实证检验数字经济对地区间增值税收入与税源背离的实际影响程度，针对分析结论提供相应的政策建议。本文可能存在的边际贡献为：第一，在研究方法上，采用熵值法对数字经济发展水平这一指标进行测算，能够更加清晰、直接地反映我国各省份数字经济的发展水平，并保证了数据的时效性及严谨性。第二，在研究对象上，选取数字经济这一对象，定量分析数字经济对地区间增值税收入与税源背离的影响程度。第三，探讨了不同工业化水平下，数字经济对地区间增值税收入与税源背离的异质性影响，为建立完善、适应数字经济发展的良性税收分配关系提供了证据支撑。

二、文献综述与研究假设

（一）文献综述

关于增值税收入与税源背离产生的原因，学者普遍认为有以下几个方面：增值税生产地的课税原则、增值税的可转嫁性、数字经济的发展程度。在我国，增值税的税收收入分配始终遵循生产地征税原则，其税收收入主要集中在生产和流通环节，而消费地只征零售环节的附加税（黄夏岚和刘怡，2012）。按照生产地征税原则来征收增值税会在一定程度上使地区财政收入产生扭曲效应，而消费地原则可以缓解此问题（高凤勤和刘金东，2018）。增值税收入主要转入经济较为发达的东部地区，而这部分转移的增值税收入大多来源于中西部地区（杜莉等，2019）。增值税作为可转嫁税，可以将税收负担通过最终消费者的购买行为进行转嫁。对于消费地政府来说，由于当地消费者承担了税负，因此其得到的税收收入减少，税收收入相应地转移到生产地政府手中，税收和税源不能匹配（Purohit，2002；谷彦芳和周倾楚，2017）。特别是随着数字经济的快速发展，传统的销售商品与服务所产生的增值税收入在不同地区的分布已经发生了显著的变化（刘怡等，2022），出现了更大规模的税收转移，导致税收背离问题加剧，进而造成了地区间增值税收入分配的失衡。

大多数学者认为，数字经济的发展加剧了地区间增值税收入分配的失衡，会造成一系列负面影响。在数字经济的背景下，供应和需求的分布模式常常表现出"销售相对集中，消费较为分散"的特点，商品流转的中间环节减少，致使税收流入商品的生产地（徐绮爽和王宝顺，2023），加剧了地区间增值税收入与税源背离的问题（刘怡等，2019；蔡昌等，2020）。我国数字经济企业大部分集中在东部等经济发展水平较高的地区，中西部等经济发展水平较低的地区则成为了东部地区商品的主要消费市场。由于我国增值税的征收和分配遵循生产地征税原则，因此在数字经济的发展下，这会在一定程度上导致我国中西部地区所产生的增值税收入通过数字经济转移至东部地区，从而在一定程度上加剧地区间增值税收入的不平衡（谢贞发和李梦佳，2012；胡晓东和艾梦雅，2019），产生"劫贫济富"效应（袁从帅和赵好婕，2021）。

综上所述，通过阅读现有文献并对各学者的观点进行深入研究和整理，本文发现关于地区间增值税收入与税源背离现象的存在、成因及由此产生的不良影响，已经达成了一些基本共识。然而，鲜有学者从数字经济的角度切入，运用实证分析方法来研究数字经济下我国地区间增值税收入与税源背离的问题，且未有文献研究数字经济对增值税收入与税源背离问题的影响机制和影响程度，这为本文的研究方向提供了思路。

（二）研究假设

1994 年的分税制改革确立增值税为我国中央与地方共享税，我国目前遵循生产地征税原则，由生产地征收并享有增值税。一个地区所生产销售的商品和劳务越多，实现的价值增值越多，该地方政府所分配的增值税越多。同时，增值税作为一种最典型的流转税，其生产流通和消费需要经历多个环节，可通过价格机制，将其在中间环节缴纳的税款转嫁给消费者。目前我国区域经济发展并不均衡，经济发展水平较高的地区通常具有更好的基础设施、公共服务和市场环境，能够吸引更多的投资和企业，从而形成产业聚集，在这种情况下，非产业聚集地区则会从产业聚集地区购入商品，导致出现跨地区交易现象。在跨地区交易当中，商品的生产地与消费地不在同一地区，根据生产地征税原则，应税活动的增值税收入全部归属于生产地，增值税税负转嫁导致最终消费地承担了较多的税负，消费地消费者承担的所有税款将全部由生产地区征收，但消费地无法获得相应的税收收益。因此，跨地区交易导致增值税收入与税源不相匹配，造成了各地区增值税收入与税源背离的情况（见图 1）。

数字经济活动的特征改变了原有交易空间范围，减少了中间环节。随着信息技术产业、物流行业的不断发展，数字经济活动的虚拟化和数字化打破了交易的时间和空间限制。互联网的发展使信息搜索和获取的途径增加，信息壁垒得到显著降低，电子商务等第三方平台把供应商和消费者直接联系在一起，以较低的成本便可实现全国市场的交易覆盖，消费者通过第三方平台可以进行线上交易。传统实体经济中虽然也存在跨地区交易，

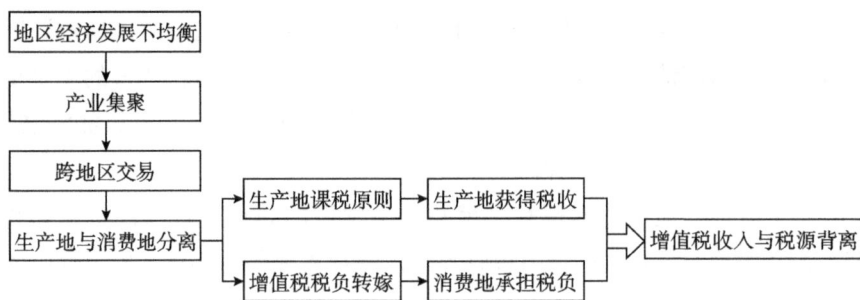

图 1 增值税收入与税源背离机制

但交易的开展仍依赖实体店铺的设立，因此消费地也能够获得部分增值税收入。数字经济的发展使生产企业直接跨过了制造商、批发商、零售商等多个中间环节，直接面对消费者销售，一方面明显提高了生产地跨地区销售的收入额；另一方面大大降低了买卖双方的跨地区交易成本，提高了流通效率。另外，消费需求与税基随着跨地区交易规模的扩大而增加，商品的生产方式日趋集中化、规模化，跨地区交易成为主流。数字经济的发展加快了数字经济活动提供地与消费地的分离，数字经济活动提供地获取了标准以外的税收转入，而这部分税收实际由其他地区的消费者负担，从消费地转出。因此，数字经济的发展加剧了增值税收入与税源的背离。

同时，由于我国各个地区的数字经济发展水平参差不齐，数字经济在地区间存在着产业集聚、生产与消费分配格局不均衡的情况。第 51 次《中国互联网发展状况统计报告》显示，截至 2022 年 12 月，我国互联网上市企业总数为 159 家，注册地位于北京的互联网上市企业数量占总体的 33.3%；其次为上海，占总体的 19.5%；深圳、杭州紧随其后，均分别占总体的 10.7%。数字经济活动提供地主要集中在东部沿海地区，因此认为数字经济对地区间增值税收入与税源背离的影响在不同区域具有差异性。我国不同地区的工业化水平也存在较大的差异，其中工业化水平较高的区域其经济发展有着充足的动力，经济发展水平的提高会进一步吸引更多的产业投资，给地区带来更多的生产资源，促进产业集聚、市场规模扩大，进一步为数字经济的发展带来更多的发展机会，带动地区数字经济水平提升。与此同时，工业化水平高的地区由于聚集了更多的生产企业，生产制造出的商品会销往全国各地，因此可能会为本地带来更多的增值税收入，进一步加剧地区间增值税收入与税源的背离。

因此，基于上述的分析，本文提出以下研究假设：

H1：数字经济的发展加剧了地区间增值税收入与税源的背离。

H2：相比于中西部地区，数字经济在东部地区对增值税收入与税源背离的促进影响更为明显。

H3：相比于低工业化地区，数字经济在高工业化地区对增值税收入与税源背离的促进影响更为明显。

三、研究设计

（一）变量与数据说明

1. 被解释变量

增值税收入与税源背离额（bltax）。本文选用平均经济含税量法（国务院发展研究中心课题组，2011；李建军，2013；徐绮爽，2022）来进行背离额的测算，旨在测算出2015~2021年全国各省份理论上应征收的增值税收入，通过对比同时期各省份实际征收到的增值税收入，从而衡量各省份增值税收入与税源的背离额。增值税收入与税源的背离额若大于0，表示该省份存在增值税的转入；若该值小于0，则表示该省份存在增值税的转出。某省份的背离额越大，说明增值税在地区间的分配格局越有利于该省份。

本文基于"国内生产总值"指标，运用平均经济含税量法来测算我国各省份理论上应征收的增值税收入，公式如下：

$$\mathrm{vat}_{it} = \sum \mathrm{tax}_{it} \frac{\mathrm{gdp}_{it}}{\sum \mathrm{gdp}_{it}} \tag{1}$$

式（1）中，vat_{it}为i省份第t年理论上应征收的增值税收入，tax_{it}为i省份第t年的实际增值税收入，gdp_{it}为i省份第t年的地区生产总值。本文参考刘怡等（2022）的测算方法，将地区生产总值作为统计指标来计算增值税收入与税源的背离额，具体公式如下。

$$\mathrm{bltax}_{it} = \mathrm{tax}_{it} - \mathrm{vat}_{it} \tag{2}$$

通过上述计算，本文得出了2015~2021年全国各省份增值税收入与税源的背离额，如表1所示。

表1 2015~2021 年全国各省份增值税收入与税源的背离额

单位：亿元

年份	2015	2016	2017	2018	2019	2020	2021	平均值
北京	367.55	590.74	773.21	624.25	667.31	655.73	669.24	621.15
天津	74.78	136.45	209.70	353.10	404.10	389.73	400.62	281.21
河北	-122.66	-218.77	-321.30	31.68	19.09	-7.54	4.77	-87.82
山西	-2.30	-17.76	86.00	163.15	180.30	137.90	250.62	113.99
内蒙古	-38.36	-79.40	-42.14	137.70	179.22	109.84	176.40	63.33
辽宁	-144.98	-225.53	-286.20	92.47	42.77	75.35	31.66	-59.21
吉林	-89.86	-146.36	-238.51	31.61	5.67	8.45	-7.14	-62.30
黑龙江	-128.15	-249.39	-348.70	-49.06	-89.65	-90.07	-93.14	-149.74
上海	671.19	994.20	1541.91	1410.70	1553.24	1127.18	1180.39	1211.26
江苏	174.42	347.91	400.21	218.10	261.74	248.08	236.02	269.50
浙江	142.82	227.25	314.11	355.07	280.58	380.78	578.66	325.61
安徽	-27.25	-36.32	-65.61	-412.73	-425.54	-389.93	-542.87	-271.46
福建	-82.48	-115.85	-255.91	-562.06	-597.12	-515.05	-542.11	-381.51
江西	40.84	2.86	37.47	-23.10	29.84	12.23	59.54	22.81
山东	-341.07	-606.78	-906.47	-340.89	-281.40	-312.28	-404.25	-456.16
河南	-267.00	-447.73	-637.96	-728.48	-721.71	-655.58	-672.71	-590.17
湖北	-186.67	-323.42	-489.77	-743.70	-764.21	-554.91	-613.88	-525.22
湖南	-186.79	-328.76	-451.15	-455.95	-487.95	-481.64	-558.73	-421.57
广东	276.46	611.02	709.66	677.06	687.81	770.26	900.52	661.83
广西	-74.05	-112.74	-177.59	-157.77	-130.17	-112.78	-115.37	-125.78
海南	16.88	39.18	75.59	48.46	44.32	35.98	36.22	42.38
重庆	-40.68	-44.27	-89.31	-289.26	-318.56	-342.79	-434.94	-222.83
四川	-143.44	-245.77	-346.96	-452.13	-508.13	-410.27	-541.98	-378.38
贵州	9.78	46.11	95.22	-93.54	-97.71	-152.06	-189.21	-54.49
云南	18.18	45.65	29.24	-139.04	-171.57	-149.04	-211.13	-82.53
陕西	12.12	-23.34	51.39	0.66	0.53	-21.04	84.74	15.01
甘肃	-8.23	-7.28	4.73	13.52	-6.55	-3.96	11.81	0.58
青海	-0.35	3.34	24.22	19.25	20.36	31.16	31.09	18.44
宁夏	9.11	35.87	53.19	25.42	7.12	16.25	25.13	24.58
新疆	52.85	100.11	172.77	146.59	119.04	116.94	167.56	125.12

2. 核心解释变量

数字经济发展水平指数（Ecom）。本文借鉴赵涛等（2020）、王军（2021）及艾华等（2021）的方法，构建了数字经济发展水平评价指标体系，利用熵值法对数字经济发展水平进行了科学合理的测算。具体指标内容及其含义如表2所示。

表2　数字经济发展水平指标内容和含义

一级指标	二级指标	参考文献
数字交易指标	人均电子商务销售额（亿元） 电子商务销售额占 GDP 比重（%） 网络零售额（亿元）	许统生等（2016），叶琼伟、聂秋云（2013），苏为华、王玉颖（2017），孙玉志（2017），浙江省商务厅（2016）
信息化指数	域名数量（万个） 移动电话普及率（%） 企业拥有网站数（个） 互联网上网人数（万人）	许统生等（2016），叶琼伟、聂秋云（2013），孙玉志（2017）
数字经济发展潜力	电子商务从业人员比重（%） 从业人员平均工资（元） 人均快递业务量（件/人）	于欣誉等（2019），许统生等（2016），叶琼伟、聂秋云（2013），刘敏、陈正（2017），马方方（2015），韩雷、张磊（2016），龚映梅等（2018）

资料来源：赵涛，张智，梁上坤. 数字经济、创业活跃度与高质量发展——来自中国城市的经验证据［J］. 管理世界，2020，36（10）：65-76.

将各评价指标及年份和省份数据对应为原始数据矩阵，构建评价体系，具体计算步骤和模型如下：

$$X = \begin{bmatrix} x_{11} & x_{12} & \cdots & x_{1n} \\ x_{21} & x_{22} & \cdots & x_{2n} \\ \vdots & \vdots & \vdots & \vdots \\ x_{m1} & x_{m2} & \cdots & x_{mn} \end{bmatrix} \tag{3}$$

$$X = \{x_{ij}\}, \quad (i=1, 2, \cdots, m; j=1, 2, \cdots, n) \tag{4}$$

式（4）中，x_{ij} 为地区 i 的第 j 项评价指标数值。在对原始数据进行矩阵整理的基础上，本文对其进行了无量纲化的标准化处理。由于测算数字经济发展水平的各项指标量纲及数量级有所差异，因此本文为了消除其对评价得分的影响，对各项指标进行了标准化处理并得到了新矩阵：

$$X = \{x_{ij}\}, \quad (i=1, 2, \cdots, m; j=1, 2, \cdots, n) \tag{5}$$

$$x_{ij} = \frac{x_{ij} - x_{i, min}}{x_{i, max} - x_{ij}} \tag{6}$$

计算第 j 项指标下地区 i 的指标值的比重 y_{ij}，公式如下：

$$y_{ij} = \frac{x_{ij}}{\sum\limits_{i=1}^{m} x_{ij}} \qquad (7)$$

建立数据的比重矩阵，计算第 j 项指标的信息熵 e_j 和信息效用值 d_j，信息熵 e_j 的计算公式如下：

$$e_j = -k \sum\limits_{i=1}^{m} y_{ij} \ln(y_{ij}) > 0 \qquad (8)$$

式（8）中，k 为常数，$k = \frac{1}{\ln(m)} > 0$。第 j 项指标的信息效用值 d_j，即该指标的信息熵 e_j 与 1 的差值，计算公式如下：

$$d_j = 1 - e_j \qquad (9)$$

进一步计算第 j 项指标的权重 W_j，计算公式如下：

$$W_j = \frac{d_j}{\sum\limits_{i=1}^{m} d_j} \qquad (10)$$

最后，计算数字经济发展水平的综合得分，具体公式如下：

$$X_j = \sum\limits_{i=1}^{m} y_{ij} w_{ij} \qquad (11)$$

根据式（11），可计算出 2015~2021 年全国各省份的数字经济发展水平指数，如表 3 所示。

表 3　2015~2021 年全国各省份数字经济发展水平指数

年份	2015	2016	2017	2018	2019	2020	2021
北京	0.0152	0.0133	0.0166	0.0174	0.0221	0.0234	0.0281
上海	0.0093	0.0098	0.0119	0.0195	0.0177	0.0205	0.0232
广东	0.0096	0.0073	0.0117	0.0115	0.0163	0.0169	0.0180
浙江	0.0079	0.0083	0.0110	0.0122	0.0138	0.0148	0.0151
江苏	0.0055	0.0053	0.0077	0.0076	0.0091	0.0094	0.0097
福建	0.0042	0.0034	0.0102	0.0059	0.0105	0.0088	0.0106
天津	0.0024	0.0062	0.0071	0.0070	0.0061	0.0054	0.0057
山东	0.0040	0.0029	0.0040	0.0066	0.0047	0.0052	0.0057
四川	0.0029	0.0031	0.0038	0.0047	0.0055	0.0059	0.0057
湖北	0.0028	0.0023	0.0032	0.0036	0.0054	0.0052	0.0052
安徽	0.0020	0.0030	0.0030	0.0044	0.0044	0.0048	0.0050
海南	0.0013	0.0058	0.0023	0.0030	0.0033	0.0035	0.0051

续表

年份	2015	2016	2017	2018	2019	2020	2021
陕西	0.0022	0.0027	0.0029	0.0033	0.0039	0.0041	0.0044
河南	0.0020	0.0019	0.0029	0.0026	0.0047	0.0048	0.0040
辽宁	0.0021	0.0026	0.0024	0.0027	0.0036	0.0037	0.0037
河北	0.0018	0.0020	0.0021	0.0025	0.0037	0.0037	0.0042
湖南	0.0016	0.0015	0.0025	0.0025	0.0041	0.0039	0.0036
重庆	0.0015	0.0018	0.0023	0.0034	0.0030	0.0034	0.0035
江西	0.0012	0.0012	0.0017	0.0029	0.0035	0.0035	0.0037
黑龙江	0.0013	0.0047	0.0014	0.0022	0.0024	0.0025	0.0021
吉林	0.0012	0.0022	0.0018	0.0022	0.0022	0.0020	0.0021
贵州	0.0007	0.0010	0.0014	0.0018	0.0024	0.0024	0.0035
云南	0.0008	0.0009	0.0013	0.0017	0.0024	0.0025	0.0024
山西	0.0008	0.0019	0.0014	0.0018	0.0019	0.0021	0.0021
内蒙古	0.0009	0.0018	0.0013	0.0022	0.0017	0.0017	0.0019
广西	0.0007	0.0007	0.0012	0.0016	0.0023	0.0025	0.0024
宁夏	0.0005	0.0017	0.0009	0.0012	0.0013	0.0020	0.0027
青海	0.0005	0.0023	0.0010	0.0010	0.0012	0.0016	0.0021
新疆	0.0004	0.0027	0.0005	0.0009	0.0011	0.0014	0.0017
甘肃	0.0005	0.0007	0.0010	0.0013	0.0016	0.0017	0.0018

3. 控制变量

产业结构（Industry），用各省份第二、三产业的增加值占地区生产总值的比重来衡量；消费规模（lnCscal），用各省份社会消费品零售总额的对数来衡量；金融发展水平（Fina），用各地区金融机构存贷款余额与地区生产总值的比值来衡量；创新能力（Innovate），选取各地区本年度专利申请数量的对数来衡量；对外开放程度（lnOpen），本文采用各地区进出口贸易总额的对数来反映；经济发展水平（lnGDP），本文采用各地区生产总值的对数来反映。各变量及其详细计算方法如表4所示。

表4　变量说明

变量类型	变量名称	变量符号	计算方法
核心解释变量	数字经济发展水平指数	Ecom	由本文构建的数字经济发展水平评价指标体系计算所得
被解释变量	增值税收入与税源背离额	bltax	实际征收的增值税-理论上应征收的增值税

变量类型	变量名称	变量符号	计算方法
控制变量	产业结构	Industry	各省份第二、三产业增加值/地区生产总值
	消费规模	lnCscal	社会消费品零售总额取对数
	金融发展水平	Fina	存贷款余额总额/地区生产总值
	创新能力	Innovate	发明专利申请数量取对数
	对外开放程度	lnOpen	进出口贸易总额取对数
	经济发展水平	lnGDP	各省份地区生产总值取对数

（二）模型设定

为验证 H1，研究数字经济发展水平对地区间增值税收入与税源背离的影响，本部分设定多元回归模型，如下：

$$bltax_{i,t} = \alpha + \beta_1 Ecom + \beta_2 controls_{i,t} + \gamma_i + \mu_t + \varepsilon_{i,t} \tag{12}$$

式（12）为包含了个体效应和时间效应的双向固定效应模型，可以缓解因不可观测因素及不随时间变化因素的个体差异所导致的内生性问题。i 代表全国各省份（本文选取数据不包括港澳台及西藏地区，下文同）；t 代表年份，本文选取的年份为 2015~2021 年；bltax 为被解释变量，代表地区间增值税收入与税源的背离额；Ecom 为核心解释变量，即前文测算出的数字经济发展水平指数；controls 为该模型的一系列控制变量，分别为产业结构（Industry）、消费规模（lnCscal）、金融发展水平（Fina）、创新能力（Innovate）、对外开放程度（lnOpen）、经济发展水平（lnGDP）。通过对面板数据进行回归，旨在分析数字经济发展水平和地方间增值税收入与税源背离的影响关系。其中，α、β_1、β_2 为回归系数。γ_i 为无法观测的地区效应，μ_t 为不可观测的时间效应，$\varepsilon_{i,t}$ 为随机扰动项。

（三）描述性统计

表 5 为各变量的描述性统计，可以看到数字经济发展水平指数（Ecom）的均值为 0.005，最小值为 0.0004，最大值为 0.028，标准差为 0.005，该指标数值本身较小，而标准差较大，这意味着不同省份的数字经济发展水平存在一定的差异。地区间增值税收入与税源背离额（bltax）的最小值为 -730.634，最大值为 1469.716，标准差为 328.385，

这意味着我国不同省份间增值税收入与税源背离的情况较为严重，由于该指标的均值为-0.999，进一步说明我国各省份税收转出的情况相对于税收转入的情况而言更为显著。

表5 描述性统计分析

VAR	N	MEAN	SD	MIN	MAX
Ecom	210	0.0046	0.0048	0.0004	0.0281
bltax	210	-0.9987	328.3849	-730.6339	1469.7161
Industry	210	0.9071	0.0512	0.7490	0.9977
lnCscal	210	9.0698	0.9417	6.5381	10.6962
Fina	210	3.6034	1.0827	2.1179	7.5783
Innovate	210	11.0931	1.2671	7.8594	13.7959
lnOpen	210	11.0060	0.4063	10.1722	12.1225
lnGDP	210	3.5401	0.6989	1.3612	4.9171

四、实证检验与分析

（一）基准回归分析

表6检验了数字经济发展水平对地区间增值税收入与税源背离的影响，从而对前文所提出的H1进行验证与定量分析。

表6 数字经济对增值税收入与税源背离影响的基准回归结果

变量	(1)	(2)	(3)
	bltax	bltax	bltax
Ecom	1.805 ***	-1.666 ***	1.222 ***
	(4.03)	(-3.26)	(3.26)
lnCscal		-0.002	0.008 *
		(-0.36)	(1.91)
Fina		0.026 ***	-0.006
		(10.06)	(-1.61)

续表

变量	(1)	(2)	(3)
	bltax	bltax	bltax
Industry		0.045	−0.261***
		(0.98)	(−3.18)
Innovate		0.004	0.005*
		(0.94)	(1.79)
lnOpen			0.032
			(0.42)
lnGDP			−0.036***
			(−3.34)
Constant	−0.009***	−0.146***	0.509***
	(−2.82)	(−2.82)	(5.29)
Observations	210	210	210
R-squared	0.072	0.595	0.934
Province	YES	YES	YES
YEAR	YES	YES	YES

注：括号内数值为 t 统计值，*、**、*** 分别表示在 10%、5% 和 1% 的水平上显著。余同。

从表 6 可知，第（1）列为固定省份与年份，但不引入控制变量的回归结果，可以看出数字经济发展水平的回归系数为 1.805，在 1% 的水平上显著为正。为了减轻遗漏变量对实证回归结果的影响，第（2）列在回归结果（1）的基础上引入部分控制变量，在固定省份和年份后，数字经济发展水平对地区间增值税收入与税源背离的影响显著为负，与前者相反，即数字经济发展水平越高，地区增值税转出的越多。本文认为导致此结果的原因可能是控制变量未考虑全面，因此本文进一步增加控制变量对外开放程度与经济发展水平。从第（3）列的回归结果来看，数字经济发展水平的系数约为 1.222，在 1% 的水平上显著为正，代表在其他条件不变的情况下，每单位数字经济发展水平的提高会带来 1.222 个单位的增值税收入与税源的背离，即为地区带来 1.222 个单位的增值税收入转入，上述结果证明数字经济的发展会加深地区间增值税收入与税源的背离程度，H1 得以验证。

（二）区域异质性分析

由于各地区资源禀赋存在较大差异，并且地区间的经济发展水平各不相同，因此数字经济发展水平在不同地区间存在着明显的异质性特点。本文将全国 30 个省份分成中、东、西三大区域来考察区域异质性的影响，检验实证结果是否与基准回归结果一致，回归结果如表 7 所示。

表 7 区域异质性检验结果

变量	（1）	（2）	（3）
	中部地区	东部地区	西部地区
Ecom	0.353	2.796***	0.297
	(0.52)	(2.79)	(0.49)
lnCscal	0.011	0.017*	−0.002
	(0.84)	(1.80)	(−0.70)
Fina	−0.025**	−0.009	0.005
	(−2.35)	(−0.90)	(1.55)
Industry	−0.337**	−0.414***	−0.041
	(−2.11)	(−2.74)	(−0.69)
Innovate	0.027**	0.005	0.007**
	(2.07)	(0.48)	(2.59)
lnOpen	0.145*	−0.193	−0.074
	(1.71)	(−1.34)	(−1.44)
lnGDP	−0.033	−0.037*	−0.033***
	(−1.18)	(−1.85)	(−3.86)
Constant	0.346	0.575**	0.326***
	(1.17)	(2.05)	(4.55)
Observations	56	77	77
R−squared	0.939	0.933	0.902
province	YES	YES	YES
YEAR	YES	YES	YES

区域异质性的回归结果（见表 7）表明，在东部分组，数字经济对增值税收入与税源背离影响的回归系数为 2.796，在 1% 的水平上显著为正。在中部分组与西部分组中，其回归系数分别为 0.353 和 0.297，系数均为

正，但均未通过显著性检验。本文认为由于我国东部地区相较于中西部地区而言，其数字经济的发展起步时间较早，各大数字经济机构均聚集于东部地区，因此其具备较高的数字经济发展水平，并且东部地区的基础设施建设和数字技术相对来说更为完善，故数字经济发展的基础依托也更为有利充分。中部地区和西部地区往往是商品和服务的购买方，较少成为商品和服务的提供方，因此在以生产地征税原则征收增值税的征管制度下，更多的增值税收入由中西部地区转移至东部地区。上述结果说明，在东部地区，数字经济对增值税收入与税源背离的促进作用更为明显，H2 得以验证。

（三）工业化水平异质性分析

与区域异质性类似，工业化水平在我国各地区也存在较大的差异，这导致在不同工业化水平的区域，数字经济发展对增值税收入与税源背离的影响程度会表现出不同的显著性水平。本文将全国 30 个省份按照全国工业化水平均值来进行划分，分为高工业化地区及低工业化地区，其中工业化水平由第二产业占国内生产总值的比重来衡量，并在此基础上分别进行回归分析。

表 8　工业化水平异质性检验结果

变量	（1）高工业化水平	（2）低工业化水平
Ecom	1.778**	0.494
	(2.26)	(1.18)
lnCscal	0.007	0.007
	(0.81)	(1.21)
Fina	0.003	-0.019**
	(0.39)	(-2.51)
Industry	-0.656***	-0.307***
	(-2.68)	(-3.20)
Innovate	0.009	-0.001
	(1.19)	(-0.30)
lnOpen	0.307***	-0.137*
	(3.72)	(-1.79)

变量	(1)	(2)
	高工业化水平	低工业化水平
lnGDP	0.006	-0.036***
	(0.29)	(-2.86)
Constant	0.309	0.719***
	(1.59)	(5.31)
Observations	105	105
R-squared	0.921	0.956
province	YES	YES
YEAR	YES	YES

工业化水平异质性回归结果如表8所示，在高工业化水平组，数字经济对增值税收入与税源背离影响的回归系数为1.778，在5%的水平上显著，而在低工业化水平组，其回归系数虽为正，但并未通过显著性检验。我国高工业化水平地区相较于低工业化水平地区而言，具备较多的生产资源，产业的集聚会吸引其他地区从该地区购入商品，因此生产贡献大的地区会较多地获得增值税收入的转入。另外，工业化发展也拉动了地区经济的增长，地区会投入更多资金来完善市场体系与基础设施建设，因此也会吸引更多的数字经济企业入驻。然而，在工业化水平较低的地区，其商品和服务生产能力相对较弱，因此数字经济对增值税收入与税源背离的影响作用有限。以上结果表明，相对于低工业化水平地区，数字经济对增值税收入与税源背离的促进影响在高工业化地区更为显著，H3得以验证。

五、稳健性检验

（一）替换核心解释变量

本文用替换核心解释变量来进行稳健性指标替换，参考刘军等（2020）的做法，通过熵值法重新测算数字经济发展水平指数，数据与权重处理方法与上文相同，评价指标如表9所示。

表 9 数字经济发展水平评价指标

主指标	一级指标	二级指标
数字经济发展水平指数	交易规模	数字经济企业的比重（%）
		电子商务销售额（亿元）
		电子商务采购额（亿元）
	信息化基础设施	域名数量（万个）
		移动电话普及率（部/百人）
		网页数量（万个）
		互联网宽带接入用户（万户）
		互联网接入端口数量（万个）
		每百家企业拥有网站数量（个）
	发展潜力	快递业务收入（万元）
		邮政业就业人数（万人）
		电信业务总量（亿元）
		邮政营业网点（处）

将替换核心解释变量代入到双向固定效应模型中进行回归检验，回归结果如表 10 所示。

表 10 替换核心解释变量的回归结果

变量	（1）	（2）	（3）
	bltax	bltax	bltax
Necom	3.267***	3.187***	1.224**
	（7.55）	（6.07）	（2.28）
lnCscal		-0.007	0.002
		（-1.53）	（0.30）
Fina		0.017***	-0.009**
		（9.48）	（-2.18）
Industry		0.004	-0.224**
		（0.09）	（-2.44）
Innovate		-0.000	0.005
		（-0.09）	（0.98）
lnOpen			0.056
			（1.15）
lnGDP			-0.035***
			（-2.66）

续表

变量	(1)	(2)	(3)
	bltax	bltax	bltax
Constant	−0.016***	−0.013	0.546***
	(−5.42)	(−0.37)	(4.28)
Observations	210	210	210
R−squared	0.215	0.631	0.934
province	YES	YES	YES
YEAR	YES	YES	YES

根据表 10 中的第（3）列可以看出，新数字经济发展水平（Necom）对地区间增值税收入与税源的背离同样发挥着正向影响作用，并且新数字经济发展水平的回归系数相较之前有所提升，由 1.222 提升到 1.224，且在 5%的水平上显著，回归结果与前文基准回归结果一致，再一次验证了 H1 的正确性，证明了基准回归结果的稳健性。

（二）替换被解释变量

为保证基准回归结果稳健、有效，除了替换核心解释变量外，本文通过更换被解释变量度量方式，对回归模型进行了稳健性检验。对于被解释变量增值税收入与税源的背离额，本文更换了测算口径来重新进行测算，借鉴了黄夏岚和刘怡（2012）的计算方法，将各省份社会消费品零售额占全国社会消费品零售额的比重作为权重来计算理论上应分享的增值税额，由各省份实际分享的增值税与其做差来得出各省份的背离额。替换变量的测算公式如下：

$$替换变量 = 实际分享的增值税 - \frac{各省社会消费品零售总额}{全国社会消费品零售总额} \times 全国增值税收入 \tag{13}$$

将替换变量代入基准回归模型进行检验，回归结果如表 11 所示。

表 11　替换被解释变量的回归结果

变量	(1)	(2)	(3)
	bltax	bltax	bltax
Ecom	2.494***	−0.942*	0.920**
	(4.73)	(−1.90)	(2.24)

续表

变量	（1）	（2）	（3）
	bltax	bltax	bltax
lnCscal		-0.016***	-0.041***
		(-2.81)	(-6.91)
Fina		0.023***	-0.008
		(9.39)	(-1.62)
Industry		0.083	-0.134
		(1.53)	(-1.29)
Innovate		0.015***	0.008**
		(3.28)	(2.06)
lnOpen			-0.059
			(-0.59)
lnGDP			0.000
			(0.03)
Constant	-0.012***	-0.168***	0.431***
	(-3.28)	(-4.07)	(3.41)
Observations	210	210	210
R-squared	0.097	0.541	0.928
province	YES	YES	YES
YEAR	YES	YES	YES

根据表 11 第（3）列的回归结果可以看出，替换被解释变量后，数字经济发展水平的回归系数为 0.920，在 5% 的水平上显著，结果与基准回归结果大体一致，表明数字经济发展水平对新口径下的被解释变量同样具有正向影响，进一步证实了基准回归结果的稳健性。

（三）剔除一线城市

第三种稳健性检验的方式则通过剔除一线城市的方式来进行。一线城市与其他省份的性质不同，可能存在地区数据差异的情况，但是在表 12 第（3）列的回归结果中，数字经济发展水平对地区间增值税收入与税源背离的影响仍然在 1% 的水平上显著为正，且回归系数为 1.199，与基准回归结果的回归系数相差不大，证明本文的基准回归具有稳健性。

表 12 剔除一线城市的回归结果

变量	(1)	(2)	(3)
	bltax	bltax	bltax
Ecom	0.993***	0.881***	1.199***
	(3.27)	(3.18)	(3.69)
lnCscal		−0.012***	0.006*
		(−4.41)	(1.79)
Fina		0.006***	−0.005
		(3.23)	(−1.61)
Industry		−0.052**	−0.124**
		(−2.02)	(−2.43)
Innovate		0.004*	0.007**
		(1.87)	(2.38)
lnOpen			0.131**
			(2.21)
lnGDP			−0.046***
			(−5.48)
Constant	−0.014***	0.080***	0.471***
	(−7.85)	(3.23)	(5.94)
Observations	182	182	182
R−squared	0.056	0.495	0.901
province	YES	YES	YES
YEAR	YES	YES	YES

（四）内生性问题的处理

基于前文的基准回归结果，本部分通过对控制变量进行控制，对省份与时间进行了固定，并通过了模型的稳健性检验，但仍可能存在内生性问题。鉴于地区间增值税收入与税源背离的情况和数字经济发展水平之间可能存在相互影响、互为因果的关系，前文的基准回归结果可能会出现一定的偏差，本文采用数字经济发展水平的滞后一期作为工具变量（用 L. Ecom 来表示），通过两阶段最小二乘法（2SLS），得出固定省份和时间的回归结果（见表 13），该结果通过了弱工具变量检验。对表 13 进行深入分析，第一阶段的回归结果显著，并且在第二阶段中，数字经济发展水平对地区间增值税收入与税源背离仍保持显著正向影响。通过与基准回归结果对比发现，在内生性检验结果中数字经济发展水平的回归系数有所下降，但仍然在 5% 的水平上显著，因此本文结论通过了内生性检验。

表 13 数字经济发展水平对地区间增值税收入与
税源背离影响的内生性检验结果

变量	（1）	（2）
	q1	q2
	Ecom	bltax
L. Ecom	0.495 ***	
	（3.12）	
Ecom		1.738 **
		（2.10）
lnCscal	−0.002	0.008
	（−1.47）	（1.61）
Fina	−0.000	−0.005
	（−0.20）	（−1.49）
Industry	0.021	−0.212 ***
	（1.29）	（−2.61）
Innovate	−0.001	0.007 **
	（−0.93）	（2.43）
lnOpen	−0.007	0.191 ***
	（−1.23）	（4.30）
lnGDP	0.001	−0.040 ***
	（0.33）	（−5.20）
Constant	0.002	0.621 ***
	（0.07）	（6.83）
Observations	180	180
R-squared	0.942	0.967
province	YES	YES
YEAR	YES	YES

六、研究结论与政策建议

本文结合我国实际情况，尝试分析数字经济发展水平对我国地区间增值税收入与税源背离的影响，本文从数字经济的角度切入，基于 2015~2021 年省级面板数据，运用双向固定效应模型来探讨数字经济发展水平对地区间增值税收入与税源背离的影响，最终得出以下结论：其一，我国数字经济的发展在一定程度上加剧了地区间增值税收入与税源的背离。通过双向固定效应模型得到的实证结果显示，数字经济发展水平和地方增值税收入与税源的背离呈正相关关系。其二，相比于我国中西部地区，数字经济在东部地区对增值税收入与税源背离的影响更加显著。其三，数字经济发展水平对地区间增值税收入与税源背离的影响程度会因地区工业化水平不同而具有差异，数字经济在高工业化地区对增值税收入与税源背离的促进影响更加显著。基于上述研究结论，为推进地区间经济协调发展，缓解增值税收入与税源背离的矛盾，本部分提出以下几点政策建议：

第一，构建基于数字经济企业消费地征税的增值税制度。结合我国的发展现状，可以通过生产地与消费地相结合的征收方式来征收和分配增值税收入。对于增值税收入的分配机制，保持中央和地方分成的比例与方式，仅对归属于地方的增值税收入采取生产地与消费地之间的共享分成。由于数字平台能够利用在线交易信息来确定消费者的所在地。通过测算生产地与消费地对增值税收入的分成比例，将增值税收入划出 50% 归属中央，剩余 50% 的增值税收入由生产地与消费地按照该分成比例进行分配，上缴中央的增值税收入则按照各地消费支出占全国消费支出的比例来进行税收返还与转移支付。

第二，协调优化区域税收优惠政策。由于我国数字经济发展水平在地区间存在较大差异，因此对中西部地区要有更多的税收政策倾斜，如加大该地区数字经济基础设施及投资相关的政策优惠力度，吸引数字经济企业入驻，提升中西部地区的数字经济发展水平，从而缩小中西部与东部之间的经济发展差距，在数字经济跨区域交易上减少这些地区的增值税收入转出。另外，当东部地区的税收优惠政策产生预期效果后，应考虑适时地将政策的重点转向基于产业的优惠，针对数字经济行业建立一个更为完善的税收优惠体系，从而平衡之前的区域性优惠政策带来的影响，推动各地区数字经济发展水平均衡化。

第三，完善数字经济税收征管机制，推动数字经济健康发展。首先，在税务系统当中引入数字平台企业数据，通过立法的形式明确数字产业第三方平台的责任与义务。其次，要加强税务工作人员的业务技能培训，提升纳税服务水平。最后，加强税务监管与稽查，完善监管体系，以此来提升纳税人的纳税遵从意识，减少数字经济活动中存在的线上销售瞒报问题，倒逼纳税人如实进行纳税申报，促进数字经济健康发展。

参考文献

[1] 艾华，徐绮爽，王宝顺．数字经济对地方政府税收收入影响的实证研究 [J].税务研究，2021（8）：107-112.

[2] 曹静韬，张思聪．数字经济对我国地区间税收收入分配影响的实证分析——基于空间杜宾模型 [J].税务研究，2022（6）：13-21.

[3] 曾祥炎，冯晓玲．数字经济是否会加剧我国税收税源背离？——来自中国城市的经验证据 [J].财经理论与实践，2023（4）：82-88.

[4] 陈鑫，刘生旺．数字经济对地区间企业所得税分配格局的影响——基于制造业不同分配方案的比较 [J].当代财经，2023（2）：28-42.

[5] 樊勇，邵琪．数字经济、税收管辖与增值税改革 [J].国际税收，2021（3）：11-17.

[6] 冯俏彬．数字经济时代税收制度框架的前瞻性研究——基于生产要素决定税收制度的理论视角 [J].财政研究，2021（6）：31-44.

[7] 冯守东，王爱清．数字经济背景下我国税收面临的挑战与应对 [J].税务研究，2021（3）：79-83.

[8] 高小萍，郭晓辉．数字经济发展对地区税收分配的影响研究——基于增值税的实证分析 [J].经济体制改革，2023（2）：167-174.

[9] 谷成，史心旭，王巍．数字经济发展对税收收入的影响分析——来自中国城市的经验证据 [J].财政研究，2022（10）：85-99.

[10] 国家税务总局税收科学研究所课题组，谭珩，李本贵，等．数字经济对我国税制和征管的影响及相关政策建议 [J].国际税收，2022（3）：3-11.

[11] 黄思明，解洪涛，匡浩宇．消费地原则下数字经济增值税横向分配估算——基于建设全国统一大市场的视角 [J].税务研究，2022（6）：22-27.

[12] 黄夏岚，胡祖铨，刘怡．税收能力、税收努力与地区税负差异 [J].经济科学，2012（4）：80-90.

[13] 黄夏岚，刘怡．增值税收入地区间转移的衡量——生产地原则与消费地原则的比较 [J].财贸经济，2012（1）：25-33.

［14］李建军，杨帆，陈盈润．数字经济时代增值税地区间横向分配机制研究［J］．税务研究，2022（6）：5-12.

［15］李蕊，李水军．数字经济：中国税收制度何以回应［J］．税务研究，2020（3）：91-98.

［16］刘杰，王胜华．数字经济影响增值税跨地区转移的机制分析［J］．税收经济研究，2022（6）：49-59.

［17］刘金山，何炜．流转税税收税源背离与地区经济发展——基于消费原则的研究［J］．税务与经济，2014（4）：81-87.

［18］满向昱，张天毅，汪川，等．区域税收与税源背离程度测度研究［J］．税务研究，2018（2）：92-96.

［19］万莹，陈恒．税收与税源背离对我国地区财力均衡的影响研究［J］．当代财经，2023（8）：43-56.

［20］谢颖珺．税收与税源背离对我国地区间税收差异的影响研究［J］．时代金融，2019（15）：71-75.

［21］谢贞发，李梦佳．我国地区间增值税负担与收入归属不对称问题研究——基于生产地原则和消费地原则的比较分析［J］．税务研究，2012（2）：33-37.

［22］熊波．区域间税收与税源背离度的实证研究［J］．经济研究导刊，2009（33）：8-10.

［23］徐绮爽，王宝顺．数字经济与区域间横向税收分配失衡——基于税收与税源背离现象的考察与实证检验［J］．现代财经（天津财经大学学报），2023（3）：82-96.

［24］徐绮爽．数字经济对区域间增值税横向分配的影响研究［D］．武汉：中南财经政法大学，2022.

［25］袁从帅，张少博，杨一帆．数字经济企业的税收转移机制及测度——基于某搜索引擎企业的案例研究［J］．税务研究，2022（10）：60-68.

［26］袁从帅，赵妤婕．数字经济税收转移：机制、现状及国际经验借鉴［J］．国际税收，2021（9）：65-72.

［27］Afonso W B. The Impact of the Amazon Tax on Local Sales Tax Revenue in Urban and Rural Jurisdictions［J］. Public Budgeting and Finance, 2019（39）：68-90.

［28］Agrawal D R, Fox W F. Taxes in an E-commerce Generation［J］. International Tax and Public Finance, 2016（24）：903-926.

［29］Agrawal D R, Wildasin D E. Technology and Tax Systems［J］. Journal of Public Economics, 2020（185）：104082.

［30］Ahmad N, Schreyer P. Measuring GDP in a Digitalised Economy［R］. OECD, 2016.

［31］Barefoot K, Curtis D, Jolliff W A, et al. Research Spotlight Measuring the Digital Economy［J］. Survey of Current Business, 2019（99）：1-13.

［32］Baugh B，Ben-David I，Park H. Can Taxes Shape an Industry？Evidence from the Implementation of the "Amazon Tax"［J］. The Journal of Finance，2018（73）：1819-1855.

［33］Bruce D，Fox W F. E-Commerce in the Context of Declining State Sales Tax Bases［J］. National Tax Journal，2000（53）：1373-1390.

［34］Cui W. The Superiority of the Digital Services Tax over Significant Digital Presence Proposals［J］. National Tax Journal，2019（70）：839-856.

［35］Einav L，Knoepfle D，Levin J，et al. Sales Taxes and Internet Commerce［J］. American Economic Review，2014（104）：1-26.

［36］Hale K，Mcneal R. Technology，Politics，and E-commerce：Internet Sales Tax and Interstate Cooperation［J］. Government Information Quarterly，2011（28）：262-270.

［37］Han W. The Analysis on Chinese E-commerce Tax Losses Based on the Perspective of Information Asymmetry［J］. Electron Commer Research，2020（20）：651-677.

［38］Hellerstein W，Keen M. Interjurisdictional Issues in the Design of a VAT［C］. Washington D. C.：American Tax Policy Institute Conference，2009.

［39］Musgrave R A. The Theory of Public Finance：A Study in Public Economics［M］. New York：McGraw-Hill Book Co.，1959.

［40］Olbert M，Spengel C，Werner A C. Measuring and Interpreting Countries' Tax Attractiveness for Investments in Digital Business Models［J］. Intertax，2019（47）：148-160.

［41］Pomeranz D. No Taxation without Information：Deterrence and Self-Enforcement in the Value Added Tax［J］. American Economic Review，2015（105）：2539-2569.

［42］Porto A，Porto N. Fiscal Decentralization and Voters' Choices as Control［J］. Journal of Applied Economics，2000（3）：135-167.

［43］Strauss-Kahn V，Vives X. Why and Where Do Headquarters Move？［J］. Regional Science and Urban Economics，2009（39）：168-186.

［44］Swain J A，Hellerstein W. The Streamlined Sales Tax Project and the Local Sourcing Conundrum［J］. Journal of Taxation，2006（104）：230-238.

［45］Tanzi V. Structural Factors and Tax Revenue in Developing Countries：A Decade of Evidence［M］. Cambridge：Cambridge University Press，1992.

［46］Tiebout C M. A Pure Theory of Local Expenditures［J］. Journal of Political Economy，1956（64）：416-424.

［47］Purohit M C. Harmonising Taxation of Inter-State Trade under A Sub-National VAT：Lessons from International Experience［J］. International vat monitor，2002，13（3）：169-179.

［48］杜莉，郑毓文. 增值税省际转移与政府间横向财政平衡——基于我国 42 部门区域间投入产出表的分析［J］. 北京大学学报（哲学社会科学版），2019，56

（4）：136-148.

[49] 谷彦芳，周倾楚. 我国地区间税收与税源背离的国内研究综述 [J]. 经济研究参考，2017（32）：114-119.

[50] 刘怡，耿纯，张宁川. 电子商务下的销售新格局与增值税地区间分享 [J]. 税务研究，2019（9）：25-34.

[51] 刘怡，聂海峰，张凌霄，等. 电子商务增值税地区间分享和清算 [J]. 管理世界，2022，38（1）：62-78.

[52] 胡晓东，艾梦雅. 基本公共服务均等化、财力均衡与增值税共享制度重构 [J]. 财政研究，2019（6）：94-101.

[53] 高凤勤，刘金东. 增值税跨区域转移与地方财力不均等——基于"营改增"前后的比较分析 [J]. 上海财经大学学报，2018，20（2）：89-99.

[54] 国务院发展研究中心"制度创新与区域协调研究"课题组，张军扩，高世楫. 税收与税源背离的情况及其对区域协调发展的不利影响 [J]. 发展研究，2011（1）：58-65.

[55] 李建军. 税收背离与地区间财力差异 [J]. 经济评论，2013（4）：108-115，134.

[56] 赵涛，张智，梁上坤. 数字经济、创业活跃度与高质量发展——来自中国城市的经验证据 [J]. 管理世界，2020，36（10）：65-76.

[57] 王军，朱杰，罗茜. 中国数字经济发展水平及演变测度 [J]. 数量经济技术经济研究，2021，38（7）：26-42.

[58] 刘军，杨渊鋆，张三峰. 中国数字经济测度与驱动因素研究 [J]. 上海经济研究，2020（6）：81-96.

[59] 蔡昌，马燕妮，刘万敏. 平台经济的税收治理难点与治理方略 [J]. 财会月刊，2020（21）：120-127.

嘉兴市平台经济税源
监控和征管的研究

蔡　丞[*]

摘要　平台经济作为新兴业态，在快速发展的同时，对传统的税收管辖方式提出了新的挑战。本文首先梳理了嘉兴市平台经济的发展现状，对嘉兴市平台经济的税源总量进行了测算，其次对平台、主播、商户、外卖骑手等主体存在的税源监控和征管问题进行了分析，并分别提出了规范平台纳税义务、加强主播税收管控、多渠道联合堵塞商户税收漏洞、加强平台用工税收管理等征管建议。

关键词　平台经济；税源总量；主播；税源监控；征管

一、引言

平台经济作为新型经济形态，以互联网平台为载体，以数据为生产要素，以新一代信息技术为驱动力，以网络信息基础设施为支撑，已然成为推动国民经济高质量发展的重要力量。随着互联网技术的日新月异，平台经济的崛起不仅改变了传统经济模式，也带动了产业结构的优化升级，为社会经济发展注入了新的活力。

然而，平台经济在快速发展的同时也伴随着一些新的问题和挑战，特别是平台企业与税务部门之间的信息不对称问题，以及部分平台企业存在的涉税违法行为，给税务监管带来了新的难题。这些问题不仅影响了税收的公平性和效率，也影响了国家财政的稳健运行，甚至对整个经济社会的健康发展构成了潜在威胁。

---

　*　作者简介：蔡丞，浙江财经大学东方学院财税学院教师。

为了应对这些挑战，2021 年底，国家发展和改革委员会等九部门联合发布了《关于推动平台经济规范健康持续发展的若干意见》。该意见强调发展与规范并重，坚守"两个毫不动摇"的原则，旨在优化平台经济发展环境。这不仅是对平台经济的一次全面梳理和规范，更是对未来发展路径的一次明确和引领。该意见明确要求平台企业强化涉税信息报送等税收协助义务，这是为了打破信息壁垒，提高税务监管的效率和准确性。同时，税务部门也将加强对平台企业的税收监管，依法查处包括虚开发票、逃税等在内的涉税违法行为。这一举措体现了政府对平台经济发展的高度重视和严格监管，旨在推动平台经济更加规范、健康、可持续发展。

要实现这一目标，需要不断完善相关法规和政策，通过建立健全治理体系、加强税收监管、推动规范发展等措施，加大对平台经济的治理力度，推动平台经济在规范发展的基础上更好地服务经济社会发展大局。

二、平台经济的主要模式及课税要素

虽然平台经济的形态在不断演变和发展，但从税收的角度出发，目前主流的平台经济根据销售对象的不同，主要可以划分为两大类：销售货物和销售服务。第一类以淘宝、抖音等平台为代表，它们通过平台展示或直播带货的形式进行货物销售；第二类以美团外卖、饿了么等外卖平台为典型，这些平台提供餐饮销售及配送服务。这两类平台经济在推动经济发展、提升消费体验等方面发挥着重要作用。

（一）以淘宝、抖音为代表的货物销售平台

淘宝等货物销售平台通过线上货物展示来销售货物。直播带货是最近几年兴起的销售方式，是指利用网络视频直播技术进行线上商品展示、互动介绍、导购销售的新型销售服务方式。直播带货一般由电商平台（如抖音等）开设直播间或视频播放渠道，由主播带货销售，其主体一般包括"直播平台+供货商户+主播"，平台企业提供房间等载体，供货商户提供销售商品，主播以个人或工作室名义在平台开展直播销售活动。网络直播带货平台主要纳税主体及经营模式如图 1 所示。

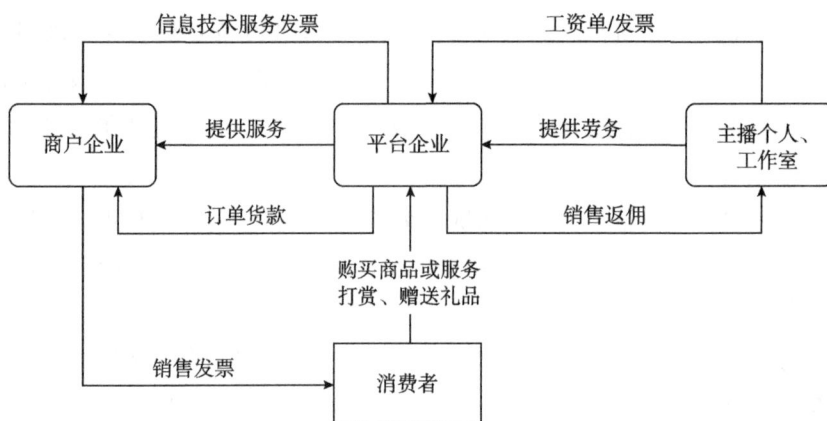

图 1　网络直播带货平台纳税主体及经营模式

第一，平台企业为主播和供货企业提供面向消费者的窗口，从而就交易撮合向供货商户及主播收取佣金。消费者的消费行为发生在平台，各种消费款项（包括购买货物、团购餐饮消费券、充值给主播打赏及赠送礼物等）都支付给平台，由平台向商家提供订单，再向主播提供分成等。平台一般开具信息技术服务发票给商户，而主播个人或其工作室与平台一般为劳务关系，平台向主播支付工资、劳务费或向其工作室购买服务。

第二，商户企业销售货物或餐饮等服务给消费者，然后直接开具发票给消费者，商户一般按照消费者支付的全部款项开具发票。

第三，网络直播带货主播主要根据收入所得进行纳税，收入的构成主要有三方面：一是销售返佣。根据主播实际带货销售额按一定比例提成。二是直播房间费。商家的商品出现在主播带货直播间所支付的进场费。三是粉丝打赏。直播间内的粉丝先在平台充值，再以虚拟礼物的形式赠送给主播，主播收到后再通过平台进行提现。粉丝打赏属于主播表演性质所得，和销售货物一般无实质联系，后续不再赘述。

（二）以美团、饿了么为代表的外卖服务平台

外卖是指销售供顾客带离店铺的食品，从最早的送餐上门逐步演化为今天的外卖服务平台，并且随着生活节奏的逐步加快，逐渐变成了很多人的生活方式。目前，具有代表性的外卖平台是美团外卖和饿了么，业务覆盖全国大部分地区。外卖平台主要纳税主体及经营模式如图 2 所示。

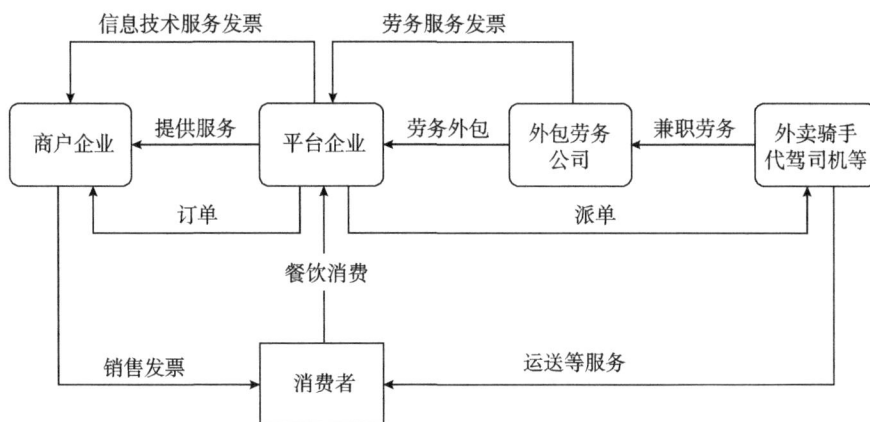

图 2　外卖平台纳税主体及经营模式

第一，外卖平台提供的服务有两项：撮合交易及配送服务。平台和商户企业之间的关系和上述带货平台类似，商户入驻平台后，由外卖平台负责菜品的展示和配送。平台就上述两项服务收取服务费，并与商户企业进行结算。平台就配送费部分向消费者开具发票。

第二，商户企业就销售的餐品取得相应的销售收入，产生相应的纳税义务。由于销售的餐品由商家负责，因此餐饮发票由商户负责开具。

第三，配送公司及外卖配送骑手。目前，外卖平台的配送方式有专送、众包和混合送三种。专送是指平台将配送业务外包给专门的配送公司，由配送公司负责招聘全职骑手进行配送。众包是指兼职骑手自行在平台注册，通过系统抢单进行配送。混合送是专送和众包的结合。具体而言：一是配送公司承接了外卖平台的配送业务，收取劳务服务费并负有相应纳税义务。二是配送公司需替签约的专职骑手缴纳社保，并负有相应扣缴义务。三是无论是专职还是兼职外卖骑手，从相应的平台或配送公司取得配送收入，且均须履行个人所得税的纳税义务。

三、嘉兴市平台经济的现状

（一）嘉兴市网络零售实现较快增长

根据浙江省商务厅的统计，2021 年嘉兴实现网络零售 2057.6 亿元，同比增长 10.8%；网络顺差达到 1092.0 亿元，排名全省第三。2020 ~ 2021 年，嘉兴市网络零售年均增长 8.90%，嘉兴市网络消费年均增长 11.30%。2021 年网络零售顺差增长 9.42%（见图 3）。

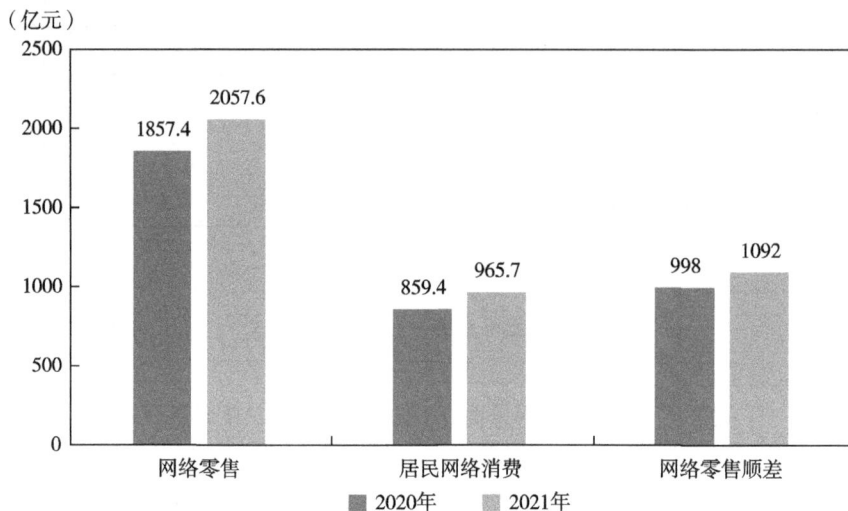

图 3　2020 ~ 2021 年嘉兴市网络零售增长统计
资料来源：浙江省商务厅。

嘉兴市平台经济迅速发展，并在全国全省各榜单中排名靠前，这主要与嘉兴的产业基础密切相关，嘉兴不少特色产业（如服装、家纺等）十分适合网络销售，借助平台经济的东风，相关产业实现跨越发展。嘉兴市下属不少县（市、区）都表现出非常迅猛的增长势头，在全省排名中较为靠前（见表 1）。

表 1　2021 年嘉兴各县（市、区）网络零售额及全省排名情况

全省排名	县（市、区）	网络零售（万元）	同比增长（%）
12	海宁市	6326758.9	36.50
13	桐乡市	5402517.4	2.30
22	南湖区	2769027.7	-2.30
24	秀洲区	2588921.2	0.70
35	平湖市	1922635.7	8.20
51	嘉善县	1147726.1	11.50
73	海盐县	418596.9	-6.20

资料来源：浙江省商务厅。

（二）嘉兴本地自建平台受全国性互联网平台的冲击较大

在嘉兴市总体网络零售快速增长的同时，嘉兴市本地的网络平台却在不断萎缩。由于互联网平台扩张的边际成本较低，因此演化的结果往往是部分全国性寡头平台逐渐形成主导地位垄断市场。嘉兴市原有的一些知名的地方性互联网平台在竞争中日趋艰难，如 2007 年成立的嘉兴市麦包包网络科技有限公司，顶峰时期的员工人数一度达到 1200 多人，是全国知名的时尚箱包平台。然而，随着淘宝、京东等头部平台强大的资本、流量加入，地方性平台的生存空间不断被压缩，这些地方性平台逐渐被头部平台吞并或者转为其后台的卖家。如今，"麦包包"官方旗舰店转入天猫平台，濮院羊毛衫交易市场的"毛衫汇"平台由原先的交易平台转型为展示平台。剩余的大部分平台，销售收入也呈不断萎缩的态势。

（三）新的平台经济发展迅猛

1. 直播平台跨越式发展

据浙江省电子商务促进中心公布的数据，2021 年 1~10 月嘉兴市直播电商交易规模位居全省第三，交易额为 217.6 亿元，同比增长 113.5%（见表 2）。

表 2　2021 年 1~10 月浙江省各地级市直播电商交易额情况

规模排名	地级市	交易额（亿元）	占全省比重（%）
1	杭州市	5024.8	82.5
2	金华市	380.5	6.2
3	嘉兴市	217.6	3.6
4	温州市	147	2.4
5	宁波市	100.9	1.7
6	湖州市	79.4	1.3
7	绍兴市	49.7	0.8
8	台州市	47.2	0.8
9	衢州市	22.7	0.4
10	丽水市	17.4	0.3
11	舟山市	4.7	0.1

资料来源：浙江省电子商务促进中心。

嘉兴市直播电商开播主播数 13534 人，其中淘宝直播 2121 人，抖音 10499 人，快手 914 人，居浙江省第四位（见表3）。

表3 2021 年 10 月浙江省各地级市直播电商开播主播情况

地级市	三大平台合计（人）	淘宝直播（人）	抖音（人）	快手（人）
全省	198778	28110	160758	9910
杭州市	69153	14918	51970	2265
宁波市	12499	1921	10224	354
温州市	22020	1979	19171	870
湖州市	7943	1134	6300	509
嘉兴市	13534	2121	10499	914
绍兴市	7284	1336	5725	223
金华市	49014	2734	41861	4419
衢州市	2192	204	1934	54
舟山市	1116	123	969	24
台州市	10347	1139	9039	169
丽水市	3675	502	3066	107

资料来源：浙江省电子商务促进中心。

嘉兴市特色产业销售规模在平台经济的推动下实现了快速增长。值得一提的是，平湖飞逊电商直播基地和桐乡的濮院轻纺城直播基地因其在直播电商领域的卓越表现，荣获"2021 年度浙江省级直播电商基地"称号。此外，嘉兴市还涌现出一批具有影响力的电商直播企业，如林限定、飞灵飞逊和杰克范等。同时，嘉兴市培养了一批知名网红，包括"Lin""平湖小阿姨"等。在浙江省头部个人主播带货能力榜单中，小丸子姐姐、种花王大爷和懒猫 nono 三位主播脱颖而出。以林限定为例，通过有效的直播引流策略，该品牌在 2021 年"双 11"期间的全网销售额超过亿元，充分展示了嘉兴市在电商直播领域的强劲实力。

直播基地案例一：濮院轻纺城直播基地

濮院轻纺城直播基地坐落于浙江省桐乡市，荣获"2021 年度浙江省级直播电商基地"殊荣。目前，该基地与抖音、淘宝、快手等主流电商平台建立了紧密的合作关系。据统计，近五年来，抖音平台上的销售额已达到 50 亿元，快手平台每月的销售额则稳定在 1 亿元左右。

在商家布局方面，濮院轻纺城直播基地吸引了大量来自嘉兴的商家入驻，并以濮院为核心辐射至浙江省各个区域，其中不乏来自杭州的具有一定规模的商家。快手和微信视频号两大平台的招商范围则更加广泛，不局限于本地，覆盖了全国各地。

在税收方面，基地内的直播带货业务合作模式主要分为达人（个人）直播和商家自播两种。根据规定，主播需缴纳个人所得税，而大部分商家则作为个体工商户进行纳税。

根据浙江省电子商务促进中心的最新数据，截至 2022 年 11 月，濮院已累计创造了超过 36 亿元的商品交易总额。值得一提的是，平均每售出 10 件羊毛衫，就有 7 件来自濮院。更令人骄傲的是，这些羊毛衫有超过一半是通过各大电商平台销往全球各地的，这充分展现了濮院轻纺城直播基地的强大影响力和广泛的市场覆盖范围。

直播基地案例二：平湖飞逊电商直播基地

平湖飞逊电商直播基地荣获"2021 年度浙江省级直播电商基地"称号，是全国羽绒服类目直播领域的独特标杆。截至 2022 年 11 月 29 日，基地已吸引线上入驻商家达 545 家，展现出了强大的吸引力和凝聚力。目前，基地与抖音、快手等主流电商平台建立了紧密的合作关系。2021 年，抖音平台的销售额达到了 20 亿元，这一数字不仅彰显了直播电商的巨大潜力，也证明了平湖飞逊电商直播基地在推动传统企业向线上销售模式转型方面的重要作用。

以某工厂为例，这家传统企业过去主要依赖线下销售和供货。自 2021 年入驻基地以来，该工厂积极拥抱变革，逐步开展线上直播电商业务。短短几年时间，其线上年销售额便突破了亿元大关，实现了从传统到现代的华丽转身。

根据浙江省电子商务促进中心的最新统计结果，平湖在 2023 年抖音年货节的冬季羽绒服市场的占有率高达 80%，这一数据不仅彰显了平湖在羽绒服产业的领先地位，也反映了其在直播电商领域的深厚实力。此外，平湖还是主播的聚集地，拥有 70 多个直播间，为近 3000 家当地羽绒服企业提供专业的直播带货服务。受益于直播带货的集聚效应，2022 年平台商家入驻数量实现了超过 140% 的同比增长。

2. 跨境平台爆发式增长

2020 年，嘉兴市设立了浙江省第五批跨境电子商务综合试验区——中国（嘉兴）跨境电子商务综合试验区，园区已聚集相关企业 900 余家，企业集群效应明显，并且培育了翼虎通、聚邦电子、威顿贸易等一批跨境电商企业。

企业案例：桐乡某纺织有限公司

桐乡某纺织有限公司是一家专注于生产并销售床上用品的知名企业，其主要产品广泛销往欧洲等多个国家和地区。2021 年 6 月前，该公司主要通过阿里巴巴电商平台进行销售。自 2021 年 7 月起，公司积极开拓跨境电商市场，实现了出口销量的显著增长。该公司通过自营出口方式，利用亚马逊、Wayfair 等跨境电商平台进行交易，2021 年该公司成功出口了价值 378 万美元的被子等床上用品。到了 2022 年，这一数字跃升至 1693 万美元，同比增长率高达 347.88%。这一成就充分展示了嘉兴在跨境电商领域的强劲实力和广阔市场前景。

3. 县域经济快速渗透

平台经济实现了对县域经济的快速渗透，促进了农村电商的快速崛起。海宁市、桐乡市、嘉善县、平湖市入选国家电商进农村综合示范县。嘉兴市洪合镇建北村、长安镇德丰村等 37 个行政村被列入 2022 年浙江省电子商务示范村名单，位列全省第二。根据 2022 年阿里研究院发布的"淘宝村""淘宝镇"名单，嘉兴市共有 238 个村、42 个镇（街道）上榜（见图 4），较 2021 年新增 12 个村，数量位居全省前列。自 2014 年以来，嘉兴市"淘宝村"从 27 个增至 238 个。嘉兴市依托平台经济，实行团购订单、直播带货等数字营销方式，拓展多样化县域平台经济销售渠道。

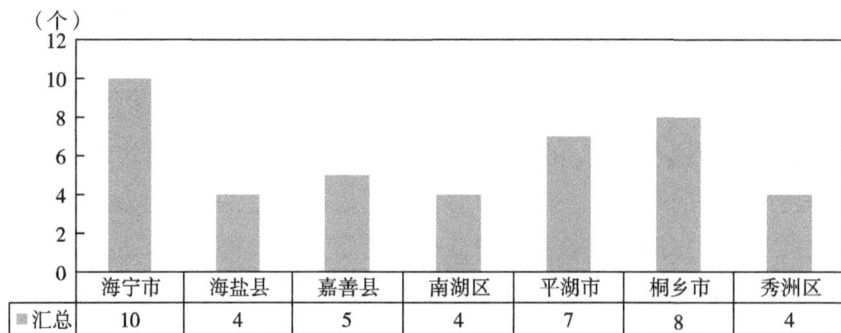

（个）	海宁市	海盐县	嘉善县	南湖区	平湖市	桐乡市	秀洲区
汇总	10	4	5	4	7	8	4

图 4　2022 年嘉兴市各（区、县）淘宝镇个数①

---

① 阿里研究院对"淘宝村"的认定标准主要包括经营场所、销售规模、网商规模等方面，要求是电商年销售额达 1000 万元及以上的行政村（不含居委会），村活跃网店数达 100 个及以上，或活跃网店数达家庭户数的 10% 及以上。一个乡镇的淘宝村大于或等于三个，或者在阿里平台一个乡镇一年的电商销售额超过 3000 万元、活跃网店超过 300 个，就可以被认定为"淘宝镇"。

需要说明的是，尽管跨境与县域平台经济实现了较快速的增长，但是就总量而言目前尚处于起步阶段，并且无论是跨境零售出口企业还是淘宝村镇，大部分都享受了税收减免优惠政策，因此后续不作为重点进行讨论。

四、嘉兴市平台经济税源总量的测算

（一）网络零售平台经济的纳税主体及税源总量测算

浙江省商务厅统计的网络零售数据是指各大平台实现的销售额，包括直播和非直播货物的销售金额，结合网络上公开的各大平台企业销售分成比例，可以得到淘宝、京东等货物销售平台实际取得的平台服务收入，以及入驻商户取得的实际销售额，再根据相应税率可以大致估算出其税源总量。

值得注意的是，浙江省商务厅公布的网络零售数据包括直播和非直播的汇总货物销售数据，对于直播的部分还特别公布了监测得到的直播平台销售额，因此网络主播的税源测算，可以通过直播销售额部分单独测算。

由于外卖平台的销售额浙江省商务厅并未进行统计，因此本文主要采用《嘉兴市深入推进餐饮业高质量发展三年行动计划（2019~2021年）》中提出的以餐饮业总营业额乘以外卖比例来估算，再结合实际调研得到的外卖平台分成比例，估算税源总量。

根据网络公开资料，本文汇总了直播与非直播模式下各平台的销售分成方式及各方比例（见表4）。

表4　各主要网络平台的货物销售分成方式

平台类型	平台	平台抽成（%）	主播	商户实得（%）
货物销售平台（不含直播、流量等各项推广费用）	淘宝	5~10		90~95
	天猫	15	—	85
	京东	15~25		75~85
	苏宁易购	3~5		95~97

续表

平台类型	平台	平台抽成（%）	主播	商户实得（%）
直播平台	淘宝直播	9~14	10~21	65~81
	抖音	10~20	2~10	70~88
	快手	10	10~15	75~80
平均		10	10	80

资料来源：根据网络资料整理所得。

1. 网络零售平台的税收总量

浙江省商务厅公布 2021 年嘉兴市网络零售总额为 2057.6 亿元，按照各网络平台平均 10% 的分成计算，网络平台的收入大致为 205.76 亿元；网络平台大部分属于信息技术服务业，按照 3% 的实际税负率计算，大致可产生增值税收入 6.17 亿元；按照代表性的电子商务平台企业阿里巴巴 2021 年的营业收入利润率 20%① 计算，平台企业大致产生 41.15 亿元的利润；按照 25% 的企业所得税率计算，大致产生 10.29 亿元的所得税。

2. 平台商户的税收总量

浙江省商务厅公布 2021 年嘉兴市网络零售总额为 2057.6 亿元，按照各平台入驻商户平均 80% 的分成计算，入驻商户的收入大致为 1646.08 亿元；按照增值税 3% 的实际税负率计算，大致可产生增值税收入 49.38 亿元（不考虑税收减免）；按照收入净利润率 10% 计算，平台企业大致产生 164.61 亿元的利润；按照 25% 的企业所得税率计算，大致产生 41.15 亿元的所得税（不考虑税收减免）。

3. 主播个人的税收总量

浙江省电子商务促进中心公布嘉兴市 2021 年 1~10 月直播电商交易额为 217.6 亿元，粗略按照平均值推算，全年直播销售收入为 261.12 亿元；按照主播分成 10% 计算，实现分成收入 26.11 亿元；按照 10 月主播人数 13534 人测算，平均每个主播全年收入为 19.29 万元；按照 3% 税率档全额估算综合所得个人所得税为 7833 万元；按照 10% 税率档全额估算综合所得个人所得税为 2.611 亿元（不考虑扣除项目）。

---

① 企业公开的财报披露：阿里巴巴 2021 年营业收入净利润率为 19.97%，抖音为 13.88%。

（二）外卖服务平台的纳税主体及税源总量测算

按照《嘉兴市深入推进餐饮业高质量发展三年行动计划（2019～2021年）》的目标，到2021年，嘉兴市餐饮业营业额预计达到400亿元[①]。根据美团外卖公布的《2020年中国餐饮外卖中小商户发展报告》，当年餐饮业收入的1/3来自外卖平台[②]，按照平均分配比例估算，预计外卖平台餐饮总营业额133.32亿元，其中餐饮平台收入6.67亿元，餐饮企业收入106.66亿元，外卖骑手收入19.99亿元。外卖平台主要模式及骑手提成如表5所示。

表5 外卖平台主要模式及骑手提成

送餐方式	商家自配送（%）	独家专送（%）	平台专送（%）	混合送（%）	众包（兼职）（%）	平均（%）
平台提点	5～8	10～18	15～23	10～18	5～8	5
骑手收入	无	基本工资+每单3～8元（按10%估计）	基本工资+每单3～8元（按10%估计）	专职+兼职（按10%估计）	每单5～10元	15
商家收入	92～95	72～80	67～75	72～80	67～80	80

资料来源：根据网络资料整理所得。

1. 外卖平台的税收总量

假设外卖平台总收入6.67亿元，外卖平台属于信息技术服务业，按照3%的实际税负率计算，大致可产生增值税收入2001万元；按照代表性的平台企业美团外卖2021年餐饮外卖业务经营利润率3.3%计算[③]，平台企业大致产生2201.1万元的利润；按照25%的企业所得税率计算，大致产生550.28万元的企业所得税。

[①] 嘉兴市人民政府办公室关于印发嘉兴市深入推进餐饮业高质量发展三年行动计划（2019～2021年）的通知［EB/OL］.（2022-12-01）. https：//www.jiaxing.gov.cn/art/2022/12/1/art_1229701207_586.html.

[②] 美团外卖：平台上中小商户数量占比超8成［EB/OL］.（2021-03-31）. https：//baijiahao.baidu.com/s？id=1695737233186840331&wfr=spider&for=pc.

[③] 数据来源于美团2021年财务报告。

2. 餐饮商户的税收总量

假设餐饮企业全年收入 106.66 亿元，增值税按 3% 的征收率征收，大致可产生增值税收入 3.20 亿元（不考虑税收减免）；按照收入净利润率 10% 计算，平台企业大致产生 10.67 亿元的利润，按照 25% 的企业所得税率计算，大致产生 2.67 亿元的所得税（不考虑税收减免）。

3. 外卖骑手的税收总量

假设外卖骑手全年收入 19.99 亿元，粗略按照 3% 税率档全额估算综合所得个人所得税为 5997 万元。

五、平台经济税源监测及征管存在的问题

（一）异地平台成了税源监控征管的真空

头部平台企业倾向于将总部设立在北京、上海、广州等一线城市，以便通过网络平台面向全国开展业务。这些企业通常不在业务所在地进行正式的商业登记与注册，导致属地税务机关难以实施有效的管理。

以外卖平台为例，某平台在某区域设立办事机构，面向属地商户进行招商，配送公司中标某区（市）专送业务后在区域内设立服务站、招募骑手开展业务，实质上都是在某区域从事经营活动，理应依法在开展业务的区（县、市）注册登记分（子）公司。由于外卖等属于平台延伸服务，是一种新兴行业，且相关法律、规章制度存在空白，加上全国各地一直以来对互联网经济的特殊宽容和扶持，因此目前的平台、配送公司都没有在实际经营地办理注册登记，导致属地区（县、市）监管部门对在本行政区域内从事外卖经营活动的美团外卖、饿了么"找不到、抓不住、管不着"，没有主体资格去固定税收责任，从而形成了税源管理的"真空地带"。

（二）网络主播逃税现象严重

主播以自然人身份在平台开展业务的所得先由平台扣缴个税，再汇总

申报综合所得。若主播注册为个体工商户，可享受减半征收个人所得税的优惠，不区分核定或查账征收。不同主体身份在税负上的差异削弱了个人所得税的再分配作用，也促使主播改变了所得性质。在现实中，税务机关对直播行业常采用核定征收方式，不考虑成本费用，导致经营所得与综合所得的税收差异被扭曲放大。因此，大量网络主播注册为个体工商户、个人独资企业、合伙企业，并采用核定征收政策纳税。

以2021年薇娅逃税案为例，其通过注册个人独资企业、合伙企业，享受特殊地区税收优惠，将直播带货所得转换为企业经营所得偷逃税款，共计偷逃税款6.43亿元。为鼓励平台经济发展，各地出台税收优惠政策，但部分主播利用这些政策套利，造成税收漏洞。上海崇明岛等地有大力度的税收返还和优惠政策，注册为个人独资企业或合伙企业可享受最低3.5%的个人所得税核定征收，对网红、主播等高收入人群有吸引力。这些税收洼地的存在导致部分纳税人铤而走险逃避税收责任。

（三）网络商户征管难度高

网络直播间追求人气，要求直播带货达到最低销售数量，消费者依据交易评价判断商品情况，这导致刷单成为平台商户的潜规则，不仅扰乱了交易信息，还产生了税收风险。刷单行为会干扰税务机关对商户真实交易的判断，另外消费者不要求开票，属地税务机关难以掌握企业实际销售情况，会导致企业囤积空白发票，产生虚开空间。网络交易金额无法获取，税务机关便难以掌握真实销售情况，与第三方信息协作不畅，无法履行完整纳税义务。大量外卖平台商户拒绝开票，设置开票阻碍和门槛，导致消费者难以获取发票。调查显示，七成平台商家不开具正规发票，部分商家设置开票起步价和门槛从而减少开票。

（四）外卖骑手逃避相关税费

外卖平台通过劳务外包方式，将专职骑手的人事关系转嫁给劳务外包公司，以逃避监管和税费义务。企业直接雇用骑手需建立劳动关系，并代扣税、缴纳社保。平台通过劳务派遣单位雇用员工，避免设立异地分支机构和直接承担属地监管责任。调查发现，饿了么和美团外卖未设立分公司，未给骑手缴纳社保，仅提供商业险，此举旨在逃避个税和社保扣缴义务。外包的另一目的是获得劳务派遣公司的劳务服务费用增值税发票，增加增值税抵扣，降低税负。劳务派遣公司还将骑手注册为个体工商户，以进一步降低税负和规避社保。此做法使骑手面临高风险且缺乏社保保障，发生事故时仍需属地救济。

六、完善平台经济税源监控和征管的对策

（一）规范平台纳税义务

出台监管条例，要求外卖平台企业在所在区域设立分（子）公司，接受属地监管，报送涉税信息，履行纳税义务。平台服务提供在餐饮企业所在地，食品安全、交通安全等问题需属地管理。无论从财权事权看还是从属地管辖看，都应要求外卖平台在业务开展地登记注册。为避免监管尺度不同导致不公平竞争，国家层面应明确地方对全国性平台的属地管辖方式及权限。完成登记注册后，属地税务机关可监管平台，要求入驻商户提供交易数据，为大数据监管打基础。直播带货类平台无消费地实体联结，强制注册有难度。平台经济摆脱了线下实体依赖，加剧了生产地和消费地税收的背离，税收向生产地集中，加剧了地区财力不均等问题。可借鉴美国网络零售销售税模式，按邮寄地址划分税收收入归属。同时，探索网络平台所得税分享，实现消费地和生产地共享税源。

（二）加强主播税收管控

在共同富裕目标下，当地应强调个人所得税对收入分配的调节作用。对于主播所得，普通主播收入按综合所得征税，工作室则按企业所得征税。主播行业中的普通主播类似商场导购，按工资薪金所得征税；头部主播类似明星，采用影视明星税收政策，平台扣缴劳务所得。主播注册为个人独资企业或合伙企业，需制定穿透规则，要求平台报送主播个人直播收入。非个人名义收入应制定明确的税收规则，超过门槛后适用企业所得税政策。同时，需清理和规范"税收洼地"，压缩主播套利空间。若平台属地登记困难，可出台跨区域涉税事项报验管理办法，利用网络定位功能报

送直播带货行为实际发生地。规范平台经济活动发生地与注册地不一致行为，在电子税务局开辟涉税事项管理专项通道。若实际直播行为发生在注册工作室以外地区，需严格落实跨区域涉税事项报验管理，通过电子税务局填报相关报告表。电子税务局实现全程网上办理，后台汇总信息，自动汇算推送主播收入情况。

（三）多渠道联合堵塞平台商户的税收漏洞

外卖平台需对接"浙江外卖在线"系统，实时上报税务信息和订单数据，税务机关进行实时比对，加强税收管理。直播平台需持有相关许可证并进行 ICP 备案，税务机关与网络监管部门合作进行直播登记管理，确保"有直播，必登记备案"。同时，探索建立与金融支付机构相连通的第三方支付信息共享机制。结合各类信息和物流数据，建立基于"信用+风险"的监管机制，实现纳税人动态信用等级分类和智能化风险监管。提升中小微企业纳税服务，实现"平台经济的银税深度互动"，为守信企业提供贷款支持。

（四）加强平台用工税收管理

《浙江省人力资源和社会保障厅关于优化新业态劳动用工服务的指导意见》指出，新业态从业人员应依法参加社会保险，非全日制用工和未建立劳动关系的人员可以以灵活就业人员的身份参加。平台可以为他们参加工伤保险承担相应责任。在此基础上，政府应出台《浙江省平台经济劳务派遣和灵活用工安全管理办法》，明确外卖平台和劳务外包企业的用工责任，包括缴纳社保、购买保险和扣缴个人所得税。无论雇佣关系如何，骑手都必须缴纳个人所得税和社会保险，可由平台或劳务外包企业扣缴。平台需承担纳税连带责任，维护骑手权益。劳务外包企业需负责骑手的个人所得税和社保缴纳信息的报送及监督。税务部门将排查劳务外包公司，对转变用工形式、偷逃税费的企业进行处罚整改，落实用工责任。

参考文献

［1］刘义树，吴顺文，于贤金，等．网络直播行业企业所得税税收调研报告［J］．天津经济，2018（12）：35-40.

［2］姜跃生 . 透视全球最低税的六个角度［J］. 国际税收，2021（8）：14-26.

［3］冯俏彬，李承健 . 数字税的国际实践及其对我国的影响［J］. 行政管理改革，2022（3）：36-40.

［4］曹明星 . OECD 数字税改方案述评：理论阐释、权益平衡与规则建构［J］. 税务研究，2021（6）：77-84.

［5］柳东梅 . 灵活用工平台三方主体涉税问题探讨［J］. 财务与会计，2021（22）：50-53.

［6］宋永生 . 平台经济税收管理问题研究［J］. 税务研究，2021（12）：133-138.

［7］周克清，郑皓月 . 平台经济下个人所得税纳税遵从研究——基于信息不对称的视角［J］. 税务研究，2021（1）：67-72.

［8］郑洁，程可 . 规范和激励：平台经济税收征管研究［J］. 税务研究，2021（8）：71-76.

［9］余文涛 . 地理租金、网络外部性与互联网平台经济［J］. 财经研究，2019（3）：141-153.

［10］周文，韩文龙 . 平台经济发展再审视：垄断与数字税新挑战［J］. 中国社会科学，2021（3）：103-118，206.

附有对赌条款的并购
重组税务问题研究

——以中欣氟材并购重组高宝矿业为例

摘要 本文以中欣氟材采用对赌方式并购重组高宝矿业为例，分析研究了附有对赌条款的并购重组存在的税收争议问题，最后提出要合理地解决对赌协议的课税争议，区分实质上的对赌协议和形式上的对赌协议。对于实质上的对赌协议，应该将整个对赌交易作为一个税收行为，采用"预缴+汇算"的征管模式。对于形式上的对赌协议，不制定统一明确的税收政策，而是推广税收事先裁定制度。

关键词 并购重组；对赌条款；税收问题

一、引言

随着全球经济的不断发展和市场竞争的日益激烈，企业为了寻求更快速的发展、更高效的资源配置和更广阔的市场空间，纷纷采取并购重组的策略。传统并购方式往往难以准确评估目标企业的真实价值和潜在风险，导致并购后整合困难、业绩下滑等问题频发。对赌条款作为一种特殊的并购重组方式，逐渐受到市场的青睐。它通过设定一定的业绩目标和奖惩机制，使并购双方能够共同承担风险、分享收益，从而促进并购双方深度融合和资源整合，实现优势互补、协同发展。

在并购重组中，对赌条款的税务处理是一个复杂且关键的问题。但由于税收政策的滞后性和不确定性，理论上和实务中关于附有对赌条款的并

---

* 作者简介：高伟华，讲师，硕士，浙江财经大学东方学院。
研究方向：税收理论与政策。

购重组如何纳税的争论一直存在，围绕对赌条款产生的相关税务问题也一直困扰着并购双方。本文将通过分析具体案例梳理附有对赌条款的并购重组的税务问题，并提出相应的政策和管理建议。

二、案例分析

浙江中欣氟材股份有限公司（收购方，以下简称"中欣氟材"）创办于 2000 年 8 月，注册资本 3.28 亿元，是一家专业从事氟精细化学品研发、生产、销售的国家重点高新技术企业。福建高宝矿业有限公司（被收购方，以下简称"高宝矿业"）是中欣氟材的主要原材料氟矿石的供应商。2018 年 9 月 30 日，为了增强供应链的自主性，降低原材料的成本，中欣氟材以市值 4 亿元的股份（市场价 21.5 元/股，此处金额取整数）和 4 亿元的现金为对价，收购雅鑫电子持有的高宝矿业 30% 的股权和香港高宝持有的其 70% 的股权（见表 1）。高宝矿业的账面价值为 2.2 亿元，交易溢价 5.8 亿元，做商誉处理。为规避收购方可能承担的损失，收购方向被收购方股东提出以对赌方式进行交易，即要求高宝矿业 2018~2020 年的已审净利润（已审合并报表口径下归属于母公司的净利润）合计不得低于 2.5 亿元，其中 2018 年、2019 年及 2020 年分别不低于 8300 万元、8300 万元以及 8400 万元。若高宝矿业在 2018 年和 2019 年当年未完成本年度承诺净利润的 80%，或者业绩承诺期间累计实际净利润未取得累计承诺净利润，则被收购方股东（香港高宝、雅鑫电子）需要向收购方支付补偿款。若高宝矿业承诺净利润目标超额完成，则将超额部分的 20% 拨给公司管理层作为绩效奖励。并购完成后的三年内，标的公司仍由原管理团队经营。

表 1　收购方向被收购方股东支付对价的情况

被收购方股东	持有高宝矿业的股权比例（%）	总对价（亿元）	股份对价		现金对价（亿元）
			金额（亿元）	发股数量（股）	
香港高宝	70	5.6	2.8	13023255	2.8
雅鑫电子	30	2.4	1.2	5581395	1.2
合计	100	8	4	18604650	4

实际的履行情况是：根据立信会计师事务所（特殊普通合伙）出具的《浙江中欣氟材股份有限公司重大资产重组业绩承诺实现情况的专项审核报告》，高宝矿业 2018 年取得净利润 8496.77 万元，超过对赌协议设定的业绩目标，而 2019 年的净利润为 4188.67 万元，未实现业绩目标。因此，香港高宝和雅鑫电子 2019 年应向中欣氟材补偿 1.3156 亿元，转换成应补偿股份 6147786 股。由于新冠疫情的不可抗力影响，双方签署了《业绩承诺补偿协议之补充协议》，变更了原先约定的业绩承诺期，2020 年的承诺金额不再适用，递延至 2021 年。按照新签订的补充协议，2021 年不再补偿。

上述是典型的附有对赌条款的并购重组案例，实务中也简称为对赌协议。对赌协议又称估值调整协议，是指收购方与被收购方股东在达成并购重组协议时，为解决交易双方对被收购公司未来发展的不确定性、信息不对称及代理成本等问题而设计的包含股权回购、股权调整、金钱补偿等对未来被收购公司的估值进行调整的协议①。本案例中的被收购方高宝矿业的估值高达 8 亿元，高于其账面价值 2.2 亿元，面对如此高的交易溢价，收购方还愿意投资收购极大可能是看中了被收购方未来的发展潜力及其为本公司带来的供应链价值。但是，因未来充满了不确定性，为对冲收购方的投资损失，故设置了以高宝矿业未来净利润为标的的对赌条款。如果高宝矿业未来净利润没有达到并购协议的条件，则被收购方股东（收取交易对价 8 亿元的一方）将以现金和股份的方式向收购方进行补偿，该补偿一方面减少了收购方的投资损失，另一方面相当于重新调整了高宝矿业的估值。

三、税收争议

（一）收购方收到的补偿款是否应该缴纳企业所得税

对于补偿型对赌协议，理论界主要存在赠与说、违约金说、担保说、衍生金融工具说、转让价款调整说等不同认识，相应的税务处理方式也存

---

① 最高人民法院民事审判第二庭.《全国法院民商事审判工作会议纪要》理解与适用[M]. 北京：人民法院出版社，2019。

在差异。每种认知都有不能完全让人信服的逻辑上或法律依据上的瑕疵。比如，前三者就不符合《中华人民共和国民法典》中的相关定义，对赌协议是商业化的多元安排，补偿不是无偿赠与；补偿是对合同的履行，而不是违约；补偿涉及的是自身，而不是对第三方的担保。衍生金融工具说是将对赌协议视为一种期权工具，这种说法从法律的定义上讲也不太妥当。期权是一种选择权，期权人可以选择购买或出售期货、商品或标的证券等，也可以选择不购买或不出售，同时期权人需要支付权利金来获得这种选择权。在对赌协议中，收购方取得的补偿不需要另外支付相关费用。转让价款调整说较为明确，对赌协议中收购方取得的相关补偿可以视为最初投资股权的估值调整，即收到的补偿可以调减长期股权投资的初始成本。转让价款调整说是接受度较为广泛的一种理论。

从实际征管情况看，主要存在两种处理结果：一是收购方因并购重组中的对赌协议而收到的补偿应计入营业外收入，缴纳企业所得税。如果收购方会计上没有将补偿计入营业外收入，而是计入了资本公积，也会被税务机关认定应该做纳税调整，补缴企业所得税。例如，联建光电因对赌协议被税务机关认定2017年度的企业所得税少计收入13196.64万元，因此少缴企业所得税1979.50万元。二是收购方因并购重组中的对赌协议而收到的补偿冲减长期股权投资的初始成本，不缴纳企业所得税。比如，2014年海南省地方税务局曾发文就对赌协议利润补偿企业所得税相关问题进行了回复："在该对赌协议中取得的利润补偿可以视为对最初受让股权的定价调整，即收到利润补偿当年调整相应长期股权投资的初始投资成本。"

（二）被收购方股东支付的补偿款能否在企业所得税前扣除或做退税处理

对于被收购方股东支付的补偿款，各地税务机关的处理结果也不尽相同，大致可以分为按"两次交易说"处理和按"一次交易说"处理两类。"两次交易说"是将初始交易环节与后续的补偿环节视为两次独立的交易，严格按照历史成本进行计量，否认后续补偿环节对前期交易环节的影响，将单独支付的补偿款看作一次非公益性的捐赠行为，不允许在企业所得税前扣除。"一次交易说"承认对赌协议中初始交易环节对交易价格的约定与后续补偿环节存在的价格调整机制密切相关，尊重对赌交易双方的真实意愿，将整个对赌交易视为一个有机整体，当整体交易价格发生变动，允许因价格溯往而调整应税收入。

在中欣氟材收购高宝矿业的案例中，被收购方股东香港高宝 2019 年支付补偿款 9209.3837 万元，雅鑫电子 2019 年支付补偿款 3946.8 万元。如果按照"两次交易说"处理，两家企业支付的补偿款不允许在企业所得税前扣除。如果按照"一次交易说"处理，香港高宝可以冲减初始转让收入 9209.3837 万元，申请退还初始交易环节产生的股权转让企业所得税 3029.0086 万元，而雅鑫电子冲减初始转让收入 3946.8 万元，申请退还初始交易环节产生的股权转让企业所得税 986.7 万元。但是，目前的税收政策没有明确规定是否允许被收购方股东申请退还并购发生时多缴纳的税款。实践中多数地方税务机关从严把握，并未给予退税处理，这对并购双方来说无疑加重了负担，增加了并购成本，阻碍了企业并购重组的进程。

四、政策建议

对赌协议不是千篇一律的，对赌条款各有不同，具有多样性和变化性。要合理解决对赌协议的课税争议，需要先弄清楚两个方面的问题：第一，厘清对赌协议的范畴，确定基本税制；第二，剥离某些与对赌协议具有相似性的借壳行为，避免企业借对赌协议的名义进行避税。因此，本文将从这两个问题出发，提出相应的对策建议。

（一）实质上的对赌协议，其税务处理应遵循税收原则

对于实质上的对赌协议，其税务处理应该遵循一定的税收原则。在目前存在争议的几种税务处理中，本文认为将整个对赌协议视为一个有机整体更符合税收原则，有利于保护纳税人权益。

首先，将对赌协议视为一个有机整体符合实质课税原则。附有对赌条款的并购重组合同可分为成立、生效、履行等多个阶段，现金补偿、股权支付、现金与股权混合补偿等各种交易条款均属于合同履行手段。这些履行手段仅体现利益调整方式的不同，不是多个独立的交易安排或意思表示。因此，应尊重交易的整体性，不要人为拆分和割裂合同的履行行为。

其次，将对赌协议视为一个有机整体符合税收中性原则。税收中性原

则是维持公权力部门独立于商事交易的基本保障，以避免税务处理对商事交易的形成与履行造成不当干涉。不差别化对待对赌协议的履行方式，对赌协议各方无论以何种方式履行协议与纳税，均不应影响其实际所得。因此，应统一口径，明确按照整体交易原则处理，避免不同处理方式造成的税负不同，改变纳税人原本对赌行为的选择。

最后，将对赌协议视为一个有机整体符合税收公平原则。例如，将附带对赌条款的股权转让分割为多段，当协议生效且完成股权变更时，被收购方股东就大金额的转让溢价缴纳企业所得税，后续支付的补偿款不能在企业所得税前扣除。收购方收到补偿款后需要确认应税收入，缴纳企业所得税。这样的分段税务处理，会导致双方税负增加，不利于税收公平，可能导致一些股权交易因税负因素而放弃。

如果实质上的对赌协议以整体交易为其税务处理的前提和原则，那么收购方在收到补偿款后不是确认应税收入，而是调减长期股权投资的初始成本。被收购方股东在股权变更时按照转让所得缴纳企业所得税，后续若支付补偿款，则允许调减初始转让收入，申请退还多缴的企业所得税。当然，该税务处理需要完善的征管方法和措施来保障。

1. 采用"预缴+汇算"的征管模式

"预缴+汇算"的征管模式目前较为成熟，在多个税收政策中已采用。在对赌协议中，被收购方股东在股权变更当年，将股权转让所得并入企业或个人的应纳税所得额，依法预缴所得税，在对赌协议完成的当年，对因履行对赌协议而给收购方的补偿，可以经过汇算予以退税。

2. 建立健全对赌协议的备案管理制度

对赌交易往往跨越几个纳税年度，如果按照整体交易进行税务处理，税收监管则需要加强。因此，有必要建立健全对赌协议的备案管理制度。对赌协议签署时，交易双方应分别向主管税务机关进行备案，未在规定时限内备案的，不予退税；在合同履行阶段，交易双方要及时将股权估值、对价支付、对赌交易目标实现、价格调整等相关情况报告税务机关，未及时报告相关信息的，可不予退税。

3. 适当采用税收核定制度

当然，将附带对赌条款的股权转让视为不可分割的整体也存在着一定的避税风险。若税法能够制定相应的反避税条款，在对赌协议符合特定条件的情况下增加反避税规定，可以有效地阻断不合理的避税安排。若有逃避纳税的情形发生，应当考虑对其进行纳税调整或税收核定，在保证纳税人合法权益的同时维护税收征管秩序。

（二）形式上的对赌协议，遵循实质重于形式的原则

除了具有商业实质的真正对赌协议外，市场中还演化出了很多形式上看起来像对赌条款，但本质上是股权融资或债务融资的交易形式。

2016 年，金字火腿以 4.3 亿元受让中钰金控及禹勃等股东持有的中钰资本管理（北京）股份有限公司 43% 的股份，随后又增资了 1.6326 亿元，累计投资金额为 5.9326 亿元。双方签订的对赌协议规定，中钰资本2017~2019 年度的净利润分别不能低于 2.5 亿元、3.2 亿元、4.2 亿元。若中钰资本的净利润未达到承诺目标的 70%，中钰金控及禹勃等股东需要对金字火腿进行现金补偿。2017 年，由于中钰资本的实际经营业绩受到较大影响，未兑现当初股权转让时的业绩承诺，根据协议约定，金字火腿同意中钰金控及禹勃等以现金方式回购公司所持中钰资本的股权，此次回购股权交易中的股权作价为 73727.02 万元。

上述交易从形式上看是附有对赌条款的并购重组，但从时间和回购价等方面考察，其实质是股权融资，将借贷隐藏在股转交易中。被收购方股东（中钰金控及禹勃等）先以转让股权的名义融资了 4.3 亿元，然后设置可预见不可达成的目标触发回购①，被收购方股东以现金方式向金字火腿回购中钰资本股份，可能是"借款本金+利息"返还。如果允许被收购方股东先按股权转让所得交税，后续返还资金再给予退税，收购方取得补偿资金冲减长期股权投资成本，那么这种"名为股权投资，实为借贷"的形式化的"对赌协议"将被市场上的交易双方作为一种避税手段。

总之，商业交易模式持续创新和发展，实务中的对赌协议变化多样。对于实质上的对赌协议相关部门应尽快出台明确的税收政策，对于形式上的对赌协议则不建议出台统一的指导意见。一是从复杂的实务操作来说，很难从国家层面出台统一的政策。二是一旦税收政策定死，可能会出现滥

---

① 从中钰资本 2015 年的净利润仅 1059 万元，2016 年上半年的净利润为 2649 万元可以看出，对赌条款设置的 2.5 亿元、3.2 亿元、4.2 亿元的业绩目标远远高于其最近几年的经营业绩，是可预见不可达成的目标。

用对赌协议进行恶意避税的现象。因此，遇到形式上的对赌协议，往往要考虑各种因素，综合判断出交易的实质，然后从税收基本理论、企业所得税法及其实施条例确立的基本原则出发，拨开合同的形式外衣，抓住交易的根本，研究其税务处理。

对于形式上的对赌协议因政策不统一而出现的税收不确定问题，可推广税收事先裁定制度。税收事先裁定制度首次在上海进行试点，2023 年 12 月 29 日，国家税务总局上海市税务局办公室发布《关于印发〈上海市税务局税收事先裁定工作管理办法（试行）〉的通知》，这个通知就税收事先裁定制度做出了明确的定义。税收事先裁定是指基于税企互信原则，企业对未来发生的特定复杂涉税事项如何适用税收法律法规提出申请，税务部门基于现行税收法律法规等，书面告知政策适用意见的服务行为。与纳税人可能会采取的非正式问询等方式相比，税收事先裁定有一定的法律约束力，在后续产生纳税争议时有书面文件作为证据，因税务机关的责任，纳税人有合理理由主张适用三年追征期并避免加收滞纳金。该管理办法目前只针对上海地区的单位纳税人，希望未来能在全国推广，这样税收事先裁定制度将成为解决形式上的对赌协议税收不确定性的重要工具之一。

参考文献

［1］龚亮．对赌协议所得税处理研析［J］.注册税务师，2022（8）：29-33.

［2］高金平．对赌协议或有对价之所得税探析［J］.中国注册会计师，2018（10）：113-117.

［3］林烺．对赌协议所得课税模式比较与探析［J］.吉林工商学院学报，2023（1）：97-101，122.

［4］刘斌．对赌协议的交易属性与税务认定研究［J］.税务研究，2022（8）：121-126.

［5］黎江虹，高文博．"对赌协议"中个人所得税纳税义务发生时间认定——以一起申请分期缴税案为例［J］.税务研究，2023（8）：83-88.

［6］毛谢恩，崔国．对赌协议的企业所得税处理［J］.税务研究，2017（6）：125-127.

减税降费对地方财政
可持续性的影响研究

摘要 减税降费是积极财政政策加力提效的重要组成部分，旨在减轻市场主体负担，助力产业结构升级，促进经济高质量发展。地方财政承担着为地方政府实现国家经济目标及为本地区经济发展筹集财政资金、提供资金保障等职责。为突破财政困境，评估减税降费的财政效应，本文基于2013~2020年面板数据进行实证分析，发现减税降费能够对地方财政可持续性产生积极影响。异质性检验表明，减税降费的财政效应在高财政自给率和经济发达的东部地区存在显著的正向作用，但对低财政自给率和中西部地区存在负向影响。

关键词 减税降费；财政影响；财政可持续性

一、引言

随着中国经济的转型升级，减税降费逐渐成为积极财政政策加力提效的重要组成部分，在减轻市场主体负担、助力产业结构升级、促进经济高质量发展中发挥着重要作用。"十三五"期间，我国累计减税降费超7.6万亿元。[1] 2021年以来，我国持续优化减税降费政策，2021年及2022年全年新增减税降费均超过1万亿元[2]，2023年全年新增减税降费约

---

* 作者简介：孙文佳，浙江财经大学东方学院教师。

基金项目：本文为浙江财经大学东方学院院级课题项目《减税降费对地方财政可持续性的影响机制研究》（编号：2023dfy008）的研究成果。

[1] 从税收大数据看"十三五"经济社会发展——宏观税负逐年降市场主体活力增［EB/OL］．（2021-03-14）．https：//www.gov.cn/xinwen/2021-03/14/content_5592815.htm.

[2] 数据来源于2022年及2023年政府工作报告。

1.57万亿元①。大规模、持续性的减税降费进一步降低了宏观税负，对慧企纾困、稳经济、稳就业等作出了重要贡献。与此同时，我们也要看到，在经济周期性下行的背景下，普惠性、全面性的减税降费也给地方财政带来了挑战。习近平总书记多次强调要统筹推进"稳增长、促改革、调结构、惠民生、防风险、保稳定"各项工作，《2024年国务院政府工作报告》提到要防范化解风险，稳妥有序处置风险隐患，统筹好地方债务风险化解和稳定发展，进一步落实一揽子化债方案，妥善化解存量债务风险、严防新增债务风险。因此，减税降费政策的持续优化也要综合考虑其对地方财政的影响，关注财政的可持续问题。

财政是国家治理的基础和重要支柱，财政的可持续高质量运行是保证地区经济平稳发展和社会政治稳定的重要因素。然而，学界关于减税降费对财政可能产生的影响及其蕴含的财政效应等问题并没有给予足够的重视。从现有文献来看，大多数研究都聚焦于减税降费给企业带来的影响及其给社会带来的经济效应，即减税降费政策能够刺激企业增加固定资产投资（Liu Q and Lu Y.，2015）和研发创新（陈昭和刘映曼，2019），改善债务期限结构（Zou et al.，2019），有利于经济发展。虽然有学者研究了减税降费的财政效应，但这些研究主要从理论方面对减税降费的性质（高培勇，2019）、财政收支结构（郭庆旺，2019）等进行分析，或以某个区域为例（黄婕，2019），单从减税这一角度（李昊楠和郭彦男，2021；邓晓兰等，2021；刘建民等，2023）对减税政策的财政效应进行实证研究，较少研究以"税收减免""取消或停征行政事业性收费"为主要内容的减税降费政策。在此背景下，本文基于以"税收减免""取消或停征行政事业性收费"为主要内容的"减税降费"政策，利用2013～2020年的省级面板数据进行实证分析，检验减税降费政策对地方财政可持续性的影响。

二、制度背景与理论分析

（一）制度背景

虽然自2008年起，我国不断实施结构性减税，但不同于减税，直至

---

① 国新办举行2023年全年财政收支情况新闻发布会［EB/OL］．（2024-02-01）．http：//www.scio.gov.cn/live/2024/33293/index.html.

2012 年"行政事业性收费"才同"减税"放在一起,"减税降费"正式写进政府文件中。《2012 年国务院政府工作报告》提出:"实施结构性减税。认真落实和完善支持小型微型企业和个体工商户发展的各项税收优惠政策,开展营业税改征增值税试点。继续对行政事业性收费和政府性基金进行清理、整合和规范。"我国的减税降费政策自 2012 年起主要经历了渐进式扩围、走向深化和制度常态化三个阶段。

2012~2016 年,减税降费政策以增值税转型为主,辅以所得税等税种改革,并取消行政事业性收费。其中,"营改增"的分地区、分行业的渐进式试点最为突出,在降低企业税负的同时有效推进了产业结构优化。2016 年,"营改增"的全面实施标志着减税降费进入深化阶段,营业税的消失导致地方税收体制中主体税种出现明显缺位,在一定程度上加剧了地方财政收支的不平衡,但也倒逼财税体制加速了改革,助推积极财政政策向加力与增效并举转型。党的十九大之后,减税降费进一步成为常态化制度措施,2019 年政府工作报告指出减税降费是减轻企业负担、激发市场活力的重大举措,是完善税制、优化收入分配格局的重要改革,是宏观政策支持稳增长、保就业、调结构的重大抉择。减税降费进入制度常态化阶段后,其所形成的优势更好地转化成国家治理效能的关键与核心,能够尽快提高地方财政收支的效率,强化地方财政可持续性。

(二) 理论分析

从宏观层面来看,减税降费的实施对财政的直接影响就体现在数量上,即税收及行政事业性收费减少。然而,在我国财政支出刚性增长、财政分权等背景下,我国地方财政收支矛盾逐渐凸显,财政收入结构发生扭曲,甚至以上级政府的转移支付,或是举债来维持财政运转,导致系统性财政风险增加,不利于地方财政可持续性发展。

从微观层面来看,减税降费政策的实施切实有效地减轻了市场主体负担,促进了企业创新与投资,激发了市场主体活力,推动了地方经济发展,促进了经济结构优化,达到了拓宽税基、涵养税源、提高地方财政收入的目的,进而加强了地方政府的财政可持续性。

基于上述分析,减税降费对地方财政可持续性具有正反两方面的影响,关于其是否一定增强或削弱地方财政的可持续性,需要通过研究进行检验,由此本文提出以下主要假设。

假设 1：减税降费对地方财政可持续性有促进作用。

假设 2：减税降费对地方财政可持续性有抑制作用。

假设 3：减税降费对地方财政可持续性没有显著影响。

三、实证模型、指标构建与数据说明

理论分析结果表明，减税降费政策与财政可持续性之间存在内在逻辑联系。本部分通过设定计量模型，利用 2013~2020 年我国 31 个省（自治区、直辖市）的面板数据来检验减税降费政策对地方财政可持续性的影响。面板数据可以有效控制不可观测效应，扩大样本容量，增强自由度，在一定程度上缓解共线性问题，使回归结果更加精准。

（一）计量模型设定

从理论上来说，本文以省级面板数据进行分析，个体数量较少，不宜采用针对大量个体的随机效应模型，而且随机效应模型假设个体效应与随机扰动项不相关，但固定效应模型则放松了这一假设。Hausman 检验结果显示 P 值小于 0.01，因此本文构建固定效应模型来检验减税降费政策对地方财政可持续性的影响，模型设定如下：

$$LocSustain_{i,t} = \alpha_0 + \alpha_1 TRFR_{i,t} + \alpha_2 Controls_{i,t} + Year_t + \varepsilon_{i,t}$$

其中，α 为待定参数，i 与 t 分别表示省份和年份，$LocSustain_{i,t}$ 为各省份地方财政可持续性，$TRFR_{i,t}$ 为减税降费指标，$Controls_{i,t}$ 为控制变量，$Year_t$ 为年份固定效应，$\varepsilon_{i,t}$ 为随机扰动项。

（二）变量选取

1. 被解释变量

本文以地方财政可持续性为被解释变量，选取地方财政可持续能力指数为衡量地方财政可持续性的指标。借鉴邓达等（2021）、刘建民等（2023）的做法，本文构建了三个一级指标，包括收入结构、支出效益及债务风险，用以衡量各省的地方财政可持续性。由表 1 可知，在一级指标下又设立了六个二级指标，利用熵值法分析各指标权重，并计算各省地方财政可持续性的综合得分，从而获得被解释变量地方财政可持续性（LocSustain1）。同时，考虑到本文采用的是面板数据，为剔除不同年份数据的波动差异性，使实证结果更为稳健，按年份分别进行熵值计算，从而得到地方财政可持续性（LocSustain2）。表2为拟合后的2013~2020年各省份的地方财政可持续性指数。

表1　地方财政可持续性指标体系及权重

一级指标	二级指标	指标定义	指标特征	权重（％）
收入结构	财政收入结构	非税收入/财政收入	－	27.02
	财政收支水平	（财政收入-财政支出）/GDP	＋	7.35
支出效益	财政支出结构	（教育+医疗+社会保障与就业）/一般公共预算支出	＋	12.59
	财政支出有效性	GDP/一般公共预算支出	＋	30.44
债务风险	地方债务水平	城投债余额/GDP	－	8.74
	财政债务压力	政府债务余额/一般公共预算收入	－	13.86

2. 核心解释变量

核心解释变量为减税降费指标，本文借鉴尹李峰等（2021）、管治华和李英豪（2023）的做法，用地方政府当年税收收入和行政事业性收费之和除以GDP来衡量减税降费指标。该数值越小表明减税降费力度越大，为方便后续实证结果的解释与分析，本部分对该指标进行正向化处理，即用该值的相反数来衡量减税降费的力度，TRFR越大，表明减税降费力度越大。若模型中α_1的值显著为正，则减税降费对地方财政可持续性具有正向影响。

3. 控制变量

考虑到我国各省份间的非均衡发展，以及影响地方财政可持续性的其他因素，借鉴相关研究，本文选取产业结构（IndStruc）、人口密度（Population）、人均GDP（PerGDP）、地方财政缺口（FinancGap）、工业化程度（InduDegree）、固定资产投资水平（FixAInv）作为控制变量。

表 2　2013～2020 年各省地方财政可持续性指数

省份	2013 年		2014 年		2015 年		2016 年		2017 年		2018 年		2019 年		2020 年	
	综合	分年度	综合	分年度	综合	分年度	综合	分年度	综合	分年度	综合	分年度	综合	分年度	综合	分年度
北京市	0.7523	0.6346	0.7473	0.7036	0.6666	0.6662	0.6331	0.6320	0.6326	0.6421	0.6212	0.6749	0.6452	0.7438	0.6796	0.7682
天津市	0.5383	0.4025	0.5076	0.4362	0.4554	0.4143	0.4191	0.3693	0.5310	0.4407	0.5990	0.5435	0.4079	0.4363	0.4773	0.4886
河北省	0.7279	0.8033	0.7286	0.8031	0.6591	0.7546	0.6260	0.7190	0.6079	0.6716	0.6118	0.7023	0.5700	0.7071	0.5237	0.6529
山西省	0.5668	0.6674	0.5312	0.6539	0.5312	0.6557	0.5385	0.6489	0.6116	0.6816	0.5677	0.6567	0.5663	0.6964	0.5187	0.6391
内蒙古自治区	0.5744	0.6440	0.5555	0.6416	0.5257	0.5986	0.4920	0.5516	0.5286	0.5612	0.5192	0.5896	0.5036	0.6102	0.4848	0.5952
辽宁省	0.6447	0.6912	0.6441	0.6925	0.7182	0.7402	0.6397	0.6973	0.6376	0.6878	0.6351	0.7171	0.5869	0.7238	0.5817	0.7236
吉林省	0.6277	0.7182	0.6177	0.7122	0.5760	0.6588	0.5309	0.5974	0.5170	0.5381	0.5225	0.5724	0.4452	0.5410	0.4408	0.5338
黑龙江省	0.5925	0.6680	0.6312	0.7243	0.5902	0.6729	0.5366	0.6112	0.5287	0.5818	0.5600	0.6485	0.4887	0.6210	0.4569	0.5833
上海市	0.7252	0.6846	0.7183	0.7252	0.6424	0.6772	0.6671	0.7158	0.6689	0.7249	0.6480	0.7559	0.6786	0.7915	0.6534	0.7481
江苏省	0.7775	0.6845	0.7706	0.6975	0.7375	0.6927	0.7270	0.6658	0.7280	0.6450	0.7508	0.7164	0.7338	0.7529	0.6950	0.7048
浙江省	0.8893	0.8171	0.8796	0.8363	0.7541	0.7483	0.7485	0.7361	0.7536	0.7408	0.7246	0.7536	0.6912	0.7577	0.7078	0.7518
安徽省	0.6043	0.6066	0.6188	0.6460	0.5841	0.6378	0.5531	0.6103	0.5477	0.5658	0.5634	0.6049	0.5599	0.6567	0.5576	0.6484
福建省	0.7601	0.7248	0.7611	0.7536	0.6877	0.6982	0.6611	0.6616	0.6553	0.6323	0.6977	0.7125	0.7168	0.7623	0.7124	0.7549
江西省	0.5924	0.6177	0.5878	0.6434	0.5440	0.6106	0.5300	0.5914	0.5143	0.5372	0.5263	0.5672	0.5066	0.6089	0.4680	0.5536
山东省	0.8111	0.8406	0.8202	0.8441	0.7682	0.8192	0.7363	0.7844	0.7392	0.7493	0.7430	0.7830	0.6886	0.7837	0.6633	0.7472
河南省	0.6965	0.7666	0.6800	0.7638	0.6448	0.7383	0.6186	0.7050	0.6091	0.6501	0.6121	0.6769	0.6090	0.7227	0.5783	0.6864

续表

省份	2013 年		2014 年		2015 年		2016 年		2017 年		2018 年		2019 年		2020 年	
	综合	分年度	综合	分年度	综合	分年度	综合	分年度	综合	分年度	综合	分年度	综合	分年度	综合	分年度
湖北省	0.6609	0.6874	0.6518	0.6942	0.5837	0.6507	0.5850	0.6513	0.5908	0.6145	0.6152	0.6529	0.6150	0.6930	0.5824	0.6549
湖南省	0.5758	0.5870	0.5715	0.6087	0.5216	0.5645	0.4605	0.4837	0.4883	0.4515	0.5105	0.5042	0.5038	0.5686	0.4921	0.5499
广东省	0.7957	0.8199	0.7892	0.8264	0.6746	0.7374	0.6907	0.7446	0.6970	0.7385	0.7235	0.8053	0.7218	0.8308	0.7147	0.8163
广西壮族自治区	0.5717	0.6262	0.5859	0.6514	0.5520	0.6168	0.5250	0.5947	0.4892	0.5138	0.4880	0.5254	0.4442	0.5508	0.4383	0.5370
海南省	0.6461	0.7521	0.6570	0.7595	0.6216	0.7447	0.5785	0.6808	0.5821	0.6590	0.5805	0.6961	0.5543	0.6935	0.4761	0.6104
重庆市	0.5150	0.4491	0.5207	0.4963	0.5042	0.4933	0.4751	0.4622	0.4777	0.4252	0.5182	0.5071	0.5366	0.6081	0.5113	0.5740
四川省	0.6203	0.6570	0.6105	0.6674	0.5632	0.6329	0.5466	0.6206	0.5346	0.5597	0.5479	0.5923	0.5436	0.6444	0.5102	0.5967
贵州省	0.4894	0.5492	0.5207	0.5792	0.4957	0.4924	0.4286	0.4045	0.4367	0.3928	0.4377	0.4368	0.3738	0.4443	0.3370	0.4116
云南省	0.5541	0.6099	0.5191	0.5737	0.4663	0.5033	0.4383	0.4913	0.4193	0.4196	0.4591	0.4835	0.4546	0.5456	0.4554	0.5495
西藏自治区	0.1356	0.0646	0.0972	0.0358	0.3036	0.3751	0.2946	0.3648	0.3172	0.3447	0.2859	0.3237	0.3015	0.3491	0.2654	0.3034
陕西省	0.6104	0.6468	0.5909	0.6478	0.5138	0.5938	0.5284	0.5940	0.5796	0.5988	0.6142	0.6678	0.6140	0.7203	0.5870	0.6843
甘肃省	0.4905	0.4461	0.5068	0.5126	0.4642	0.4870	0.4305	0.4960	0.4236	0.4537	0.4223	0.4735	0.3935	0.4992	0.3641	0.4637
青海省	0.4393	0.2492	0.4140	0.2483	0.3871	0.2810	0.3515	0.2935	0.3636	0.3248	0.3785	0.4061	0.3147	0.3851	0.3224	0.3917
宁夏回族自治区	0.5347	0.6258	0.5088	0.5969	0.4554	0.5315	0.4020	0.4751	0.3980	0.4327	0.4197	0.4852	0.3745	0.4754	0.3780	0.4813
新疆维吾尔自治区	0.5052	0.5437	0.4757	0.5389	0.4145	0.4676	0.4090	0.4513	0.3754	0.3752	0.4140	0.4636	0.3800	0.4769	0.3521	0.4480

（三）数据来源及描述性统计

由于相关数据统计口径差异，考虑到数据获取的难易程度，本文选取 2013~2020 年全国 31 个省（自治区、直辖市）的面板数据进行分析，共有 248 个有效样本。原始数据来源于《中国统计年鉴》、各省（区、市）统计年鉴、各省财政厅及统计局官网等，部分数据来源于 CSMAR 数据库。各变量描述性统计如表 3 所示。

表 3　变量定义及描述性统计

变量符号	变量含义	观测值	均值	标准差	最小值	最大值
LocSustain1	地方财政可持续能力，通过熵值法计算综合得分	248	0.561	0.126	0.0972	0.889
LocSustain2	地方财政可持续能力，分年度利用熵值法计算综合得分	248	0.606	0.136	0.0358	0.844
TRFR	减税降费指标，-（税收收入+行政事业性收费）/GDP	248	0.089	0.029	0.0469	0.204
IndStruc	产业结构，ln（第三产业增加值/第二产业增加值）	193	0.823	1.168	-3.112	6.331
Population	人口密度，ln（区域人口/区域面积）	248	5.845	1.742	0.953	10.35
PerGDP	人均 GDP，ln（GDP/常住人口）	248	10.38	0.919	8.247	12.01
InduDegree	工业化程度，工业增加值/GDP	248	0.006	0.028	-0.200	0.104
FixAInv	固定资产投资水平，固定资产投资额/GDP	248	0.828	0.285	0.210	1.524
FinancGap	地方财政缺口，ln（一般公共预算支出-一般公共预算收入）	248	16.89	0.599	15.03	18.06

四、实证结果分析

（一）基准回归结果

基准回归结果如表 4 所示，其中第（1）列为不加任何控制变量的回归结果，减税降费的系数为正，且在 10% 的水平上显著；第（2）列在第

（1）列的基础上加入了上文所述的控制变量，减税降费的影响在1%的水平上显著为正。因此，从基准回归的结果来看，减税降费政策实施后，地方财政可持续能力有所提高，验证了假设1。第（3）列用熵值法计算的分年度综合得分（LocSustain2）替换了第（2）列中的被解释变量，结果依然显著为正。综上所述，基准回归结果表明，减税降费政策的实施对我国地方财政可持续性具有积极的影响。

表4　基准回归结果

变量	（1）	（2）	（3）
	LocSustain1	LocSustain1	LocSustain2
TRFR	0.5600*	0.8924***	0.7362**
	(0.2903)	(0.2289)	(0.3027)
IndStruc		0.0000	0.0000
		(0.0000)	(0.0000)
Population		0.0371***	0.0414***
		(0.0040)	(0.0053)
PerGDP		0.1070***	0.0235
		(0.0167)	(0.0221)
InduDegree		−0.0508	−0.2588
		(0.1705)	(0.2254)
FixAInv		−0.1273***	−0.1919***
		(0.0231)	(0.0306)
FinancGap		0.0394***	0.0485***
		(0.0118)	(0.0156)
_cons	0.6105***	−1.2475***	−0.4728
	(0.0259)	(0.3216)	(0.4253)
年份固定效应	YES	YES	YES
N	248	248	248
r^2	0.9296	0.7349	0.6017

注：*表示p<0.1，**表示p<0.05，***表示p<0.01。

（二）稳健性检验

1. 替换被解释变量

本文借鉴杜彤伟等（2019）及邓晓兰等（2021）的研究，用财政纵向失衡（VertFiscIm）作为地方财政可持续性的代理指标，财政纵向失衡会导致地方财政压力增大，不利于地方财政可持续发展。回归结果如表 5 第（1）列所示，减税降费政策抑制了财政纵向失衡，减税降费政策的实施在一定程度上有利于地方财政的可持续发展，因此上文的结论是稳健的。

2. 政策滞后

考虑到减税降费政策的实施具有时滞性，因而将模型中的核心变量减税降费指标滞后一期。表 5 第（2）列为减税降费政策滞后一期的实证结果，可以看出减税降费指标的系数在 1% 的水平上显著为正，再次验证了本文基准回归结果的稳健性。另外，从系数的变化可以看出，减税降费对地方财政可持续性的影响存在长期效应。

表 5　稳健性检验结果

变量	（1）	（2）	（3）
	VertFiscIm	政策滞后	动态面板估计
TRFR	−1.5969***		0.2791**
	(0.1436)		(0.1183)
L. TRFR		0.9172***	
		(0.2281)	
L. LocSustain1			0.8220***
			(0.0321)
控制变量	YES	YES	YES
_cons	3.9473***	−1.2785***	−0.2773*
	(0.2018)	(0.3226)	(0.1664)
N	248	217	217
r^2	0.9517	0.7367	

注：*表示 p<0.1，**表示 p<0.05，***表示 p<0.01。

3. 动态效应分析

考虑到地方财政可持续性存在动态递延的可能，参考张学诞和李娜（2020）的做法，在上文模型的基础上引入滞后一期的地方财政可持续性指标，建立动态模型，模型设定如下：

$$\text{LocSustain}_{i,t} = \alpha_0 + \alpha_3 \text{LocSustain}_{i,t-1} + \alpha_1 \text{TRFR}_{i,t} + \alpha_2 \text{Controls}_{i,t} + \text{Year}_t + \varepsilon_{i,t}$$

对动态模型进行系统 GMM 估计，AR（2）检验结果为 0.18（p = 0.855），说明扰动项不存在自相关，Hansen 检验结果也表明所选工具变量总体有效。从表 5 第（3）列的结果可以看出，地方财政可持续性本身具有动态递延特征，但减税降费系数仍显著为正，进一步验证了结论的稳健性。

（三）异质性分析

由于我国各省（自治区、直辖市）在社会经济、财政情况等方面存在比较大的差异，减税降费政策的实施可能会对各地区的地方财政可持续性产生不同的影响。因此，本文进一步对实证样本进行分组，并对其进行异质性分析。

1. 财政自给率的异质性分析

以中位数为分组依据，低于中位数的为低财政自给率，高于中位数的为高财政自给率。表 6 第（1）列与第（2）列的实证结果显示，在高财政自给率的地区，减税降费政策对地方财政可持续性具有积极影响；在低财政自给率的地区，减税降费政策的实施反而抑制了地方财政的可持续发展。低财政自给率意味着地方财政对转移支付具有高依赖性，转移支付的"粘蝇纸效应""财政幻觉"会导致有些地方财政过度支出，加剧收支不平衡，从而抑制地方财政可持续性。减税降费政策的实施进一步加大了部分低财政自给率地区地方财政对转移支付的依赖，阻碍了地方财政的可持续性发展。

表 6　异质性检验结果

变量	（1）低财政自给率	（2）高财政自给率	（3）中西部	（4）东部
TRFR	−1.7780 *** (0.3117)	1.5353 *** (0.364616)	−2.0317 *** (0.4377)	1.4543 *** (0.5004)
控制变量	YES	YES	YES	YES
_cons	0.2844 (0.6367)	2.0078 ** (0.7788)	−3.4593 *** (1.0570)	2.7829 *** (0.9543)
N	123	125	160	88
r²	0.9083	0.6890	0.5978	0.7210

注：＊表示 p<0.1，＊＊表示 p<0.05，＊＊＊表示 p<0.01。

2. 地区的异质性分析

将实证样本分为东部及中西部两组，如表 6 所示，减税降费政策对东部地区的地方财政可持续性具有显著的促进作用，而对中西部地区则存在显著的负向影响。其可能原因在于，东部地区经济发达，地方财政状况相对更好，因而能够更好地承担实施政策的"成本"，并充分发挥减税降费政策的红利，从而为该地区的地方财政可持续性提供内在动力。

五、结论

减税降费一直是社会关注的热点，它作为积极的财政政策能够减轻企业和个人的负担，推动经济向好的方向发展，因而其政策红利是一个非常值得关注的问题。在地方财政缺口扩大、地方债逐渐增多等诸多背景下，分析减税降费对财政可持续性的影响，有利于更清晰、客观地了解减税降费的政策影响。本文基于 2013~2020 年 31 个省份的面板数据建立静态面板模型，并在稳健性检验中采用系统 GMM 估计构建动态面板模型，实证考察了减税降费政策对地方财政可持续性的影响。研究发现，减税降费政策提升了地方财政可持续性，且其正向作用在实施后逐渐加强，存在政策滞后性。稳健性检验也表明，影响具有较强的稳定性。此外，从异质性检验结果可以看出，减税降费政策在财政自给率高的省份及经济更为发达的东部地区能发挥更好的政策红利，而对于低财政自给率的省份和中西部地区而言，减税降费政策的实施可能抑制其财政可持续发展。由于篇幅和时间限制，本文并未对减税降费政策的影响机制进行实证检验，但在后续的研究中将对减税降费影响地方财政可持续性的机制路径作进一步深入分析，助力减税降费更好地落实，从而提高地方各级政府的财政能力，增强财政可持续的韧性。

参考文献

［1］Liu Q, Lu Y. Firm Investment and Exporting: Evidence from China's Value-added Tax Reform ［J］. Journal of International Economics, 2015 (97): 392-403.

［2］陈昭，刘映曼. "营改增"政策对制造业上市公司经营行为和绩效的影响［J］. 经济评论, 2019 (5): 22-35.

［3］Zou J, Shen G, Gong Y. The Effect of Value-added Tax on Leverage: Evidence from China's Value-added Tax Reform [J]. China Economic Review, 2019 (54): 135-146.

[4] 高培勇. 我们究竟需要什么样的减税降费 辨识来自于两个维度的两套分析答案 [J]. 财经界, 2019 (1): 29-31.

[5] 郭庆旺. 减税降费的潜在财政影响与风险防范 [J]. 管理世界, 2019 (6): 1-10, 194.

[6] 黄婕. 减税降费背景下基层财政的可持续发展——以江苏海门为例 [J]. 地方财政研究, 2019 (11): 9-45.

[7] 李昊楠, 郭彦男. 小微企业减税、纳税遵从与财政可持续发展 [J]. 世界经济, 2021 (10): 103-129.

[8] 邓晓兰, 许晏君, 刘若鸿. 结构性减税与地方财政可持续性——基于"营改增"的实证研究 [J]. 中央财经大学学报, 2021 (10): 15-29.

[9] 刘建民, 凌惠馨, 吴金光. 持久性减税对地方财政可持续性的动态效应研究 [J]. 财经理论与实践, 2023 (4): 89-97.

[10] 段龙龙, 叶子荣. "减税降费"与地方财政解困: 基于国家治理效能视角分析 [J]. 经济体制改革, 2021 (1): 122-128.

[11] 邓达, 潘光曦, 林晓乐. 我国数字经济发展对地方财政可持续性的影响 [J]. 当代经济, 2021 (9): 38-52.

[12] 尹李峰, 李淼, 缪小林. 减税降费是否带来地方债风险?——基于高质量税源的中介效应分析 [J]. 财政研究, 2021 (3): 56-69.

[13] 管治华, 李英豪. 减税降费、财政压力与地方政府债务风险: 作用路径及影响效应 [J]. 安徽大学学报 (哲学社会科学版), 2023 (1): 144-156.

[14] 杜彤伟, 张屹山, 杨成荣. 财政纵向失衡、转移支付与地方财政可持续性 [J]. 财贸经济, 2019 (11): 5-19.

[15] 张学诞, 李娜. 减税、经济增长与财政可持续性——来自地方债务水平的证据 [J]. 财贸研究, 2020 (10): 41-51.

[16] 王秋石, 李睿莹. 减税降费、财政分权与地方财政风险 [J]. 经济社会体制比较, 2023 (6): 66-76.

基于共同富裕的浙江省基本社会保障服务均等化研究

张雪平*

摘要 浙江省作为全国共同富裕示范区，努力实现基本社会保障服务均等化是各级政府积极推动的一项重要工作。在过去几年，浙江省不断加大对基本社会保障的投入和改进，在基本社会保障服务均等化方面取得了一些进展，但还是存在一些问题。浙江省各级政府通过不断改革创新，积极推进社会保障体系建设，为广大居民提供了更加全面、公平、可持续的基本社会保障服务，提高了均等化服务水平，保障了人民的基本生活需求。

关键词 共同富裕；基本社会保障服务；均等化

一、浙江省基本社会保障均等化服务情况

（一）浙江省基本社会保障基本情况

第一，浙江省实行了全民社会保障体系，确保每个居民都能享受到基本的社会保障待遇，包括基本医疗保险、养老保险、失业保险和工伤保险等方面的保障。截至 2023 年底，浙江省已经实现了 99% 以上的基本养老保险覆盖率，95% 以上的基本医疗保险覆盖率，以及 100% 的失业保险和工伤保险覆盖率。

第二，浙江省注重弱势群体的社会保障服务。针对特定的弱势群体，

---

* 作者简介：张雪平，浙江财经大学东方学院财税学院教授。

如残疾人、农村低保户、困境儿童等，浙江省提供了专门的社会保障服务。例如，针对残疾人群体，浙江省设立了残疾人托养服务中心和残疾人康复辅助器具服务中心，为他们提供康复训练、辅助器具等支持。

第三，浙江省通过建设社会保障服务设施，提高社会保障服务的便利性和效率。浙江省在城市和农村建设了一批社会保障服务中心、社区卫生服务中心等机构，提供便捷的社会保障服务。同时，浙江省积极推动数字化社会保障服务，通过互联网平台提供社会保障信息查询、在线申办等服务，方便居民办理社会保障事务。

总体来说，浙江省在社会保障服务均等化方面取得了显著进展。各项社会保障服务覆盖面广，保障水平较高，服务设施便利化程度较高。然而，浙江省也应该意识到社会保障均等化服务仍然存在一些问题，需要不断完善和提升。

（二）浙江省基本社会保障服务"十四五"规划目标

（1）建立全面覆盖的社会保障体系。通过完善社会保障制度和政策，将基本养老保险、医疗保险、失业保险、工伤保险和生育保险等各项社会保障制度进行整合和统一，实现全省覆盖。

（2）提高社会保障水平。通过逐步提高养老金水平、医疗保险报销比例、失业保险金标准等方式，提高社会保障水平，确保人民群众基本生活的保障。

（3）完善社会救助体系。加强低保制度建设，改善经济困难群众的生活条件，建立多层次、全方位的社会救助体系，确保困难群众得到及时帮助和支持。

（4）推进医保制度改革。加强医保制度顶层设计，推动医保基金整合和统筹，提高医保政策的公平性和可持续性，降低医疗费用负担，提高就医便利度。

（5）加强社会保障基金管理。加强社会保障基金的监管和管理，确保基金安全和稳定，合理利用社会保障基金，确保社会保障制度的可持续发展。

（6）加强社会保障信息化建设。推进社会保障信息系统建设，实现社会保障信息的共享和联网，提高社会保障管理的效率和服务质量。

（三）浙江省基本社会保障服务均等化的总体评价

第一，浙江省在社会保障方面的投入力度较大。政府对社会保障的关注度较高，财政投入加大，保障了社会保障事业的发展。浙江省政府将社会保障作为民生工程的重要组成部分，不断提高投入水平，加大社会保障基金的筹集力度，确保社会保障体系的稳定和可持续发展。

第二，浙江省社会保障体系建设较为完善。浙江省在社会保障体系建设方面取得了显著成就，不断完善和创新制度，提高了保障水平，包括建立覆盖全民的基本医疗保险制度，实施全面的城乡居民社会养老保险制度，开展失业保险、工伤保险等多种社会保障项目，形成比较完善的社会保障体系。

第三，浙江省注重社会保障的普惠性和公平性。浙江省积极推动全民社会保障，以提高社会保障的覆盖范围和水平，确保社会保障的普惠性。同时，注重解决收入分配差距过大的问题，加强社会保障政策的公平性，保障低收入群体和经济困难群体的基本生活需求。

总的来说，浙江省基本社会保障均等化服务的总体评价是比较积极的。政府投入力度大，社会保障体系建设完善，注重普惠性和公平性，为浙江省广大民众提供了较好的社会保障服务，提高了人民群众的获得感和幸福感。

二、浙江省基本社会保障财政指标的地区差异

（一）社会保障支出总量差异

社会保障支出反映了当年政府财政资金用于社会保障的力度，作为政府基本公共服务的重要内容，政府要积极调整公共财政的支出结构，努力增加社会保障投入，提高社会保障支出占财政支出的比重。根据表1，从社会保障支出总量的绝对额来看，支出最多的地区是杭州市，2020 年达到 305857.14 万元，其次是宁波、温州，支出最少的地区为台州市 3034.1 万元，最高值和最低值相差 30 亿元，差距很大。最高值与最低值

之间的差距呈明显的扩张趋势，2020 年为 30 亿元、2022 年为 36.2 亿元、2022 年为 36.1 亿元，说明浙江省社会保障支出总量的地区差距在逐步加大。2020~2022 年，社会保障总支出最多的地区是杭州，为 121 亿元；最低是舟山，只有 3.1 亿元，差距过大。

表1　2020~2022 年浙江省各地级市社会保障支出总量　单位：万元

地区	2020 年	2021 年	2022 年	总支出
杭州	305857.14	368435.18	368511.17	1209719.45
嘉兴	5023.73	11037.49	16082.31	57890.24
丽水	8933.10	9033.59	8710.6	50091.90
舟山	7681.95	8697.98	10123.33	31157.74
台州	3034.10	6602.10	7714.77	109872.29
金华	8290.53	13627.88	14704.06	43839.00
宁波	73090.99	97001.00	120802.43	365053.04
湖州	7861.17	9593.96	16912.35	41958.09
温州	13641.79	12607.30	15994.33	100104.89
绍兴	8620.78	8441.99	9494.81	53020.69
衢州	6349.62	8117.13	9057.58	41643.81
全省	448384.90	553195.60	598107.74	2104351.14

资料来源：根据 2021~2023 年《浙江财政年鉴》整理所得。

（二）社会保障支出占财政支出的比重差异

社会保障支出占财政支出的比重反映了社会保障支出在财政支出中的地位。根据表2，2020 年该比重最高的三个地区是杭州、舟山、宁波，其中只有杭州和舟山达到了全省的平均水平，最低的地区是台州市，只有 2.76%，地区差异大。三年时间内，各地区社会保障支出占财政支出的比重逐渐增加。

表2　2020~2022 年浙江省各地级市社会保障支出占财政支出的比重

单位：%

地区	2020 年	2021 年	2022 年
杭州	25.28	30.46	30.46

地区	2020 年	2021 年	2022 年
嘉兴	8.68	19.07	27.78
丽水	17.83	18.03	17.39
舟山	24.66	27.92	32.49
台州	2.76	6.01	7.02
金华	18.91	31.09	33.54
宁波	20.02	26.57	33.09
湖州	18.74	22.87	40.31
温州	13.63	12.59	15.98
绍兴	16.26	15.92	17.91
衢州	15.25	19.49	21.75
全省	21.31	26.29	28.42

资料来源：根据 2021~2023 年《浙江统计年鉴》整理所得。

（三）人均社会保障支出差异

根据表 3 的数据显示，2020 年人均社会保障支出最高的地区是杭州，最低的是台州。2020~2022 年，杭州一直与其他地区拉开差距，拉开了 200 多万元的差距。2020~2022 年，杭州市人均社会保障支出增加最多，有 40 多万元，但丽水市不增反减。其中，只有杭州和宁波达到了全省的平均水平。

表 3   2020~2022 年浙江省各地级市人均社会保障支出   单位：万元

地区	2020 年	2021 年	2022 年	2022 年较 2020 年增长
杭州	255.63	301.9	297.76	42.14
嘉兴	9.28	20.01	28.97	19.69
丽水	35.62	35.93	34.63	-0.98
舟山	66.28	74.66	86.52	20.24
台州	4.58	9.91	11.55	6.97
金华	11.74	19.14	20.63	8.89
宁波	77.72	101.64	125.6	47.88
湖州	23.31	28.16	49.55	26.24
温州	14.23	13.07	16.52	2.30

地区	2020 年	2021 年	2022 年	2022 年较 2020 年增长
绍兴	16.29	15.82	17.74	1.44
衢州	27.87	35.49	39.55	11.68
全省	69.34	84.59	90.94	21.60

资料来源：根据 2021~2023 年《浙江统计年鉴》整理所得。

综合数据分析结果，杭州市作为浙江省省会城市在各项财政数据上与其他地区拉开差距，各地区社会保障支出差距大，均等化程度较低。这是实现基本社会保障服务均等化的困难，要想减小差距，政府要有所作为。

三、浙江省基本社会保障现状指标地区差异

虽然浙江省社会保障制度建设在全国处于领先水平，但我们发现浙江省各地区之间的社会保障水平仍存在较大的地区差异，这种地区差异的存在为实现基本公共服务均等化造成了较大的障碍。接下来，我们对浙江省社会保障的地区差异现状逐一进行分析。

（一）基本养老保险

目前，浙江省的养老保险包括城镇居民社会养老保险和新型农村社会养老保险，实行城乡两套不同的养老保险制度，养老保险之间存在城乡差异。下文基于浙江省 11 个地级市的参保情况着重分析基本养老保险的地区性差异。

从表 4 来看，受地区之间城镇人口差异的影响，各地区参保人数差异是较大的。杭州和宁波是基本养老保险参保人数最多的两个地区。2020年，杭州市的基本养老保险参保人数为 751.5 万人，到 2022 年达到823.2 万人，两年之内增加了 71.7 万人。2020 年，宁波市的养老保险参保人数为 487.4 万人，到 2022 年增加了 39.3 万人，到达 526.7 万人。舟山市是全省参保人数最少的地区，由于其地理位置和人口情况，参保人数最少，到 2022 年仅有 85.1 万人参保，其次是金华，仅有 129.03 万人参保。2021~2022 年，金华和丽水的参保人数不增反减，这说明浙江省的参保政策可能存在地区差异。

表4 2020~2022 年浙江省各地级市基本养老保险参保人数情况

单位：万人

地区	2020 年	2021 年	2022 年	2022 年较 2020 年增长
杭州	751.5	799.6	823.2	71.7
嘉兴	340.6	348.9	355.1	14.5
丽水	198.9	203.0	196.6	-2.3
舟山	83.9	84.8	85.1	1.2
台州	267.8	282.6	293.2	25.4
金华	130.0	130.3	129.0	-1.0
宁波	487.4	511.2	526.7	39.3
湖州	221.4	228.6	233.7	12.3
温州	340.4	357.0	371.9	31.5
绍兴	369.2	368.9	374.7	5.5
衢州	180.2	183.5	185.6	5.4
全省	3371.2	3498.5	3574.8	203.6

资料来源：根据 2021~2023 年《浙江统计年鉴》相关数据整理所得。

基本养老保险参保率更能说明基本养老保险地区差异的真实情况。为便于对比统计，表5 中的"参保率"为简化的数据。根据表5 可知，浙江省各地区基本养老保险的参保率差异非常大。

表5 2020~2022 年浙江省各地级市基本养老保险参保率情况   单位:%

地区	2020 年	2021 年	2022 年
杭州	62.81	65.52	66.52
嘉兴	62.94	63.26	63.97
丽水	79.31	80.74	78.17
舟山	72.39	72.79	72.74
台州	40.41	42.43	43.90
金华	18.41	18.30	18.10
宁波	51.83	53.56	54.76
湖州	65.66	67.09	68.47
温州	35.51	37.01	38.42
绍兴	69.77	69.13	69.99
衢州	79.10	80.23	81.04
全省	52.13	53.49	54.35

资料来源：根据 2021~2023 年《浙江统计年鉴》相关数据整理所得，为计算简便，具体公式为"参保率=参保人数/平均户籍人口数"。

2020 年，参保率最高的地区是丽水，达到 79.31%，而参保率最低的地区是金华市，仅为 18.41%，最高与最低之间相差 60 多个百分点。2022 年，参保率最高的地区是衢州市，达到了 81.04%；最低的是金华，仅有 18.1%，2021~2022 年不增反减，引人思考。2022 年，衢州、丽水、舟山、绍兴、杭州、嘉兴、湖州均在前列，在 60% 以上，而台州、金华、温州相对较低，在 50% 以下，全省的平均参保水平超过 50%，说明浙江省的基本养老保险服务水平越来越高，覆盖范围越来越广，满足了人们的需要。

（二）基本医疗保险

浙江省的基本医疗保险包括职工基本医疗保险和城乡居民基本医疗保险。这两项基本医疗保险参保人数差距不大，下面主要对浙江省 11 个地级市基本医疗保险的差异进行分析。

从 2020~2022 年浙江省各地区基本医疗保险参保人数情况（见表 6）看，受地区之间城镇人口差异的影响，基本医疗保险参保人数存在较大差异。杭州仍是参保人数最多的地区，且参保人数在逐年上升，从 2020 年的 713.5 万人增长到 2022 年的 783 万人。金华和宁波的参保人数位居前列，2022 年分别是 519.8 万人和 501.6 万人。参保人数较少的是舟山市、湖州市和台州市三个城市，2022 年分别是 98.6 人、184.5 万人和 212.5 万人。

从 2020~2022 年浙江省各地区参保人数增长情况（见表 6）来看，杭州市的增加人数最多，2022 年比 2020 年增加了 69.5 万人；其次是宁波市，增加数为 50.3 万人。但是，部分城市出现了负增长的情况，其中绍兴市负增长最多，2022 年比 2020 年增长了 -14.5 万人；其次是衢州市，增长了 -11.8 万人。

表 6　2020~2022 年浙江省各地级市基本医疗保险参保人数情况

单位：万人

地区	2020 年	2021 年	2022 年	2022 年较 2020 年增长
杭州	713.5	760.5	783.0	69.5
嘉兴	423.5	427.3	423.1	-0.4
丽水	239.6	243.5	237.6	-2.0

地区	2020 年	2021 年	2022 年	2022 年较 2020 年增长
舟山	100. 8	100. 3	98. 6	−2. 2
台州	180. 6	197. 6	212. 5	32. 0
金华	520. 5	525. 2	519. 8	−0. 7
宁波	451. 3	477. 1	501. 6	50. 3
湖州	154. 8	161. 5	184. 5	29. 7
温州	229. 9	241. 3	257. 1	27. 2
绍兴	471. 4	479. 4	456. 9	−14. 5
衢州	237. 6	237. 0	225. 8	−11. 8
全省	3723. 6	3850. 6	3900. 6	177. 0

资料来源：根据 2021~2023 年《浙江统计年鉴》相关数据整理所得。

为了更准确地分析浙江省基本医疗保险地区差异的真实情况，本文用 2020~2022 年基本医疗保险的参保率来进行分析。为便于统计，表 7 中的 "参保率" 为简化的数据。

从表 7 来看，浙江省各地区基本医疗保险的参保率相差较大，2022 年参保率最高的城市为衢州市，达到 98.61%；其次是丽水市，2022 年参保率达到 94.49%。同年，参保率最低的是温州市，参保率为 26.56%。基本医疗保险参保率最高和最低的城市相差 70 多个百分点，差异非常大。基本医疗保险参保率较高的地区除衢州和丽水外还有舟山市和绍兴市，2022 年分别达到 84.27% 和 85.35%。台州市参保率相对较低，在 35% 以下。

表 7　2020~2022 年浙江省各地级市基本医疗保险参保率情况　单位:%

地区	2020 年	2021 年	2022 年
杭州	59. 63	62. 32	63. 27
嘉兴	78. 27	77. 47	76. 22
丽水	95. 55	96. 84	94. 49
舟山	86. 97	86. 09	84. 27
台州	27. 25	29. 66	31. 83
金华	73. 70	73. 76	72. 94
宁波	47. 99	49. 99	52. 15
湖州	45. 90	47. 40	54. 04
温州	23. 98	25. 02	26. 56

续表

地区	2020 年	2021 年	2022 年
绍兴	89.10	89.83	85.35
衢州	104.31	103.61	98.61
全省	57.58	58.88	59.31

资料来源：根据 2021~2023 年《浙江统计年鉴》相关数据整理所得，为计算简便，具体公式为"参保率=参保人数/平均户籍人口数"。

（三）工伤保险

我们主要分析浙江省 11 个地级市工伤保险的差异。

从 2020~2022 年浙江省各地区工伤保险参保人数情况（见表 8）看，工伤保险参保人数在地区之间存在较大的差异。杭州是浙江人口最多的城市，故工伤保险参保人数也是最多的，从 2020 年的 633.4 万人增长到 2022 年的 712.4 万人。参保人数较多的宁波和温州，2022 年参保人数分别为 451.5 万人和 330.8 万人。由于舟山常住人口和就业人数较少，因此它的参保人数在地区之间是最少的，2022 年仅有 40.6 万人。

表 8　2020~2022 年浙江省各地级市工伤保险参保人数情况

单位：万人

地区	2020 年	2021 年	2022 年	2022 年较 2020 年增长
杭州	633.4	707.4	712.4	79.1
宁波	415.6	443.2	451.5	35.9
嘉兴	228.5	231.6	290.6	62.0
温州	313.4	341.1	330.8	17.4
绍兴	172.1	161.4	186.8	14.7
金华	202.1	228.2	231.7	29.6
台州	244.1	242.5	239.1	-5.0
湖州	129.8	136.8	133.5	3.7
衢州	47.1	55.0	61.4	14.3
丽水	78.4	89.2	88.6	10.2
舟山	40.1	40.7	40.6	0.5
全省	2505.0	2677.1	2767.0	262.5

资料来源：根据 2021~2023 年《浙江统计年鉴》相关数据整理所得。

从 2020～2022 年参保人数增长情况来看，杭州市的增加人数最多，2022 年比 2020 年增加了 79.1 万人；其次是嘉兴市，增加人数为 62.0 万人。台州参保人数出现了负增长的情况，2022 年比 2020 年减少了 5.0 万人。

为了更准确地分析浙江省工伤保险地区差异的真实情况，本文用 2020～2022 年工伤保险的参保率来进行分析。为便于统计，表 9 中"参保率"为简化的数据。

从表 9 来看，浙江省各地区工伤保险的参保率差距较大，2022 年参保率最高的城市为杭州市，达到 57.57%；其次是嘉兴，2022 年参保率达到 52.34%。同年，参保率最低的城市是衢州市，参保率为 26.81%。工伤保险参保率最高和最低的城市相差了 30 多个百分点。其他地区参保率基本上在 30%～40%。从中发现工伤保险参保率的高低与经济发达程度有关，经济越发达，参保率越高；反之，越低。经济欠发达地区工伤保险参保率普遍不高，参保意识不强。

表 9　2020～2022 年浙江省各地级市工伤保险参保率情况　　单位：%

地区	2020 年	2021 年	2022 年
杭州	52.93	57.97	57.57
宁波	44.19	46.44	46.94
嘉兴	42.23	41.99	52.34
温州	32.69	35.37	34.18
绍兴	32.52	30.24	34.90
金华	28.62	32.05	32.51
台州	36.83	36.41	35.81
湖州	38.50	40.14	39.12
衢州	20.67	24.06	26.81
丽水	31.26	35.49	35.23
舟山	34.60	34.94	34.70
全省	39.37	41.92	42.06

资料来源：根据 2021～2023 年《浙江统计年鉴》相关数据整理所得，为计算简便，具体公式为"参保率＝参保人数/平均户籍人口数"。

（四）失业保险

失业保险这一制度目前以城镇职工为主，一般情况下不包括农村的剩余劳动力。

从 11 个地级市的参保人数（见表 10）来看，我们不难发现，受各地之间经济发展和人口差异的影响，各地的参保人数差距较大。参保人数最多的杭州市与参保人数最少的舟山市在 2022 年相差了近 550 万人。杭州市和宁波市为失业保险参保人数较多的两个市，2022 年参保人数分别是576.3 万人和 341.6 万人；衢州市、丽水市与舟山市则是失业保险参保人数较少的三个市，2022 年参保人数分别是 43.6 万人、36.0 万人和 26.9万人。

表 10　2020~2022 年浙江省各地级市失业保险参保人数情况

单位：万人

地区	2020 年	2021 年	2022 年	2022 年较 2020 年增长
杭州	523.5	563.5	576.3	52.8
宁波	318.4	333.5	341.6	23.2
嘉兴	156.4	160.6	163.8	7.5
温州	144.5	156.1	166.2	21.7
绍兴	131.5	136.9	138.7	7.2
金华	117.5	128.1	134.8	17.3
台州	112.8	119.3	128.0	15.3
湖州	88.0	93.4	95.0	7.0
衢州	38.8	41.0	43.6	4.8
丽水	30.7	33.7	36.0	5.4
舟山	25.8	26.6	26.9	1.1
全省	1687.8	1792.6	1851.0	163.2

资料来源：根据 2021~2023 年《浙江统计年鉴》相关数据整理所得。

从 2020~2022 年的参保人数变化情况来看，杭州失业保险参保人数是增加幅度最大，三年内增加了 52.8 万人，然后是宁波和温州。舟山失业保险参保人数增加幅度最小，三年内仅增加了 1.1 万人，然后是衢州和丽水。

同样地，我们仍然使用失业保险的参保率来进一步分析失业保险地区差异的真实情况。为便于统计，表 11 中的"参保率"为简化的数据。

从表 11 中我们可以看出，浙江省各地级市的差异较大，这与各地的参保人数有很大的联系。参保率最高的地区为杭州市，2022 年参保率达到 46.57%；参保率最低的地区为丽水市，2022 年参保率仅为 14.32%，两者相差近 32 个百分点。失业保险参保率较高的地区除杭州外，宁波、嘉兴、湖州、绍兴也位居前列，均超过了 25%；温州、衢州、台州、丽水、金华参保率相对较低，未达到 20%。

表 11　2020~2022 年浙江省各地级市失业保险参保率情况　　单位：%

地区	2020 年	2021 年	2022 年
杭州	43.75	46.17	46.57
宁波	33.86	34.94	35.52
嘉兴	28.90	29.11	29.51
温州	15.07	16.18	17.17
绍兴	24.85	25.65	25.92
金华	16.64	17.99	18.91
台州	17.02	17.91	19.17
湖州	26.09	27.41	27.84
衢州	17.04	17.92	19.03
丽水	12.22	13.39	14.32
舟山	22.26	22.83	22.99
全省	26.10	27.50	28.14

资料来源：根据 2021~2023 年《浙江统计年鉴》相关数据整理所得，为计算简便，具体公式为"参保率=参保人数/平均户籍人口数"。

（五）最低生活保障金

我们主要分析浙江省 11 个地级市最低生活保障金的差异。

从 2020~2022 年浙江省各地区最低生活保障金的标准（见表 12）来看，最低生活保障金的标准在地区之间存在较大的差异。杭州是浙江经济最为发达的城市，故最低生活保障金的标准也是最高的，最低生活保障金从 2020 年的 1041 元/人/月增长到 2022 年的 1216 元/人/月。最低生活保障金较高的是宁波和嘉兴，2022 年两市的最低生活保障金分别为 1181/人/月和 1070/人/月。由于舟山常住人口和就业人数较少，它的最低生活保障金标准在地区之间是最少的，2020 年仅为 810 元/人/月。

表 12　2020~2022 年浙江省各地级市最低生活保障金标准情况

单位：元/人/月

地区	2020	2021	2022	2022 年较 2020 年增长
杭州	1041	1102	1216	175
嘉兴	860	920	1070	210
丽水	850	910	1035	185
舟山	810	910	1035	225
台州	815	950	1041	226
金华	825	905	1050	225
宁波	990	1005	1181	191
湖州	873	917	1035	162
温州	886	886	1035	149
绍兴	850	890	1050	200
衢州	850	910	1035	185
全省	9650	10305	11783	2133

资料来源：根据 2021~2023 年《浙江统计年鉴》相关数据整理所得。

从 2020~2022 年最低生活保障金标准的增长情况来看，台州市的增加最多，2022 年比 2020 年增加了 226 元/人/月，然后是舟山市和金华市，增加了 225 元/人/月。温州市的增长最少，2022 年比 2020 年增加了 149元/人/月。各地之间的经济发展不平衡导致各地的生活水平不同，因而形成了不同的最低生活保障标准。

综上数据和材料，浙江省各地区的现状指标差异较大，这是由不同地区的地理位置、支持政策和社会经济发展水平等一系列原因导致的。政府要想整体进一步提升基本社会保障服务的均等化水平，就要从上述原因入手分析，重点扶持经济欠发达地区，提高参保率和保险金标准，吸引百姓积极参保，提高最低社会保障金标准，加大保障福利，缩小各地区的现状差异，大力推进基本社会保障均等化服务的实现。

四、浙江省基本社会保障服务均等化实践

（一）主要目标

浙江省基本社会保障服务均等化的主要目标是所有居民享有公平、可

及、可持续的社会保障服务。具体包括以下五个方面：

（1）实现基本社会保障服务的普惠性。即使是居住在不同地区或从事不同职业的居民，也能够享受到相同的基本社会保障服务，包括医疗保险、养老保险、失业保险等。

（2）扩大社会保障服务的覆盖面。不仅要将社会保障服务延伸至城乡居民、企业职工、灵活就业人员等各个群体，还要保障特殊人群的权益，如残疾人、失能老人等。

（3）强化社会保障服务的可及性。通过设立社会保障服务机构、建立服务网络等措施，让居民可以方便地获得社会保障服务。

（4）健全社会保障服务的质量监管机制。加强对社会保障服务质量的监督和评估，确保服务公平、透明、高效。

（5）提升社会保障服务的可持续性。通过推进社会保险制度改革、建立统一的基金管理体系等手段，促进社会保障服务的可持续发展。

（二）"十三五"时期的社会保障成就

"十三五"时期，我国社会保障工作坚持"全民覆盖、保障适度、权责明晰、运行高效"的原则，社会保障覆盖面持续扩大，保障水平稳步提高，制度改革持续推进，各项工作取得了显著成效。

1. 覆盖范围不断扩大，人群全覆盖基本实现

"十三五"期间，我国建成世界上规模最大的社会保障体系，总体实现社会保障全民覆盖。截至 2020 年底，全国基本养老、基本医疗、失业和工伤保险的参保人数分别达到 9.99 亿人、13.61 亿人、2.17 亿人、2.68 亿人，比"十二五"末分别增加了 1.40 亿人、0.25 亿人、0.44 亿人、0.53 亿人。大病保险覆盖城乡居民超过 10 亿人，社会保障卡持卡人数达到 13.35 亿人，城、乡最低生活保障人数分别为 805 万人、3621 万人。重点社会保障制度基本实现人群全覆盖。

2. 待遇水平稳步提高，保障能力持续提升

各项社会保障待遇稳步提升，企业退休人员月人均养老金水平从 2015 年的 2270 元提高至 2020 年的 3000 元以上，城乡居民基本养老保险基础养老金标准从人均每月 70 元提高到 93 元。职工基本医疗保险、城乡

居民基本医疗保险政策范围内住院报销比例分别达到80%、70%左右，城、乡最低生活保障标准分别从"十二五"末的451.1元/人/月、3177.6元/人/年增长到2020年的665元/人/月、5842元/人/年。

3. 重点改革取得突出成效，制度公平可持续性显著提升

一是基础养老金全国统筹取得突破进展。2018年，国务院出台《关于建立企业职工基本养老保险基金中央调剂制度的通知》，建立了中央调剂制度。"十三五"期间总体实现基金省级统收统支，并加快推进全国统筹步伐。二是医疗保障制度改革有力推进。2018年3月，第十三届全国人民代表大会第一次会议审议通过的国务院机构改革方案，成立直属国务院的国家医疗保障局。2020年2月，中共中央、国务院出台《关于深化医疗保障制度改革的意见》，明确了制度改革完善的总体方向、基本原则和重点任务。三是社会救助制度不断完善。2020年8月，中办、国办印发《关于改革完善社会救助制度的意见》，明确社会救助制度改革发展方向。《中华人民共和国社会救助法》立法工作也在积极推进。与此同时，社会保险费征缴体制改革、划转国有资本充实社保基金等重大改革在"十三五"期间基本完成。

4. 社保扶贫成效显著，切实发挥兜底功能

通过全民参保登记计划，建立全民参保数据库，为社保精准扶贫打下基础。截至2020年底，全国建档立卡贫困人员参加基本养老保险人数6098万人，参保率长期稳定在99.99%。自2017年代缴政策实施以来，1.19亿困难人员代缴城乡居民基本养老保险费129亿元，基本实现了建档立卡贫困人员应保尽保。2020年底，超过3014万贫困老年人按月领取基本养老保险金，其中建档立卡贫困老人1735万人。

（三）均等化保障措施

浙江省基本社会保障服务均等化实践着力实施保障措施，旨在确保所有居民都能享受到公平、公正、可持续的社会保障服务。以下是浙江省基本社会保障服务均等化实践的保障措施：

1. 统一制定保障标准

浙江省统一制定了基本社会保障的标准，包括基本养老保险、基本医

疗保险、失业保险、工伤保险和生育保险等。这些保障标准适用于所有参保人，确保了基本社会保障的公平性。

2. 建立全省社会保障服务网络

浙江省建立了覆盖全省的社会保障服务网络，包括社保卡、电子社保信息系统等。居民可以通过社保卡方便地享受各项社会保障服务，如医疗就诊、养老金领取等。

3. 建设统一的社会保障服务平台

为提高服务效率和便利性，浙江省建设了统一的社会保障服务平台。通过该平台，居民可以在线办理社会保障相关业务，无须跑腿办事，节省时间和精力。

4. 推进异地就医直接结算服务

浙江省推进异地就医直接结算服务，使参保人员在异地就医时可以直接使用社保卡进行费用结算。这项措施方便了参保人员，减轻了经济负担。

5. 健全社会保障信息系统

浙江省建立完善的社会保障信息系统，实现了各项社会保障之间的信息共享和互通。这有助于提高服务质量，防止重复申领和资金浪费。

6. 加强社会保障宣传和培训

浙江省积极开展社会保障宣传和培训活动，提高居民对社会保障政策的了解和认知。通过宣传和培训，居民能更好地享受社会保障服务，知晓自己的权益和义务。

浙江省基本社会保障服务均等化实践的保障措施旨在落实国家社会保障政策，解决社会保障服务不平等的问题，实现基本社会保障服务均等化，促进浙江省域共同富裕示范区建设。

参考文献

［1］中华人民共和国国民经济和社会发展第十四个五年规划和 2035 年远景目标纲要 ［EB/OL］.（2021-03-12）. http：//www. xinhuanet. com/2021-03/13/c_1127205564. htm.

［2］浙江省财政厅．浙江财政年鉴（2020）［M］．北京：中华书局，2020.

［3］浙江省统计局，浙江省统计年鉴［Z］．2020-2022.

［4］杭州市统计局．杭州统计年鉴［Z］．2020-2022.

［5］湖州市统计局．湖州统计年鉴［Z］．2020-2022.

［6］嘉兴市统计局．嘉兴统计年鉴［Z］．2020-2022.

［7］金华市统计局．金华统计年鉴［Z］．2020-2022.

［8］丽水市统计局．丽水统计年鉴［Z］．2020-2022.

［9］宁波市统计局．宁波统计年鉴［Z］．2020-2022.

［10］衢州市统计局．衢州统计年鉴［Z］．2020-2022.

［11］绍兴市统计局．绍兴统计年鉴［Z］．2020-2022.

［12］台州市统计局．台州统计年鉴［Z］．2020-2022.

［13］温州市统计局．温州统计年鉴［Z］．2020-2022.

［14］舟山市统计局．舟山统计年鉴［Z］．2020-2022.

湖州市学前教育的财政支持研究

郑彬博　董瑜倩*

摘要　学前期是人的认知发展最快的时期，是人智力发展的基础阶段。适当、正确的学前教育对幼儿智力乃至其今后的发展具有重要意义。学前教育是我国重大的民生工程，关系着数亿儿童的健康成长和社会稳定。学前教育的正外部性和准公共产品的性质决定了学前教育不能只由市场提供，需要政府参与供给。湖州市政府积极响应号召，大力推动学前教育事业发展。本文通过调查湖州市学前教育发展的基本情况，分析当地财政支持学前教育的现状，研究发现在财政支持湖州市学前教育发展过程中存在财政资金投入不足、财政投入结构不合理及投入效率较低等问题，本文结合实际情况提出对策建议，旨在为湖州市财政支持学前教育事业发展提供一定的参考建议。

关键词　湖州市；学前教育；财政支持

一、引言

学前教育是儿童学习的初始阶段，是我国教育体系中极为重要的一部分。优质的学前教育有利于儿童智力的发展，以及日后的学习和个人能力的发展。随着经济发展，大国之间的竞争实际上是人才的竞争，因此我国越来越重视学前教育事业的发展。《中共中央　国务院关于学前教育深化改革规范发展的若干意见》指出，党的十九大把学前教育看作重要的社会公益事业，作出办好学前教育，实现幼有所育的重大决策部署。虽然党的十八大以来，我国学前教育事业快速发展，普及范围逐渐扩大，但学前教

---

　*　作者简介：郑彬博，浙江财经大学东方学院财税学院讲师。董瑜倩，浙江财经大学东方学院学生。

育事业发展晚、底子薄弱，仍旧是我国教育事业中的短板，发展不平衡的问题仍旧存在。对此，2011~2020年，财政部会同教育部等部门支持各地实施三期学前教育行动计划，着力扩大普惠性教育资源。政府为国民提供优质的学前教育服务，不仅提高了公民个人素质，而且推动了社会公平正义的发展，更为重要的是学前教育还能为国家和个人带来可观的外部收益与经济回报。

湖州市政府积极响应上级号召，大力推动学前教育事业发展。从2011年开始，不断提出针对学前教育发展的行动计划，迄今为止已经开展四轮行动计划。实行计划以来，湖州市学前教育事业发展取得了不错的效果，经费投入不断增加，基础设施不断完善，但与浙江省其他地级市相比，湖州市存在对学前教育财政投入占比相对较少、投入结构不平衡及投入效率低的问题。本文针对这一系列问题提出相应的建议，使政府在学前教育事业发展中发挥出更大的作用，助推湖州市学前教育事业发展。

二、财政支持学前教育事业的理论依据

（一）学前教育的正外部性

从外部性角度来看，学前教育具有很强的正外部性，学前教育不仅对儿童个人能力的发展及其未来的发展有重要影响，而且对社会有积极的影响。一方面学前教育事业发展带动了一系列产业的发展，提高了就业率、收入水平等；另一方面学前教育事业发展为社会提供了更好的劳动力资源，能够为社会创造更多的收入。同时，优质的学前教育对儿童的品德有重要影响，为未来的教育奠定了坚实的基础，在一定程度上提高了国民素质和道德水平，有利于维护社会稳定。但是，正外部性也有一定的缺点，会导致供给不足。因为正外部性会使私人收益小于社会收益，私人最优产量低于社会最优产量，从而影响私人投资的积极性，而且每个私人投资者都想坐享他人的成果，使得市场这个"看不见的手"失灵，导致"入园难，入园贵"的问题，所以需要政府介入市场。

（二）学前教育事业的准公共产品属性

一方面，在基础设施和师资力量等教育规模和资源有限的条件下，一个儿童接受教育可能会使另一个人不能接受教育，或者说每增加一个儿童接受教育，就会使每个幼儿接受到的资源数量和质量下降，因此学前教育具有竞争性和排他性。另一方面，儿童接受优质的学前教育可以培养能力、提高素质，为社会贡献自己的力量，带动经济发展，维护社会稳定，推动社会进步，对家庭、社会产生积极的影响，因此学前教育又具有非竞争性和非排他性，属于准公共产品。学前教育准公共产品的性质决定了学前教育应当由政府和市场共同提供。

（三）学前教育信息的不对称性

对于学前教育而言，家长无法在孩子入园前得到关于幼儿园全面的信息，不能对其进行全面的比较，只能在孩子入园后得到关于园区教育与服务的部分信息。在这种情况下，学前教育服务供给方的幼儿园具有优势，园区可以通过虚假的宣传，使家长争先恐后地抢入园名额，一些民办幼儿园还会增加学费，从而导致"入园难，入园贵"等问题。虽然目前学前教育事业发展势头猛，但由于它起步晚、底子薄，仍然属于我国教育事业中的短板，缺乏相应的规章制度，这一问题仅仅靠市场是无法解决的，需要政府承担责任，建立起完整的制度，使学前教育服务的供需双方都能得到充分对等的信息。

（四）学前教育的公平性

虽然改革开放以来我国经济得到了快速发展，但是地区间、城乡间的差距仍然存在，这一差距也体现在学前教育事业中。首先不同地区经济水平、幼儿园的办学条件、教师的福利待遇及儿童本身的差异等都会影响入园机会和接受到的教育水平。其次儿童性格、智力等方面的差异导致不同儿童接受教育的能力不同，学前教育应当关注到不同儿童的差异，为处在劣势的儿童提供帮助，确保所有儿童都能完成学前教育。最后幼儿园之间的教学质量是不同的，民办幼儿园与公办幼儿园相比，具有较强的营利性质，部分民办幼儿园在教学质量方面有所欠缺。因此，政府必须介入学前教育领域，确保学前教育的机会公平和质量公平。

三、湖州市学前教育财政支持现状

（一）学前教育财政支持政策梳理

随着国家对学前教育事业的重视，相关政策逐渐出台，湖州市政府积极响应国家政策，大力发展学前教育事业。2011 年，为解决湖州市城乡间、地区间学前教育发展不平衡、财政投入偏低、投入机制不够完善等问题，湖州市出台了《湖州市发展学前教育三年行动计划（2011—2013年）》，加大投入，进一步健全学前教育经费保障机制；加强领导，进一步完善学前教育管理体制；科学规划，加快推进城乡幼儿园建设，推动学前教育事业发展。2015 年，湖州市颁布了《湖州市发展学前教育第二轮三年行动计划（2014—2016 年）》，提出政府要加大财政保障力度，不断提高学前教育专项经费和生均公用经费；完善学前教育投入机制，扩大优质学前教育多渠道投入来源；科学核定各类幼儿园办园成本，动态调整公办幼儿园和普惠性民办幼儿园收费标准，规范幼儿园收费行为，促进信息公开，到 2016 年，能够全面解决无证幼儿园的问题。2018 年，湖州市下发《湖州市发展学前教育第三轮行动计划（2017—2020 年）》，在巩固一期、二期行动计划成果的基础上，提出了第三期行动计划，政府要实施幼儿园扩容工程、薄弱幼儿园改造工程、普惠性幼儿园扩面工程，着力改善城乡幼儿园办园条件，实施经费投入保障工程，建立完善的学前教育专项经费机制、生均公用经费补助机制、与公益普惠要求相适应的成本分担机制、低收入家庭资助机制等，确保全市学前教育事业可持续健康发展。2022 年，湖州市出台《湖州市学前教育发展第四轮行动计划（2021—2025 年）》，文件指出要落实政府投入为主、家庭合理分担、多种渠道筹措经费的机制；制定实施生均经费标准和财政拨款标准，提高生均公用经费；完善学前教育专项补助办法，提高资金使用绩效；新增教育经费向学前教育倾斜；提高财政扶持力度，扶持普惠性民办幼儿园发展等。

（二）学前教育财政投入规模

1. 财政资金投入的总量规模

从总量规模上看，湖州市在 2018～2020 年教育支出持续高速增长，2019 年同比增长 9.35%，2020 年同比增长 9.58%，近年财政资金投入的总量规模增长率直逼两位数，这在 GDP 增速下降的现在尤为难得（见表 1）。其中，学前教育支出增速更加迅猛，在快速增长的教育支出中仍能不断提升比重，可见湖州市政府对学前教育发展的极大决心。2019 年学前教育支出达 59463 万元，同比增长 40.27%；2020 年学前教育支出达 76120 万元，同比增长 28.01%。学前教育支出总额不断增加，三年来近乎翻倍，在教育总支出中的占比也不断提升，2020 年与 2018 年相比，在教育总支出每年以 9% 的增速高速增长的背景下仍能提升 3 个百分点。这份卓越的成绩与 2018 年实行的《湖州市发展学前教育第三轮行动计划（2017—2020 年）》有着重要关联，在此之前湖州市已经开展过两轮行动计划，自 2011 年实行行动计划以来，市政府每年安排学前教育专项资金 500 万元，各县区均落实了专项经费和生均公用经费，为学前教育事业发展奠定了坚实的基础。政府投入大量财政资金来扶持学前教育事业，实现了湖州市学前教育支出的较快增长，为全市基本建成城乡均衡、优质、可持续发展的学前教育公共服务体系奠定了规模基础。

表 1　2018～2020 年湖州市学前教育情况

年份	教育支出（万元）	增长率（%）	学前教育支出（万元）	占比（%）	增长率（%）
2018	702578	—	42393	6.03	—
2019	768283	9.35	59463	7.74	40.27
2020	841881	9.58	76120	9.04	28.01
总计	2312742	—	177976	7.70	—

资料来源：2018～2020 年湖州市和各区（县）财政决算报告。

从浙江省各市一般预算公共教育经费支出的比较（见表 2）可以发现，湖州市学前教育经费支出情况在浙江省 11 个地级市中位于第十，仅高于舟山市。从学前教育经费占教育经费的比重来看，2019 年湖州市学前教育经费占教育经费的比重在浙江省中处于第九位，虽相比 2017 年和 2018 年的第十位略有上升，但仍处于下游位置。

表 2　浙江省及各市 2017～2019 年一般公共预算学前教育经费支出

地区	学前教育经费（万元）			学前教育经费占教育经费比例（%）		
	2017 年	2018 年	2019 年	2017 年	2018 年	2019 年
浙江省	2033843	2231289	2528742	14.39	14.24	14.38
杭州市	415458	486546	556433	15.72	15.82	15.70
宁波市	340749	389814	447602	16.54	17.84	18.24
温州市	408621	402696	431727	22.81	21.26	20.89
嘉兴市	116747	140362	153360	11.22	11.68	11.70
湖州市	60446	67946	87552	9.28	9.48	11.33
绍兴市	91968	109005	125592	8.86	8.77	9.50
金华市	193035	165130	208403	18.53	14.58	16.67
衢州市	67021	81618	88950	14.60	16.71	15.87
舟山市	33966	35828	37822	10.26	10.42	10.49
台州市	236254	223278	244853	19.27	16.60	16.62
丽水市	100791	103516	117211	15.98	14.96	15.58

资料来源：2017～2019 年浙江省及各市统计年鉴。

从总量规模上看，虽然湖州市近年加大教育投入，在学前教育方面的财政支出力度很大，但可能受限于经济体量，湖州市学前教育的财政支持力度在全省 11 个地市中排名较为靠后，学前教育经费在教育总经费中的比重远落后于其他地级市。可见，虽然湖州市近年追赶迅速，但在总量规模上与其他地级市相比差距较大，仍处于落后位次。

2. 财政资金投入的生均规模

通过数据分析发现，湖州市 2017～2020 年生均教育事业费和公用经费支出都呈上升趋势，逐年递增（见表 3）。2018 年与 2017 年相比生均教育事业费支出增长了 10.84%，生均公用经费支出增长了 15.53%；2019 年与 2018 年相比生均教育事业经费支出增长了 29.08%，生均公用经费支出增长了 10.37%；2020 年生均教育事业经费比前一年增长了 23.68%，生均公用经费只比前一年增长了 5.10%。2018~2020 年，湖州市生均教育事业费支出和生均公用经费支出都有较大幅度的增长。

表3　2017~2020 年湖州市生均教育经费和公用经费支出情况

年份	生均教育经费支出（元）	增长率（%）	生均公用经费支出（元）	增长率（%）
2017	6801.03		2587.64	
2018	7538.43	10.84	2989.41	15.53
2019	9730.80	29.08	3299.48	10.37
2020	12034.95	23.68	3467.62	5.10

资料来源：《2017~2020 年湖州市教育经费统计分析报告》。

结合表4的数据可以看出，湖州市学前教育经费投入不断增加，从 2018 年的 42393 万元增长到 2020 年的 76120 万元，增长了近 80%，生均学前教育支出从 2018 年的 0.47 万元增长到 2020 年的 0.82 万元，生均指标短短三年提升了 74.47%。

表4　2018~2020 年湖州市学前教育支出情况

年份	学前教育支出（万元）	在园幼儿数（人）	生均学前教育支出（万元）
2018	42393	90134	0.47
2019	59463	89975	0.66
2020	76120	93131	0.82

资料来源：2018~2020 年《湖州统计年鉴》。

将生均指标置于浙江省 11 个地级市中进行比较发现，湖州市学前教育生均经费在浙江省处于下游位置，在 2017 年和 2018 年湖州市在浙江省排第十位，在 2019 年上升至第九位，但与浙江省其他地级市相比差距仍然较大（见图1）。此外，值得一提的是，原先总量指标排在湖州市后面的舟山市生均学前教育经费在省内排名中上，可见之前其总量指标在省内排名末位很可能是因为其人口规模小。在生均指标上，舟山市并不逊色。

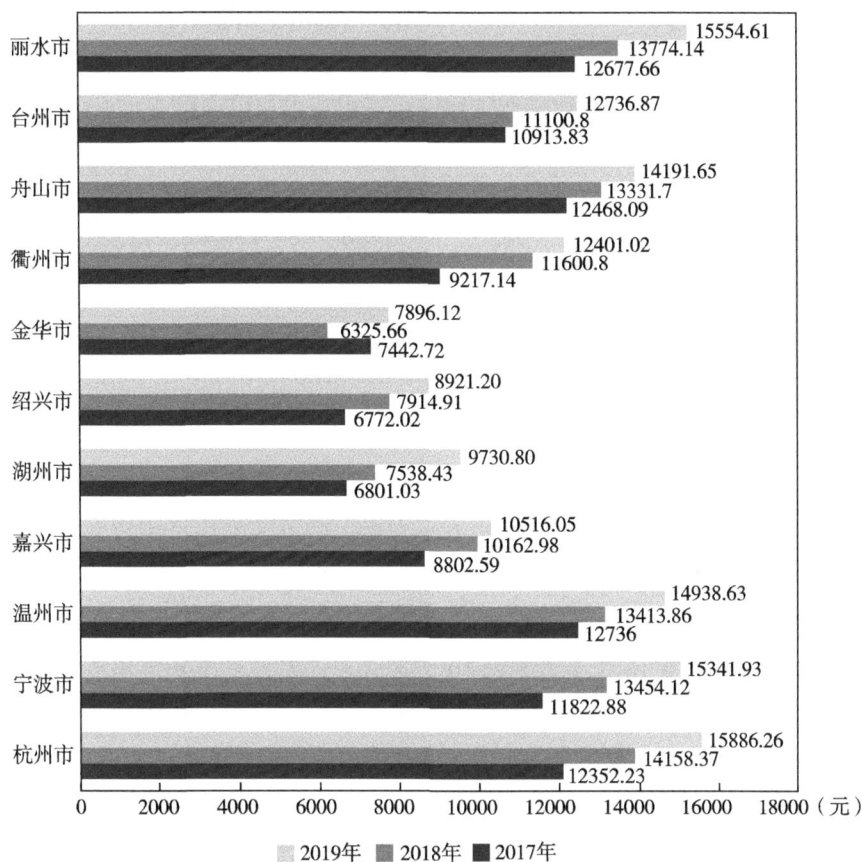

图1 2017~2019 年浙江省各市一般公共预算生均教育经费

资料来源：2017~2019 年浙江省教育经费执行情况统计公告。

（三）学前教育财政投入结构

1. 地区间差异

虽然湖州市学前教育事业总体发展较好，但是各地区间仍存在明显差异。通过观察表 5 的数据可以发现，在五个指标中吴兴区都处于第一位，且遥遥领先其他区（县），第二是长兴县，第三是德清县，第四是安吉县和南浔区。

表 5　2020 年湖州市三县两区学前教育事业情况

地区	幼儿园数量（所）	教职工数量（人）	在校学生数（人）	校舍面积（万平方米）	占地面积（万平方米）
吴兴区	82	3897	29383	47.1	34.2
南浔区	37	1323	13909	22.8	13.4
德清县	43	2064	15380	28.5	17.7
长兴县	48	2301	19292	32.4	19.8
安吉县	27	1948	15144	30.2	15.2

资料来源：2021 年《湖州统计年鉴》。

从生均校舍面积和占地面积方面进行分析，吴兴区生均可用校舍面积是 16.0 平方米，生均占地面积 11.6 平方米；南浔区生均可用校舍面积是 16.3 平方米，生均占地面积 9.6 平方米；德清县生均可用校舍面积 18.5 平方米，生均占地面积 11.5 平方米；长兴县生均可用校舍面积和生均占地面积分别是 16.7 平方米和 10.2 平方米；安吉县生均可用校舍面积和生均占地面积分别是 19.9 平方米和 10.0 平方米。生均可用校舍面积安吉县居于首位，其次是德清县，再次是长兴县，然后是南浔区和吴兴区；生均占地面积吴兴区居于首位，其次是德清县，再次是长兴县，然后是安吉县和南浔区。此外，在生均教职工数量方面，德清县 0.134 人排名第一，吴兴区 0.132 人，安吉县 0.128 人，长兴县 0.119 人，南浔区 0.095 人，地区间差异较大（见表 5）。

生均学前教育支出可以很好地衡量财政投入学前教育事业后，每个儿童可以享受到的教育福利水平。从学前教育支出总量情况来看，支出最多的是德清县，其学前教育支出总额达到 19722 万元；其次是长兴县，学前教育支出总额为 17530 万元；再次是吴兴区，其支出为 12946 万元；又次是安吉县，其支出为 11621 万元；最后是南浔区，其学前教育支出为 7366 万元。从生均学前教育支出的数据来看，生均学前教育支出最多的是德清县，生均学前教育支出为 1.282 万元，其教育福利水平最好；第二是长兴县，为 0.909 万元；第三是安吉县，其生均学前教育支出为 0.767 万元；第四是南浔区，为 0.529 万元；第五是吴兴区，为 0.440 万元。排名第一的德清县，其生均学前教育支出为排名末位的吴兴区的近 3 倍，地区差异较大（见表 6）。

表6 2020年湖州市两区三县生均学前教育支出情况

地区	学前教育支出（万元）	幼儿园在校人数（人）	生均学前教育支出（万元）
吴兴区	12946	29383	0.440
南浔区	7366	13909	0.529
安吉县	11621	15144	0.767
长兴县	17530	19292	0.909
德清县	19722	15380	1.282

资料来源：2020年湖州市各区（县）财政决算报告，2021年《湖州统计年鉴》。

2. 不同类型幼儿园差异

湖州市学前教育事业的结构差异不仅体现在各地区之间，还存在于公办幼儿园与民办幼儿园之间。2021年，湖州市民办幼儿园有112所，占幼儿园总数的44.44%；在园幼儿数2.72万人，占在园幼儿总数的28.36%；专任教师1907人，占专任教师总数的25.96%。2022年，湖州市民办幼儿园较上年减少了1所，公办幼儿园减少了4所，故民办幼儿园占幼儿园总数的比重略有提升，为44.94%；在园幼儿数较上年减少0.17万人，占总数的26.07%，比重有所下滑，主要原因在于公办幼儿园在园幼儿数增加，2022年同比增加了0.36万人；民办幼儿园的专任教师数基本不变，占总数的24.20%，比重有所下滑的原因在于公办幼儿园的专任教师人数增加了近10%。

通过表7的数据可以发现，湖州市公办幼儿园和民办幼儿园之间体量差距较大，2021年湖州市公办幼儿园在园人数是民办幼儿园的2.5倍，专任教师数是民办幼儿园的2.9倍；2022年公办幼儿园在园幼儿数是民办幼儿园的2.8倍，专任教师数是民办幼儿园的3.1倍。民办幼儿园和公办幼儿园之间的差距逐渐加大。湖州市在学前教育行动计划中提出要提高公办幼儿园比例，因此针对数量较多的公办幼儿园，政府会给予较多的财政资金扶持，以支持公办幼儿园的发展。湖州市下达《湖州市学前教育转移支付资金考核分配管理办法》，将该资金用于市级认定的公办幼儿园和普惠性民办幼儿园。湖州市许多扶持政策和资金支持相对侧重于公办幼儿园和普惠性民办幼儿园。

表7 湖州市2021~2022年公办幼儿园和民办幼儿园情况

年份	公办幼儿园			民办幼儿园		
	数量（所）	在园幼儿数（万人）	专任教师（人）	数量（所）	在园幼儿数（万人）	专任教师（人）
2021	140	6.87	5440	112	2.72	1907
2022	136	7.23	5975	111	2.55	1908

资料来源：2021~2022年湖州市教育事业发展统计公报。

四、湖州市学前教育财政支持的现存问题

（一）财政资金投入不足

湖州市学前教育事业财政投入相对较少，湖州市一般公共预算学前教育经费用在浙江省排位较低，位于第十位，仅高于舟山市；其一般公共预算学前教育经费占一般公共预算教育经费的比重在浙江省的排位也较低，远低于浙江省的平均值；其财政投入相较于其他地级市而言相对较少，财政投入不足。分析生均数据发现，湖州市生均教育经费较少，与其他地市相比差异较大，其2019年的支出甚至低于杭州、宁波等市2017年的支出，其财政投入总量在浙江省处于较低的位置。在总量指标排位上仅排在湖州市后面的舟山市，生均学前教育经费在省内排名中上，可见其总量指标在省内排名末位很可能是因为其人口规模和体量小。在生均指标上，舟山市并不逊色。然而，反观湖州，从总量指标和从生均指标上看，虽然湖州市近年加大教育投入，追赶迅速，在学前教育方面的财政支出力度很大，但湖州市学前教育的财政支持力度与省内其他地级市相比差距依然较大，仍处于倒数位次。

（二）财政投入结构不均衡

（1）地区差异。湖州市两区三县在学前教育事业的投入方面存在较大的差异。吴兴区经济发达，人口增长速度快，对于优质教育的需求大。吴兴区在园幼儿数是最多的，但其学前教育支出只排在第三位，其生均教育

支出在湖州市位于最后一位，在一定程度上影响了教育福利水平。德清县学前教育支出最多，其在园幼儿数却只排第三，其学前教育支出比南浔区多了近1.7倍。南浔区学前教育事业总体处于劣势地位，其财政资金投入最少，学前教育事业相对其他区（县）发展较差。总的来说，德清县学前教育财政投入最多，其事业发展最好，但其需求量相对较少；长兴县和安吉县投入较为均衡；吴兴区作为学前教育事业需求量最大的区（县），其财政资金投入较少，与湖州市其他区（县）相比教育福利水平较差；南浔区财政投入最少，由于南浔区在园幼儿数相对较少，其教育福利水平相比吴兴区较好，但人们对美好生活的向往及对民生方面的需求日渐增长，湖州市政府有必要加大对南浔区的财政投入。

（2）公办民办差异。湖州市公办幼儿园和民办幼儿园之间差距较大。因为公办幼儿园多数在经济发达的区（县），对于教育经费，公办幼儿园相比民办幼儿园会受到教育局和财政局的优先考虑，所以居民更倾向于教育质量和水平能得到保障、财政资金投入多的公办幼儿园。湖州市学前教育转移支付资金从2019年起每年安排不少于1600万元，只用于公办幼儿园和普惠性民办幼儿园，生均公用经费补助也只有普惠性民办幼儿园和公办幼儿园可以享受。对于公办幼儿园而言，可以向上级财政部门申请经费用于园区建设，依靠转移支付资金提高教师待遇，普惠性民办幼儿园也得到了政策的倾斜和扶持，而民办幼儿园仅依靠幼儿缴纳的学费进行建设，成本高，学费贵，导致了"入园贵"问题。因此，需要政府出手在大力发展公办幼儿园以缓解"入园难"问题的同时，也要注重民办幼儿园的发展，健全相关政策，扶持民办幼儿园发展。

（3）城乡差异。《湖州市学前教育发展第四轮行动计划（2021—2025年）》提出要进行薄弱幼儿园改造工程，也就是针对农村幼儿园发展的行动计划，该行动计划指出到2025年，高水平实现"美丽乡村教学点"全覆盖，农村学前教育整体质量达到当地城区的平均水平。这说明目前湖州市的农村幼儿园建设水平低，未达到城区的平均水平，"农村弱"的问题比较突出。对于城区幼儿园来说，城区经济发达，人口总量增长快，居民对优质教育的需求量大，财政加大对城区教育资源的投资力度是必然的。虽然近几年财政对农村幼儿园的投入总量有所增加，但其本身的经济水平和人口数量对学前教育事业发展的贡献不大，财政对其投入相对于城区会有所减少。为了缩小城乡之间的差距，湖州市政府必须做出努力，将财政资金向农村地区倾斜。

（三）财政投入效率较低

湖州市 2018～2020 年学前教育支出呈现快速上升趋势，2019 年与 2018 年相比增加了 40%，2020 年相比 2019 年增长了 28%，但快速增长的投入没有带来相应比例的产出增长。湖州市在校幼儿数 2019 年相比 2018 年减少了 0.17%，2020 年相比 2019 年增加了 3.5%；教职工数量 2019 年相比 2018 年增加了 6.0%，2020 年相比 2019 年增加了 8.4%。湖州市学前教育支出总量的增长带来的教职工数量和在校幼儿数的增长较少，甚至在校幼儿数量在 2019 年出现了负增长。湖州市财政投入不断在增加，但真正的产出效果并不明显，增长幅度远不及财政投入的大幅上涨，学前教育财政投入的整体效率较为低下。湖州市各地区间的财政投入不平衡，需求量大的地区财政投入相对较少，而财政投入大的地区需求量相对较少，造成了资源浪费，这种资源错配在一定程度上也会影响财政投入效率。

五、结论及对策建议

本文对湖州市学前教育事业展开调查研究，收集了相关的文献资料和统计数据，研究发现：从 2011 年实行学前教育行动计划开始，湖州市学前教育事业发展迅速，规模不断扩大，财政投入力度不断加大，生均可用教育经费不断增加，基础设施和教育水平也得到了提升。进一步分析发现，虽然湖州市学前教育事业总体发展趋势较好，但还是存在一系列问题亟待解决，如学前教育支出占比较少，投入总量相较于省内其他地级市仍然较少，财政投入结构不合理，以及投入效率低等问题。政府需要更加积极主动地制定学前教育事业发展规划，缓解直至解决这些问题，使湖州市学前教育事业发展得更好、更全面。本文针对这些问题，结合实际情况，针对性地提出对策建议，希望能够为湖州市学前教育事业发展提供一定的参考借鉴。

（一）加大财政投入，推动学前教育事业发展

要想更好地发展学前教育事业，最重要的是政府要扩大财政投入规

模。近年来，随着经济的发展，外来人口的涌入，以及生育政策的放开，需要入园的幼儿数量不断增加，湖州市现有的对学前教育事业的扶持力度已经不能满足其需求，其直接结果就是影响了教育福利水平，阻碍了教育事业的发展。湖州市政府必须介入学前教育事业为其提供扶持，始终坚持教育优先发展，不断加大学前教育投入力度，将学前教育经费列入财政预算，提高学前教育经费在财政性教育经费中所占的比例，同时设立学前教育专项经费和生均公用经费，保障学前教育经费充足。政府要继续支持各地区学前教育事业发展，完善学前教育专项补助办法，提高资金使用效率；落实主体责任，不断加大学前教育财政投入；新增教育经费向学前教育倾斜，鼓励社会力量积极投资学前教育事业，扩大学前教育多渠道投入来源。

（二）优化财政投入结构，减少地区间和类型间差异

湖州市政府应该从各地的具体情况出发优化财政投入结构，对于财政投入最少、总体发展处于劣势的南浔区而言，湖州市政府要加强对其的扶持力度，政策更大程度地向其倾斜；对于吴兴区来说，其在校学生数较多，必须加大对其的资金投入，使财政投入总量适配学前教育事业规模；对于德清县、长兴县和安吉县来说，湖州市政府在其发展现状的基础上完善其基础设施建设，扩大面积，加大宣传力度扩招生源；湖州市政府对于学前教育事业的财政投入要根据各地的人口数量，科学预测各地区幼儿园在校人数，合理进行投入。对于不同类型幼儿园，政府应该采取不同的方式提供支持。对于公办幼儿园，政府要不断推进公办幼儿园建设，逐年提高公办幼儿园比例，落实公办幼儿园成本分担机制。对于普惠性民办幼儿园，通过购买服务、综合奖补等政策推动其发展，利用普惠性民办幼儿园的扶持政策，引导和鼓励社会力量参与建设普惠性幼儿园，不断提高普惠性民办幼儿园服务质量和水平，缓解公办幼儿园的压力。对于民办幼儿园，政府需要增加对民办幼儿园的补贴，一是用于提高政府对普惠性和低收费民办幼儿园的补贴，引导和鼓励民办幼儿园提供普惠性服务；二是用于其园区基础设施的建设，提高其教育福利水平；三是用于提高教师福利待遇水平，提高教师队伍的素质和水平。政府要积极鼓励其自身强化管理，对于教学质量好、信息公开透明的民办幼儿园，首先予以财政扶持，促使其向普惠性幼儿园的方向发展；农村幼儿园由于其本身的局限，财政

投入发挥的作用不明显，政府必须出台帮扶政策让资金尽可能向其倾斜，将其纳入"美丽乡村"建设，不断提升农村幼儿园保教质量，建立完善的帮扶机制、监督机制，保证资金全面、合理运用，保证每一个儿童都能接受学前教育。

（三）完善财政投入监督机制，提高财政投入效率

湖州市政府要加强精细化管理，建立信息管理系统。全面掌握幼儿园收费信息，教育经费支出情况，以及教师的数量、资质和待遇，定期对信息进行更新，确保信息真实可信，并对家长提供一些可公开的信息，确保学前教育服务双方的信息对称；制定资产管理制度，加强幼儿园的财务管理，使学前教育经费落到实处、取得实效；将经费收支情况公开，接受社会监督，避免资金乱用；建立监督考核机制，对各幼儿园进行监督，考察经费是否落实，成效如何等，以避免资源的浪费，提高财政投入效率，全面推进学前教育事业的发展。

参考文献

［1］马海涛，彭倩茜. 促进我国学前教育均等化的财政政策研究［J］. 财政监督，2018（15）：29-36.

［2］李文美. 韩国教育福利视域下学前教育财政投入政策探析［J］. 比较教育研究，2022（7）：105-112.

［3］李芳，祝贺，姜勇. 我国学前教育财政投入的特征与对策研究——基于国际比较的视角［J］. 教育学报，2020（1）：43-54.

［4］崔洁，孙军娜. 基于 DEA 分析法的 X 市学前教育财政投入绩效评价研究［J］. 陕西学前师范学院学报，2022（10）：72-79.

［5］胡马琳，蔡迎旗. 促公平提质量：新西兰学前教育财政投入体系及启示［J］. 比较教育学报，2021（6）：33-45.

［6］雷万鹏，李贞义. 财政学视野中普惠性公共学前教育服务体系构建［J］. 中国教育刊，2022（7）：36-43.

［7］陈慧玲，陈岳堂. 我国学前教育财政投入的问题与政策选择［J］. 决策与信息，2018（3）：118-124.

［8］包海芹，解晓乐. 准公共产品视角下学前教育供给问题研究［J］. 教育评论，2017（9）：3-7.

［9］李丽娥. 促进我国学前教育发展的财政政策研究［J］. 经济研究导刊，2017（26）：173-174.

［10］李贞义，龚欣，钱佳．学前教育投入"中部塌陷"问题研究［J］．教育经济评论，2018（4）：77-90.

［11］廖家勤，胡曼曼．河南省学前教育财政投入研究［J］．信阳师范学院学报（哲学社会科学版），2020（1）：87-93.

［12］刘积亮．地区学前教育发展水平决定因素及财政投入政策研究［J］．现代教育管理，2018（7）：38-43.

海宁市与桐乡市上市公司
高质量发展比较研究

朱 计[*]

摘要 海宁经济的高质量发展离不开上市公司的高质量发展，转型升级离不开上市公司的骨干支撑，因此不仅要推动更多企业上市，还要让其成为全市高质量发展的主力军、领头雁和示范表率。为了更好地推进区域经济高质量发展，加强对重点税源的分析，本文对海宁市和桐乡市的上市公司高质量发展情况进行比较，分析两市上市公司高质量发展的差异和比较优势，提出"优化产业结构，突出海宁市的比较优势""优化营商环境，组团定向服务上市公司""壮大企业规模，孵化更多的企业上市""加大研发投入，引育研发人才团队"等建议，为进一步推进海宁市"十四五"期间优化产业结构、产业转型升级提供决策参考。

关键词 上市公司；高质量发展；市值比较；税收贡献；营商环境

一、引言

推动嘉兴蝶变跃升、跨越发展，奋力实现"两个率先"，加快建设共同富裕典范城市和社会主义现代化先行市，努力成为"重要窗口"，海宁理应"吾带头"。海宁市发扬"勤善和美、勇猛精进"的新时代嘉兴人文精神和"敬业奉献、猛进如潮"的海宁精神，全市上下以"干就干最好、争就争第一、当就当标杆"的标准，争先创优、追梦奔跑，勇当"重要窗口"最精彩板块示范表率，实施创新驱动、融杭接沪、城乡融合、绿色发展、现代治理五大战略，建设现代中等城市、国际品质潮城，争创社会主

---

* 作者简介：朱计，浙江财经大学东方学院讲师。

义现代化先行市，为率先基本实现高水平现代化奠定坚实基础。

当前，海宁按照成为嘉兴"融入杭州大前沿"的要求，正加速融入杭海一体化发展，在共同富裕示范区建设中当好示范表率。为了更好地推进区域经济高质量发展，本文对海宁市和桐乡市的上市公司高质量发展情况进行比较，为进一步推进海宁市上市公司高质量发展提供政策建议。

二、两市基本概况和上市公司基本情况

（一）海宁市与桐乡市的基本概况

海宁市与桐乡市相邻，且两市皆与杭州接壤。在海宁融杭的推进过程中，桐乡市也会成为一个接触密切、往来频繁的交汇据点。从宏观数据来看，海宁市与桐乡市的 GDP 数据接近，基于处于同一水平，但海宁市的面积和经济总量具有一定的优势。通过人均 GDP 分析，两市的经济发展皆稳中向好。在 2022 年全国县域高质量发展百强县榜单中，海宁市和桐乡市分别位列全国第 14 位和第 19 位。2022 年赛迪全国百强县榜单中，海宁市位列全国第 15 位，桐乡市位列第 21 位。近年来，两市的一些发展指标相差不大，在多项指标中海宁市以微弱优势领先（见表 1），这给海宁带来了较大的被赶超的压力。

表 1　2021 年海宁市和桐乡市基础数据

地区/指标	常住人口（万人）	面积（平方千米）	地区生产总值（亿元）	财政总收入（亿元）	城镇常住居民人均可支配收入（元）	农村常住居民人均可支配收入（元）
海宁市	107.62	668	1196.3	188.08	73003	45415
桐乡市	104.99	727	1141.69	178	68153	43709

注：根据公开资料整理而得。

2022 年上半年，海宁市受新冠疫情的影响，经济发展受到不小的打击。从 2022 年上半年公布的财政预算收入情况看，海宁市的一般公共预算收入比桐乡市少了近 10 亿元，其中在税收收入方面，海宁市比桐乡市少 4.6 亿元（见表 2）。在政府性基金和社保基金方面，海宁比桐乡多一些。在 2022 年下半年的赶超中，海宁有着较大的压力。

表 2　2022 年 1~6 月两市财政预算收入情况比较

地区/ 指标	一般公共预算 收入（亿元）	税收收入 （亿元）	政府性 基金收入 （亿元）	国有资本 经营预算 收入（万元）	社会保险 基金预算收入 （亿元）
海宁市	56.9	48.2	78.7	4825 万元	13.6
桐乡市	66.1	52.8	71.3	0	10.0

注：桐乡市国有资本经营预算收入为 0，主要原因是收益将在下半年缴库。

（二）两市 A 股上市公司基本情况

截至 2022 年 3 月，海宁全市上市公司总数 19 家，新三板挂牌 18 家，其中 A 股上市公司 14 家。皮革、经编、家纺三大传统产业向时尚产业、新材料领域迈进。泛半导体、生命健康、航空航天、智能厨电等新兴产业发展势头迅猛，泛半导体产业群入选浙江省首批"新星"产业群培育名单。值得一提的是，海宁皮城是唯一一家没有被认定为高新技术企业的上市公司。

桐乡市现有上市公司 10 家，其中 A 股上市公司 7 家。化纤、玻纤、纺织是桐乡的传统优势产业。2021 年，桐昆集团、新凤鸣集团入围"中国民营企业 500 强"，桐昆集团、新凤鸣集团、华友钴业入围"中国制造业企业 500 强"。

从上市时间来看，海宁市的上市公司最早的上市时间为 2007 年，其中在 2015~2020 年上市企业数量最多，呈现年轻化的特点。桐乡市的上市公司上市时间最早为 1999 年，时间跨度更长。从行业分布来看，两市的上市公司类型都十分多样，有生化工业、新材制造、时尚品牌、设备生产等。从规模上看，海宁上市公司的总体体量偏小，桐乡市有桐昆、中国巨石、华友钴业等这样较大规模的上市公司，产业链较长。

三、海宁市与桐乡市上市公司高质量发展比较分析

（一）市值比较

由图 1 可知，2019 年海宁市上市公司的市值比较接近 2019~2021 年的平均值，2021 年起伏波动较大。其中，火星人、万凯新材等四家公司

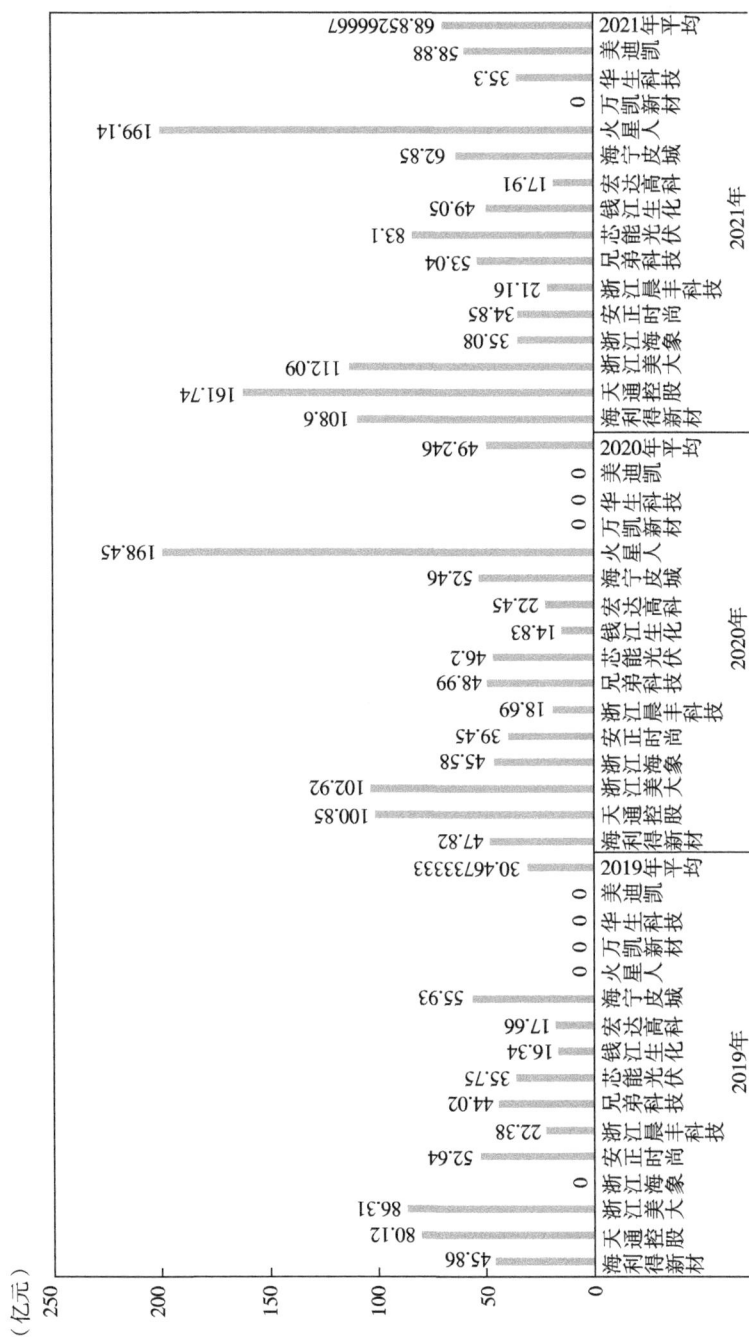

图 1　2019～2021 年海宁市上市公司市值及平均值

虽上市时间偏晚，但市值数据很可观，体现出了科技成果产出导向。2020~2021 年，火星人的市值远超平均值近 3 倍。由此可以推断出，这些新兴企业能够得到市场认可凭借的是自身核心竞争力，在上市后的头两年便创造出了如此高的市值。

由图 2 可知，桐乡市上市公司之间市值差距大，有些公司市值远超平均值近 3 倍，而有些公司市值距离平均值还有很大距离。可见，在同一个区域内，公司发展的差异也十分明显。这其中有很多因素的影响，各个公司的规模都不相同，因此才会产生如此大的差距。

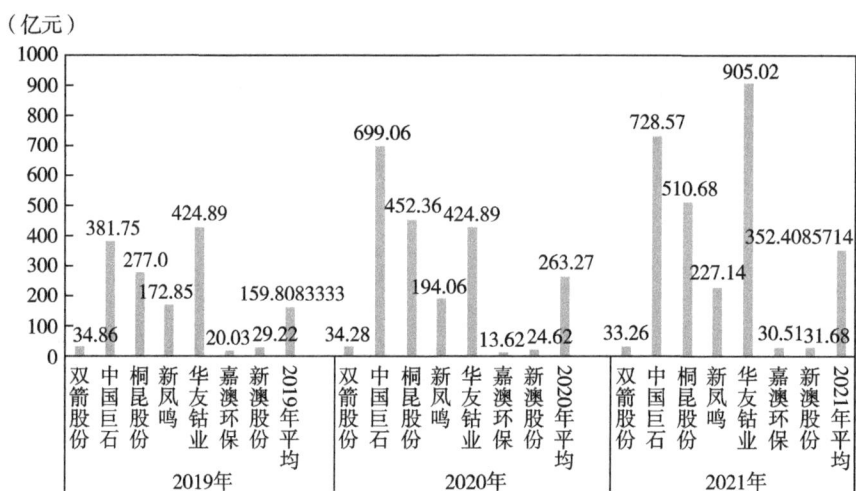

图 2　2019~2021 年桐乡市上市公司市值及平均值

由图 3 可以看出，2019~2021 年，两市的上市公司总市值差距逐渐拉大，但相对差距在缩小，这三年两市市值比分别为 2.93、2.49、2.39，短期内海宁市上市公司还较难超过桐乡市。从 2021 年全市上市公司市值总增长率来看，海宁市为 39.81%，桐乡市为 33.86%，上市公司市值增长明显，作为市场主体中的领头雁，资源整合和市场带头效果显著，规模效应会带来边际成本的降低。

（二）财务指标比较

1. 盈利能力分析

盈利能力反映了企业获取利润的能力，也称为企业的资金或资本增值

（亿元）

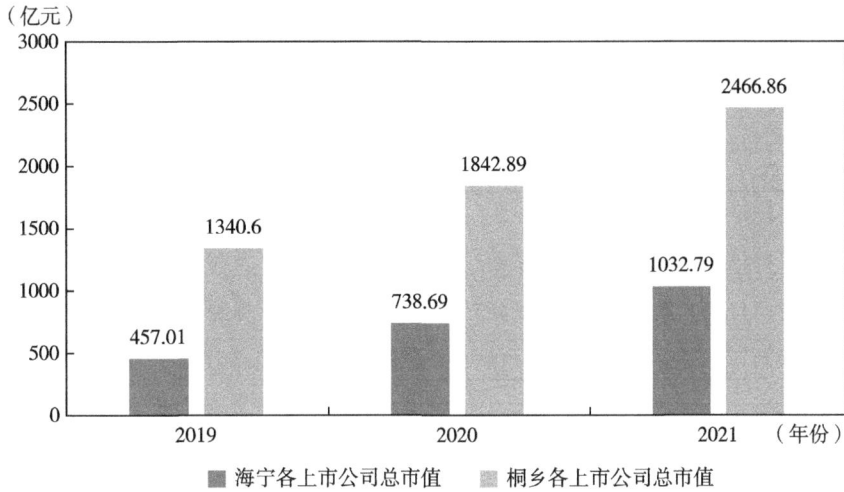

图3　2019～2021年海宁市与桐乡市总市值对比

能力，盈利能力的大小反映了一个企业在一定时期内收益水平的高低。海宁市与桐乡市上市公司的盈利能力可以通过比较每股盈利、销售毛利率、营业利润率及净资产收益率得出，通过客观的数据，准确地反映盈利能力。根据相关数据，我们统计出海宁市与桐乡市上市公司的盈利能力指标，如表3、表4所示。

表3　2021年海宁市上市公司盈利能力指标统计

企业名称	营业利润率（%）	销售毛利率（%）	净资产收益率（%）	每股收益（元）
海利得新材	12.69	21.39	18.97	0.5
天通控股	11.15	25.95	8.24	0.42
浙江美大	35.81	51.69	37.08	1.03
浙江海象	5.51	16.75	7.82	0.94
安正时尚	2.98	47.11	2.59	0.18
浙江晨丰科技	8.05	18.77	9.03	0.59
兄弟科技	1.18	13.80	0.94	0.03
芯能光伏	24.71	54.82	7.03	0.22
钱江生化	10.51	23.00	7.56	0.22
宏达高科	11.99	24.38	3.58	0.37
海宁皮城	30.82	43.05	4.17	0.26
火星人	18.72	46.11	27.01	0.93
万凯新材	5.43	7.38	28.16	1.72

企业名称	营业利润率（%）	销售毛利率（%）	净资产收益率（%）	每股收益（元）
华生科技	33.15	39.39	20.20	1.97
美迪凯	24.95	50.24	7.18	0.26
平均值	15.84	32.26	12.64	0.64

资料来源：深证信数据服务平台。

表4　2021 年桐乡市上市公司盈利能力指标统计

企业名称	营业利润率（%）	销售毛利率（%）	净资产收益率（%）	每股收益（元）
双箭股份	9.54	18.86	7.79	0.36
中国巨石	37.10	45.31	26.71	1.51
桐昆股份	13.52	11.02	20.46	3.17
新凤鸣	5.92	10.51	13.72	1.51
华友钴业	13.88	20.35	23.49	3.25
嘉澳环保	5.50	14.75	11.73	1.39
新澳股份	10.24	19.06	11.44	0.58
平均值	13.67	19.98	16.48	1.68

资料来源：深证信数据服务平台。

（1）营业利润率的分析。

营业利润率是反映上市公司经营效益的指标，用以衡量公司的盈利能力。营业利润率能综合反映营业效率，此项指标越高，公司产品销售金额所获得的营业利润就越大，公司创造利润的能力就越强。通过数据可以发现，海宁市与桐乡市各上市企业之间此项数据存在着一定差异，由此反映出了各公司盈利能力的区别。其中，海宁市的营业利润率总体更高，营业利润率在 20% 以上的公司数量不少，但各个公司之间存在的差异也较大，浙江美大的营业利润率最高，为 35.81%；兄弟科技的营业利润率最低，为 1.18%，没有特别均衡（见表3）。从整体来看，海宁市与桐乡市的上市公司都在创造利润，营业利润率的平均值显示，海宁市略高于桐乡市。

（2）销售毛利率的分析。

销售毛利率是上市公司的重要经营指标，它反映了公司产品的竞争力和获利潜力，反映了企业产品销售的初始获利能力。销售毛利率越高，说明销售成本在销售收入净额中所占的比重越小。从表4中可以得知，桐乡市上市公司销售毛利率的平均值为 19.98%，海宁市的平均销售毛利率更高，为 32.26%，可见海宁市上市公司的竞争力更强。

（3）净资产收益率的分析。

净资产收益率是公认的衡量上市公司盈利能力的核心指标，反映了股东权益的收益水平。根据表3和表4中的数据我们可以发现，两市上市公司的净资产收益率波动很大，桐乡市指标相对更加平稳，海宁市上市公司净资产收益率的平均值偏低，15家统计样本公司中有10家上市公司指标低于10%。在桐乡统计的7家上市公司中，净资产收益率低于10%的仅双箭股份一家公司。

（4）每股收益的分析。

每股收益是最直观反映上市公司盈利水平的指标。根据表3可知，海宁市上市公司每股收益均低于2元，有12家公司低于1元，占比80%。桐乡市的上市公司每股收益超过3元的有2家，分别是桐昆股份和华友钴业。从两市上市公司平均每股收益来看，海宁市为0.64元/股，低于桐乡市1.68元/股。

2. 研究开发投入状况分析

海宁市2021年研发费用占营业收入的比重如表5所示。万凯新材的指标偏低，应该引起重视，否则会影响其高新技术企业认定。海宁皮城因属零售业，没有认定高新技术企业的压力。桐乡市2021年上市公司研发投入情况如表6所示，指标相对稳定，多集中在2%~3%。从整体来看，2021年上市公司研发投入增长较为明显，主要是因为业绩增长带来的研发费用指标（高新技术企业认定）的要求。海宁市上市公司研发投入占比低于平均值的企业有10家，占比66.67%，各上市公司研发投入呈现出较大的差异。部分上市公司的指标出现异常，应当引起重视。桐乡市上市公司的研发费用占比相对平稳，目前没有超过5%的上市公司。

表5 2021年海宁市上市公司研究开发投入状况

企业名称	研发费用占营业收入的比重（%）
海利得新材	3.67
天通控股	6.25
浙江美大	3.16
浙江海象	2.68
安正时尚	2.30
浙江晨丰科技	4.40

续表

企业名称	研发费用占营业收入的比重（%）
兄弟科技	4.24
芯能光伏	3.58
钱江生化	1.54
宏达高科	5.83
海宁皮城	0.89
火星人	3.19
万凯新材	0.29
华生科技	3.45
美迪凯	14.51
平均值	4.00

资料来源：新浪财经、前瞻眼、东方财富网、网易财经、i 问财。

表 6　2021 年桐乡市上市公司研究开发投入状况

企业名称	研发费用占营业收入的比重（%）
双箭股份	3.07
中国巨石	2.80
桐昆股份	2.47
新凤鸣	2.04
华友钴业	2.31
嘉澳环保	2.95
新澳股份	2.78
平均值	2.63

资料来源：新浪财经、前瞻眼、东方财富网、网易财经、i 问财。

（三）税收指标比较

1. 增值税税负比较

增值税税负率用于衡量企业在一定时期内实际税收负担的大小[①]，从原理上讲，增值税属于中性税种，不影响企业损益，但会影响企业现金

---

① 增值税税负＝（教育费附加/3%-消费税）/营业收入×100%

流，同样可以观测企业盈利能力。对一般纳税人而言，毛利率高的通常增值税税负也会高。由图4可知，海宁市增值税负担率整体呈下降趋势，而桐乡市增值税负担率整体呈上升趋势，并最终赶超海宁。由此可见，相较于桐乡市的上市公司，海宁市上市公司的品牌价值总体低于桐乡，产品或服务的增值能力略弱于桐乡市上市公司。

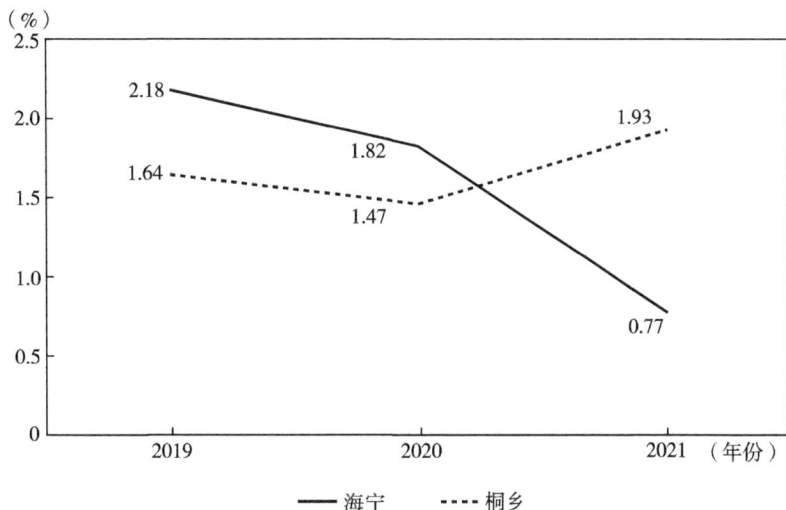

图4　增值税税负率平均值

2. 所得税税负比较

企业所得税税负率即所得税税收负担率，是企业所缴的所得税占总体利润的比重①。它是国家对企业的经营所得及其他所得征收的一种税。企业所得税是仅次于增值税的第二大税种。由图5可知，海宁市与桐乡市的企业所得税税负率平均值呈上升趋势，但海宁市企业所得税税负率一直高于桐乡市企业所得税税负率，这表明海宁市和桐乡市的上市公司发展趋势向好，企业总体收入所得处于良好状态，且海宁上市公司的经营收入成果较桐乡好，经济效益较高，企业发展呈增长趋势。

---

① 企业所得税税负率=实际缴纳的所得税税额÷同期实现的营业总收入×100%

应交所得税=所得税费用-（年末递延所得税负债-年初递延所得税负债）+（年末递延所得税资产-年初递延所得税资产）=所得税费用-递延所得税

递延所得税=（期末递延所得税负债-期初递延所得税负债）-（期末递延所得税资产-期初递延所得税资产）

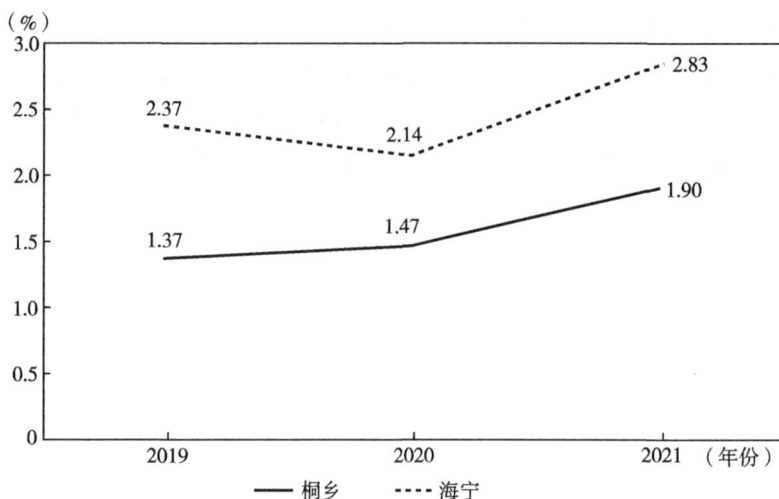

图 5　企业所得税税负率平均值

3. 税费返还率比较

税费返还比例可以说明政府对企业的支持力度，通过表 7 和表 8 的指标数据我们发现，各上市公司 2021 年的税费返还比例差异较大。从平均值来看，海宁市上市公司税费返还比例的平均值为 140.76%，桐乡市的平均值为 50.75%，该指标表明海宁市的上市公司获得的政府支持力度更大，也说明海宁市上市公司的发展对政府的依赖较强。同时，结合前面关于企业成长性财务指标分析可知，盈利水平高，税费负担水平低还可能是因为存在需要引起重视的关联交易，或存在利润市外转移的风险，结合行业特点及区位（杭海一体化），海宁市各上市公司的产业链较桐乡市短，有这种可能的因素，具体需要结合企业情况进行分析（见图 6）。

表 7　2021 年海宁市上市公司整体税费负担率

企业名称	整体税费负担率（%）	税费返还比例（%）
海利德新材	1.42	316.23
天通控股	4.74	16.99
浙江美大	12.55	4.49
浙江海象	2.73	454.48
安正时尚	7.75	——
浙江晨丰科技	1.83	62.13
兄弟科技	1.70	250.25

续表

企业名称	整体税费负担率（%）	税费返还比例（%）
芯能光伏	4.89	41.11
钱江生化	5.58	24.03
宏达高科	4.26	67.92
海宁皮城	11.72	—
火星人	10.37	8.09
万凯新材	1.45	198.81
华生科技	6.12	3.52
美迪凯	6.55	381.89
平均值	5.58	140.76

注："—"为缺失值。

表8　2021年桐乡市上市公司整体税费负担率

企业名称	整体税费负担率（%）	税费返还比例（%）
双箭股份	4.78	51.93
中国巨石	5.94	2.02
桐昆股份	1.99	39.13
新凤鸣	1.34	32.25
华友钴业	2.59	78.43
嘉澳环保	3.93	114.27
新澳股份	3.71	37.24
平均值	3.47	50.75

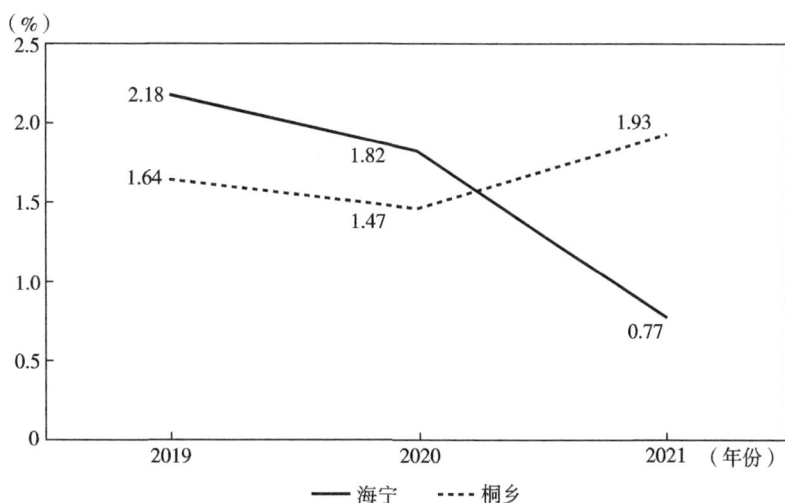

图6　2019~2021年海宁市和桐乡市平均整体税费负担率变动情况

四、研究结论及政策建议

（一）研究结论

1. 海宁市上市公司市值规模偏小，产业集中度不足

通过对海宁市和桐乡市两市上市公司2019~2021 年市值变化的观察可以看出，海宁市各上市公司市值规模不大，市值均值在200 亿元以下。桐乡市2021 年上市公司市值超过200 亿元的公司有四家，其中华友钴业2021 年资产负债表日市值905.02 亿元，接近海宁市全市上市公司市值的总和。海宁市上市公司业态分布较为分散，产业集中度不高。以海宁皮城为例，传统三大产业的产业链延伸不够，产业集群效应不足。

2. 海宁市上市公司销售毛利率高，净资产收益率低

从统计指标来看，海宁市上市公司的平均销售毛利率高于桐乡市上市公司，由此可以看出海宁市上市公司的单位挣钱能力要比桐乡要强。从净资产收益率来看，海宁市上市公司的平均值为12.64%，桐乡市上市公司的平均值为16.48%，由此可以看出桐乡市上市公司的资源溢价更高，同样的净资产，桐乡市资源配置产出更多，资源配置效率更高。两市上市公司的盈利能力指标反映出的结论是，科技含量高的企业，净资产收益率会更高。

3. 海宁市上市公司增值税税负低，所得税税负偏高

海宁市上市公司的增值税税负率在2019~2021 年的平均值分别为2.18%、1.82%、0.77%，呈现明显的下降趋势。桐乡市上市公司的增值税税负率在2019~2021 年的平均值分别为1.64%、1.47%、1.93%，税负较为平稳。相比较而言，2020~2021 年海宁市上市公司的增值税税负率低于桐乡市上市公司的增值税税负率。我们可以将其理解为减税降费政策带来的红利及营商环境改善带来的企业经营负担的下降。从企业所得税税负率来看，海宁市上市企业所得税平均税负率在2019~2021 年保持在2%~

3%，桐乡市上市公司企业所得税平均税负率在 2019~2021 年保持在 1%~2%。海宁市上市公司增值税税负低，企业所得税税负高，说明企业经营成本较低，这也体现了适度规模的好处。

4. 海宁市上市公司研发费差异大，税费返还比例高

企业之间的竞争是核心竞争力的竞争，获得核心竞争力需要有较多的研发投入。从海宁市上市公司的研发投入指标来看，研发费用占比差异较大，而桐乡市上市公司的研发投入占比较为平稳。海宁市上市公司研发投入占比的均值为 4%，高于桐乡市的均值 2.63%，但海宁市仍有三家上市公司该指标低于 2%，属于预警指标，需要引起重视。通过数据分析发现，海宁市和桐乡市总体税费负担率均值分别为 5.58%、3.47%，海宁市上市公司指标略高。两市的税费返还比例都较高，以 2021 年为例，海宁市上市公司的税费返还率均值为 140.76%，远远高于桐乡市的 50.75%，表现出较强的政府依赖，值得作进一步深入研究。

（二）政策建议

1. 优化产业结构，突出海宁市的比较优势

海宁市、桐乡市都位于长三角地区的核心区域，是区域高质量发展的重要窗口。两市产业发展各具优势，海宁市应在杭嘉一体化合作先行区的框架下，积极融杭接沪。海宁西片区充分承接杭州高端资源，积极发展"专精特新"企业，通过亩产税收评价，进一步引导"杭迁企业"健康发展。海宁东部利用融沪契机，引导产业对接，形成互动产业链，实现产业优势互补与错位发展，打造现代服务业、先进制造业等，优化调整产业结构，促进企业高质量发展。

2. 优化营商环境，组团定向服务上市公司

优化营商环境能够显著提高企业发展质量。与国有企业相比，优化营商环境对企业高质量发展的促进作用在民营企业中显著增强。相较于高新技术企业，促进作用在非高新技术企业中更为明显。[①] 精准落实税务优惠

---

① 周泽将，雷玲，伞子瑶. 营商环境与企业高质量发展—基于公司治理视角的机制分析 [J]. 财政研究，2022（5）：111-129.

政策，加强财政扶持和激励，全面聚力打造营商环境最优市，培育和吸引有实力的总部企业落户海宁；对于海宁全市现有的上市公司，政府牵头，由财政、税务、经济和信息化、发展和改革委员会等部门组成重点税源户的服务团，及时解决企业发展中亟待解决的问题，为企业高质量发展保驾护航。同时，研究梳理上海、杭州等地在招商引资中的创新举措，吸收其好的经验与做法。

3. 壮大企业规模，孵化更多的上市企业

努力培育头部企业，推动制造业转型升级，加快形成品牌效应，提高企业核心竞争力与附加值；发挥龙头企业辐射带动作用，引导目标企业在条件成熟的情况下积极在境内外上市，着力解决企业上市过程中面临的难题。海宁市通过上市公司数量的增加，进一步缩小与桐乡市上市公司市值之间的差距。在保民生、保就业、保工资方面发挥上市公司和拟上市公司的积极作用。海宁全域在短期内不能出现较大体量的上市公司，小而精的公司也是不错的选择。

4. 加大研发投入，引育研发人才团队

上市公司的高质量发展离不开企业研发投入，主动学习上海和杭州在信息、科研等方面的先发优势，进一步加大研发创新力度。利用好海宁市域内浙江大学海宁国际校区的研发平台，推动产学研一体化，增强科研成果的转化。同时，积极引进行业短缺人才及团队，在人才福利方面做好税收优惠、子女教育等工作，提升高端人才配套的激励机制，服务海宁市企业的高质量发展。

参考文献

［1］沈坤荣，乔刚，林剑威. 智能制造政策与中国企业高质量发展［J］. 数量经济技术经济研究，2024（2）：5-25.

［2］李元祯，徐金阳，李萌. 上市公司股权再融资能否带动当地经济发展？——来自浙江省 11 个地市的经验证据［J］. 浙江金融，2023（10）：14-26.

［3］田丹，丁宝. 企业高质量发展的测度及作用机制研究：基于组织韧性的视角［J］. 中国软科学，2023（9）：154-170.

［4］石绍宾，张晓丹. 减税降费的经济效应——基于高质量发展维度的分析［J］. 山西大学学报（哲学社会科学版），2022（5）：51-61.

［5］张恬，杨宏翔. 高质量发展水平测度、区域比较及共同富裕示范区建设路

径——以浙江省绍兴市为例的研究 [J]. 绍兴文理学院学报（人文社会科学），2022（1）：5-18.

[6] 付奎，张杰. 国家全面创新改革如何引领企业高质量发展——基于政策驱动和制度激励双重视角 [J]. 现代经济探讨，2022（8）：102-114.

基于"互联网+护理"的县域医共体居家医护数字化应用项目的实践

葛明玉　宋　锐　沈　吉　吴欲晓　沈海红*

摘要　"互联网+护理"是浙江省卫生管理改革重点，本文以海宁市县域医共体居家医护数字化平台（"e护康"居家医护信息系统）为研究对象，聚焦社区和出院后需要延续护理的失能老人对该系统的评价进行实施效果分析。研究结果显示，实施1年，共开展居家护理服务1059例次，患者满意率为99.55%，照顾者负担评分显著降低（P<0.05），护士职业认同感得分显著提高（P<0.05）。因此，县域医共体居家医护数字化应用项目的创新举措能满足失能患者的需求，提高患者满意度，减轻照顾者负担，提升了护士职业认同感。

关键词　"互联网+护理"；数字化应用项目；县域医共体；居家医护

据官方预测，随着老年人口的增长，失能老人总数将从2020年的2485.2万人增长到2050年的5472.3万人，平均每年增长约100万人，失能老人群体不断扩大，将增加社会保障压力及家庭照护负担。2019年以

---

　*　作者简介：葛明玉（1973-），女，浙江省海宁市人，浙江省海宁市中心医院护理部主任、主任护师。研究方向：老年护理、慢病护理、护理管理。

宋锐：（1977-），女，黑龙江省大庆人，浙江省海宁市中心医院副院长，主任医师。研究方向：妇产科医学、医院管理。

沈吉：（1986-）女，浙江省海宁市人，浙江省海宁市中心医院护理部副主任，副主任护师。研究方向：内科护理、护理管理。

吴欲晓：（1971-）女，浙江省海宁市人，浙江省海宁市人民医院护理部主任，主任护师。研究方向：护理管理、外科护理。

沈海红：（1973-）女，浙江省海宁市人，浙江省海宁市中医院护理部主任，主任护师。研究方向：内科护理、护理管理、中医护理。

科研立项：2023年浙江省医药卫生科技计划项目，项目名称：《基于"互联网+护理"的县域医共体居家医护数字化应用项目的实践与推广》，项目编号2023XY186。

来，国家出台"互联网+护理服务"试点工作，有效解决高龄、失能老年人等行动不便群众上门医疗护理服务的难题。"互联网+护理服务"是在新的网络平台模式下开展的护理服务，由于缺乏政策、法规和部门行业间的协作，且目前大部分地区未将"互联网+护理服务"纳入医疗保险，因此上门服务容易出现价格门槛高、市场不能打开的被动局面。2021年4月，国家卫生健康委员会召开例行新闻发布会介绍医养结合工作进展成效有关情况，提出医养结合服务的重点在居家和社区，上门巡诊、护理是刚需。在扎实推进高质量发展，建设共同富裕示范区的背景下，海宁市政府给予大力支持，依托海宁市中心医院医疗集团，在原有"互联网+护理"的基础上，利用"e护康"居家医护信息系统，为试点区域失能老人、出院需要延续护理的老人及康复期患者提供居家医疗、护理、康复服务。项目试行后推广至全市三家医共体牵头单位和14家卫生院（医共体分院），运行效果较好。

一、"e护康"平台简介

"e护康"平台依托海宁市中心医院（以下简称"中心医院"）建立，海宁市中心医院为二级甲等综合医院，为互联网医院注册单位，开放床位500张，护理人员304名。2019年，中心医院牵头与周边4家卫生院结成医共体，已在嘉兴本地平台开展"互联网+护理"服务。海宁市共有3家医共体牵头单位，分别与14家卫生院组成县域医共体。

（一）"e护康"平台基础运作

成立县域医共体居家医护数字化应用项目领导小组。分管副院长为组长，护理部主任为副组长，小组成员包括医务部、信息科、财务科、外联办、医院感染管理科等科室负责人。护理部全面负责整体运作，包括建立工作模式，制订工作方案、相关工作制度、工作流程和应急预案。

在"e护康"平台方的协助下成立县域医共体居家医护数字化应用项目工作组（见图1）。护理部主任为组长，护理部副主任和2名科护士长及1名平台工作人员负责具体的组织和实施，包括护士资质准入、培训、质控及居家护理服务箱的配置、垃圾处理等，平台方负责病人数据归集和追踪、病人信息审核、联络、远程监管、专车接送等。工作组下设管理小组、培训小组和护理小组。

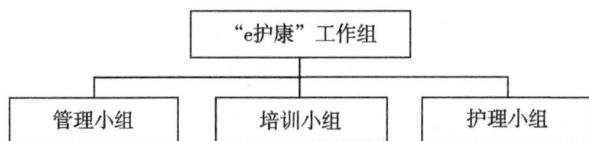

图1 "e护康"平台的工作组

管理小组由护理部副主任任组长，2名护士长和1名平台技术人员任组员，主要负责护士资质准入、安全保障、派单、拓展业务，满意度调查等。培训小组由分管教育的科护士长任组长，2名操作小组成员为组员，主要负责对自愿报名、符合资质准入的45名护士进行培训。培训内容包括相关法律法规及操作相关理论知识，对常规开展的16项普通操作及3项专科操作（专科护士）进行现场考核，除了操作规范和居家护理流程，重点对居家突发情况的应急处理进行培训和考核，做到人人过关。护理小组由病房片区护士长任护理组长，各病区护士长任组员。病区通过老年护理需求评估，掌握出院需要延续护理的病人信息，如神经内科、神经外科、呼吸科、肿瘤科、老年科等失能半失能群体，科护士长通过医院HIS系统导出数据与平台方对接。

其他方面的配合工作则包括：一方面，通过市政务服务和数据资源管理办公室，对接海宁市大数据中心，获取符合条件的居家老人数据，包括60岁以上重度"两慢病"（高血压、糖尿病）老人；60岁以上重度失能享受居家长护险老人；60岁以上中度失能老人；60岁以上肢体残疾老人。数据归集取数字段：姓名、性别、年龄、联系方式、家庭地址、所属村（社区）、数据来源。另一方面，通过对接病区出院失能半失能群体，针对获取的数据，通过"上门健康巡诊+后台数据分析"匹配，围绕有居家医疗、护理、康复、生活照料需求的老人数据，结合一定数据规则进行二次转化，形成居家老人需求管理数据，统一纳入"e护康"居家医护大数据平台管理，对目标人群实现数据精准归集和跟踪。

（二）"e护康"平台的创新之处

在国外，如日本，人口密度高，社会对延续性居家护理服务的需求非常大，居家护理的基本原则是家庭成员或亲属为第一类需要尽护理义务的人群，当家庭成员或亲属未能完成这一工作时，才会交给专业工作人员，并由相应的机构进行管理。这种模式融入了亚洲国家的传统文化，把居家护理放在首位，形成保险支付费用、多元化服务提供主体的居家护理服务模式，政府和保险机构协同调控居家护理服务。《全国护理事业发展规划（2021-2025 年）》提出要创新护理服务模式，结合分级诊疗要求和群众实际需求，鼓励有条件的医疗机构创新发展多元化的护理服务，扩大"互联网+护理服务"试点覆盖面，支持医疗机构积极提供"互联网+护理服务"、延续护理、上门护理等，将机构内护理服务延伸至社区和居家，为出院患者，生命终末期患者或行动不便、高龄体弱、失能失智老年人提供便捷、专业的医疗护理服务。"e 护康"项目组正是基于上述国内外政策实践形成的，并在当地政府支持下，积极开展创新探索。

（1）利用"e 护康"平台，构建"三个三"监管闭环体系，确保质量和安全。事前三项认证（服务机构、服务人员、服务对象），事中两人组队、三项监测（热成像/声纹传输、一键报警通达、驾驶舱后台实时监控），事后三项评价追踪（用户评价、机构评价、飞检评价）。

（2）充分考虑百姓需求，定价合理。对护理服务项目统一定价后到卫生健康委员会备案，统一特需服务费，治疗费和耗材费另收。医保历年账户可支付特需服务费等自费部分，耗材及治疗费按门诊医保报销比例进行报销。

（3）关注老年照护者群体。该项目为政府民生实事工程，方便病人的同时也方便家属，特别是空巢和独生子女家庭，存在老年人相互照顾的现象，也有的老年人不想麻烦子女。平台开通 24 小时电话接单，为没有智能手机的老年人解决了大难题。另外，此项目还对接医院 HIS 系统，实现上门医保移动支付。

（4）依托县域医共体，建立"驾驶舱"调度中心，实现分级分区诊疗，构建"15 分钟服务圈"，即在医共体范围内按操作难度分级（专科护理由牵头单位专科护士或护理骨干落实，普通护理则按就近原则安排医共体成员单位护士一起接单）。

（三）"e 护康"平台成效

"e 护康"于 2022 年 7 月至 2023 年 6 月在中心医院运行，期初完成了

303 例，主要涉及 PICC 维护，鼻饲护理、导尿管护理和伤口换药等居家失能老人的刚性需求。试点成功后已推广至海宁市其他单位，全市医共体牵头单位共完成 1054 例，通过落实分级诊疗，医共体成员单位共完成 9209 例。海宁三家医共体牵头医院的高频服务主要聚焦在导尿管护理、PICC 维护、伤口换药及造口护理、鼻饲护理等专科护理方面，医共体下属 14 家基层医疗机构的上门服务主要聚焦在健康巡诊、老年人自理能力筛查、用药指导、长护险评定、血糖监测等家庭医生签约服务项目上，借助"e 护康"平台实现了老年人居家医护服务的分层分级分类。

（1）有效完善出院后接续医疗服务，针对出院失能老人有效落实闭环管理。将有出院护理服务需求的病人经 HIS 系统导出后转介到"e 护康"平台上，由专职人员落实追踪和随访，一旦有需求时再回转到病区护士，既节约病区护士人力，又能保证出院延续护理的有效落实。

（2）减轻照顾者负担，服务满意度高。该项目为政府民生工程，解决了限制目前"互联网+护理"发展的一些弊端问题，平台方没有数据库，缺少主动对接，导致部分居家患者信息不畅；费用未纳入医保；没有专车接送医护人员；老年人下单困难；不能线下支付等问题。该项目在方便居家患者的同时也方便了照顾者，特别是老年照顾者，减轻了照顾者压力。

（3）借助"e 护康"平台实现了老年人居家医护服务的分层分级分类。一方面就近出诊，打造 15 分钟服务圈；另一方面在护理人力紧张的形势下，既能保证居家护理服务的质量和安全，又能避免医疗资源的浪费，更好地使优质医疗资源得到合理使用。

（4）主动对接目标人群，推动医疗服务下基层。通过归集到的数据，"驾驶舱"专职人员线上随访及专业医护线下服务，使该项目更符合当下进一步改善服务的政策导向，解决了家庭医生"签而不约"的问题，促进了长护险推广医疗服务项目落地，缓解了机构养老医疗资源短缺等问题。

（5）医护人员自我价值提升。医护人员在居家护理为患者解决问题时充分展示了个人的专业水平和人格魅力，而且他们大部分是利用自己的休息时间，有额外的经济收入，这些都提高了护士的职业认同感。另外，居家护理刚性需求完成后可转化成线上服务，居家护理大部分为高年资护士，可畅通与老百姓的沟通渠道，为有就医需求的病人提供方便，实现医院和患者双赢。

二、"e护康"平台实施效果评价研究

（一）前期调研与方法

调查问卷设计主要从患者满意度、照顾者负担、护士职业认同感三个方面来评估"e护康"的实施效果，具体分析如下：

（1）患者满意度，包括平台评价得分和电话随访抽样得分。每次服务结束后，由患者在平台 App 上完成评价，得分占比50%；每个月管理小组再抽取一定比例的患者进行满意度随访，内容包括护士服务态度、操作规范、技术水平、平台预约流程和收费价格是否合理等，按满意、比较满意、不满意进行评价，得分占比50%。

（2）照顾者负担调查。任欣等（2020）通过不同角度的访谈发现，在实际的照护过程中，配偶往往因年龄、身体等原因，在精力和体力上常感到力不从心，而子女常由于工作繁忙、与老人不同住等原因，也难以做到全力照顾老人。围绕失能老人及照护者的实际照护经验，立足于本土的家庭和社会文化，从家庭整体的视角探索家庭照护能力的构成，分析得到四个要素：家庭照护的经济能力、家庭的照护人力、家庭的照护凝聚力及家庭照护者的照护能力，这是家庭内因。社会支持等外因的作用能否减轻照护者的负担，是评价"e护康"居家护理成效的重要指标。照护者负担的评价方法是在首次下单时对主要照顾者进行照顾者负担调查，对接受居家护理服务3次及以上的32名照顾者进行再次调查。主要照顾者纳入标准：年龄≥18岁；无偿照顾；照顾时间≥3个月；沟通交流无障碍。照顾者负担量表使用 Zarit 的照料者负担量表（ZBI）。ZBI 由 Zarit 等（1986）设计，量表涉及照顾者身体、心理、经济、社会生活四个方面，共22个条目，每个问题有"没有、偶尔、有时、经常、总是"五个选项可供选择，每个选项有一个分值（0~4分），然后将各个问题的分值相加，得到总分。量表包括个人负担（Personal strain）和责任负担（Role strain）两个维度。个人负担由条目1、4、5、8、9、14、16、17、18、19、20、21构成；责任负担由条目2、3、6、11、12、13组成，条目22是护理者所感受到的总的护理负担，7、10、15这三个为独立条目，该量表在国际上广泛采用并证实具有较高的信效度。根据总分，照顾者负担量表可以将被评估者的照顾负担划分为三个等级：低负担（总分为 0～24）、中等负担（总分为 25～48）和高负担（总分为 49～72）。王烈等（2006）将其翻译为中文版，信度为 0.87，效果较好，是目前使用最多的量表。

（3）护士职业认同感测评。护士职业认同感测评方法是护士在平台注册后，通过平台植入的二维码完成护士职业认同感调查，接单量为 5 单及以上的 31 名护士要进行再次测评。该量表由刘玲等（2011）编制，用于评定护士职业认同感。量表包含对护士职业的认知评价（9 个条目）、社交技巧（6 个条目）、挫折应对（6 个条目）、社会支持（6 个条目）和自我反思（3 个条目）五个维度，共 30 个条目。各条目采用 likert 5 级计分法，"完全不相符"计 1 分，"不相符"计 2 分，"有时相符"计 3 分，"相符"计 4 分，"完全相符"计 5 分。30～60 分表示低认同，61～90 分表示较低认同，91～120 分表示中等认同，121～150 分表示高认同。本文中该量表的 cronbach's α 系数为 0.843。

（二）调查结果分析

本次调查主体为病人和护士，向病人发放问卷 140 份，116 人不知晓"互联网+护理"，占比 82.9%；101 人认为价格贵，占比 72.1%；反馈老年人不会下单的 41 人，占比 29.3%。虽然有 80.0% 的人选择居家养老，84.0% 的人有意愿选择居家医护，但 53.3% 的人觉得现有"互联网+护理居家医护"存在价格偏高、下单困难等问题。向护士发放问卷 128 份，99人认为缺少可以主动对接的重点人群，占比 77.3%，其中 81 人认为出院有延续护理需求的病人没有追踪，占比 63.3%；担心上门安全问题及交通不方便的有 35 人，占比 27.3%。进一步利用统计学方法分析评价效果，采用 SPSS22.0 软件进行统计描述及配对 t 检验，检验水准 $\alpha=0.05$。

（1）患者满意度。平台所有参与评价的患者均给予五星好评，管理小组按要求共抽取 50 例患者进行满意度电话回访，回访满意率为 99.1%，总体满意度得分 99.55。

（2）照顾者负担得分比较。根据表 1 数据，我们发现经过照护之后，个人负担、责任负担及照顾者负担得分都显著下降。

表 1　照顾者负担得分

时间	人数	个人负担	责任负担	照顾者负担总分
实施前	32	29.34±5.23	14.34±4.02	54.66±11.9
实施后	32	23.5±5.68	11.84±4.03	44.72±12.36
t 统计量		4.147	2.955	3.491
P 值		0.000	0.006	0.001

（3）护士职业认同感得分比较。由表 2 可知，居家医护实施前后数据变化明显，医护实施后护士的职业认同感分数显著高于实施前。

表 2　参与"e 护康"居家医护前后护士职业认同感得分比较

时间	人数	认知评价	社交技巧	挫折应对	社会支持	自我反思	职业认同感总分
实施前	31	25.9±5.29	16.74±3.1	17.03±3.34	16.84±2.72	8.81±1.68	85.32±14.55
实施后	31	29.94±3.61	20.06±2.57	19.48±2.62	20.06±2.98	10.29±1.47	99.84±12.33
t 统计量		−2.883	−3.795	−2.760	−3.921	−3.025	−3.433
P 值		0.007	0.001	0.010	0.000	0.005	0.002

三、结论与启示

"e 护康"平台围绕高质量发展，推进城乡区域公共卫生服务更加普及，形成"线上+线下"并行的居家医护服务新模式。通过数字化改革打通医疗资源向居家服务输出的路径，着力破解居家老人这一特殊群体享受更均等、更可及、更安全的居家医护服务资源的堵点、难点，实现医疗资源均等化目标。

（1）有效解决居家失能老人"急难愁盼"的问题。"e 护康"平台横向联动卫生健康委员会、民政局、医疗保障局、残疾人联合会四个部门，纵向贯通 3 家综合医院、14 家乡镇卫生院、136 家社区卫生服务站和若干医养结合服务机构。截至 2023 年 6 月，已有 839 名家庭医生、专科护士、社区护士、康复治疗师等专业人员通过平台认证，上门提供居家医护服务，累计服务居家老人突破 10000 人，惠及全市长护险失能及家庭医生签约"重中之重"老人 1.82 万人，服务覆盖全市 20.23 万老人。

（2）基于"互联网+护理"的县域医共体居家医护数字化应用项目"e护康"有政策支持，因地制宜，符合民生。"e护康"体现了"互联网+护理服务"形式的灵活性和多样化，在进一步改善医疗服务，提高人民群众就医获得感中起到积极作用，下阶段将进一步完善相关内容，实现数据与省平台对接并进一步推广。

参考文献

［1］廖少宏，王广州．中国老年人口失能状况与变动趋势［J］.中国人口科学，2021（1）：38-49.

［2］刘秋霞，孙鸿燕，余思萍，等．我国"互联网+护理服务"面临的困境及对策［J］.护理学杂志，2019（17）：11-13.

［3］韩燕，钱一平，张丽，等．"互联网+护理服务"试点医院护理管理者运营管理体验的质性研究［J］.护理学杂志，2020（22）：52-56.

［4］田香兰．日本老龄产业制度安排及产业发展动向［J］.日本问题研究，2015（6）：37-49.

［5］张建，雷丽华．日本长期护理保险制度的构成、特征及其存在的问题［J］.日本研究，2017（1）：59-66.

［6］任欣，肖树芹，宋俐．社区失能老人家庭照护能力构成要素的质性研究［J］.中华现代护理杂志，2020（13）：1732-1737.

［7］Zarit S H，Todd P A，Zarit J M. Subjective burden of husbands and wivesas caregivers：A longitudinal study［J］. Gerontologist，1986（26）：260-266.

［8］王烈，杨小，侯哲，等．护理者负担量表中文版的应用与评价［J］.中国公共卫生，2006（8）：970-972.

［9］刘玲，郝玉芳，刘晓虹．护士职业认同评定量表的研制［J］.解放军护理杂志，2011（3）：18-20.

在城乡调查中践行
社会主义核心价值观

——基于百村调查的研究报告

刘　颖*

摘要　东方学院财税学院自 2015 年开展城乡调查——"百村调查"课程建设以来，始终紧扣"坚定学生理想信念，教育学生爱党、爱国、爱社会主义、爱人民、爱集体"的主线，落实将思想政治工作贯穿教育教学全过程的要求。2020 年该课程获得省级社会实践一流课程建设项目立项，2021 年获得省级课程思政示范课程建设项目立项。经过前期的建设工作，百村调查融合课程思政从实践教学新思路、校地结对、教师培训和成果汇编四个方面进行落实，在育人目标的达成、思政学习的主动性提升和思政课程实践教学体系的构建三个方面取得了思政元素嵌入下的项目成效，同时取得了一系列的实践成果。接下来，课程将继续从教学方式方法创新、调研范围扩展、质量评价体系构建、百村调查思政资源案例集建设、协同育人实践教学平台建设等方面进一步推进相关工作。

关键词　课程思政；百村调查；核心价值观；实践教学

一、引言

浙江财经大学东方学院是经管特色鲜明的高水平应用技术型大学，坚持"以学生为中心"的教育理念，建立旨在提高实践应用能力的人才培养模式，引导学生培养创新意识，勇于探索和创新。实践教学创新是高校课

---

* 作者简介：刘颖，浙江财经大学东方学院财税学院，教授。

本文为浙江财经大学东方学院省级社会实践一流课程以及省级课程思政示范课程"社会调查（百村调查）"的建设成果之一。

程思政改革创新的重要组成部分，也是引导青年学生关注改革发展、重视新农村建设，鼓励学生走出校园、了解社会、深入社会、奉献社会，帮助学生逐步培养大学生的主人翁意识，提高学生的专业调研能力和知识应用能力的基本要求。浙江财经大学东方学院财税学院开展的百村调查将"社会调查+思政教育"两个元素融合，这一举措既推进了课程思政建设创新发展，也在社会调查实践教学中落实了将思想政治工作贯穿于教育活动全过程的要求。财税学院利用东方学院于 2010 年搬迁至海宁市长安镇的地理优势，结合学院应用技术型人才培养目标，自 2015 年开始举办"解读海宁之百村调查"实践活动，力图实现知识传授、能力培养、价值引领的有机融合。参加这项调查研究的学生来自财税学院财政学、税收学、劳动与社会保障等专业，这项调查研究引导大学生在课堂学习之外，通过走进乡村、社区和企业的实践活动增进对国情、省情、乡情及新农村建设的认识，进而多关注和了解学校所在地海宁市及其所辖各乡镇社区的发展建设情况。同时，该学院在百村调查课程思政项目的建设过程中，引导学生理解马克思主义哲学与实践的辩证关系，在田野调查中践行社会主义核心价值观，指导学生学以致用、学以报国，引导其投身美丽乡村建设，助力脱贫攻坚，致力于培养家国情怀。

二、百村调查课程建设发展

（一）课程建设基础

自 2010 年东方学院整体搬迁到海宁市长安镇以后，财税分院以校区周边村镇、社区为对象，陆续开展了一系列"解读海宁"的城乡调查活动（见图 1）。2015 年，东方学院成为浙江省应用型建设试点示范本科高校之一，为引导青年学生关注国家改革发展方向、重视新农村建设，鼓励其走出校园、了解和深入社会、奉献社会，切实提高专业调研能力和知识应用能力。财税学院从 2015 级学生开始，对城乡调查社会实践课程进行改革，至今已经组织九届共 2000 余名学生对海宁市百余个行政村、社区开展百村调查。

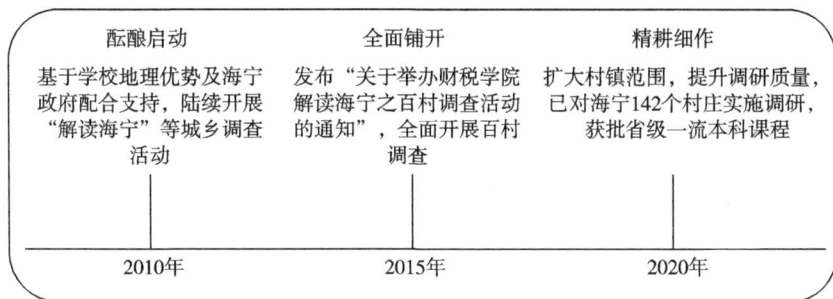

酝酿启动	全面铺开	精耕细作
基于学校地理优势及海宁政府配合支持，陆续开展"解读海宁"等城乡调查活动	发布"关于举办财税学院解读海宁之百村调查活动的通知"，全面开展百村调查	扩大村镇范围，提升调研质量，已对海宁142个村庄实施调研，获批省级一流本科课程

2010年　　　　　　　2015年　　　　　　　2020年

图1　社会调查（百村调查）课程建设历程

（二）课程思政主要融入点

以社会调查（百村调查）实践课为载体，把思政小课堂与社会大课堂紧密结合，让思政教育入耳、入脑、入心、入行。

（1）调查选题。引导学生关注社会民生，体现富强（勤劳致富、基本国情、中国梦）、文明（生态文明、优秀传统文化）、爱国（爱祖国、爱人民、爱家乡）等要素。

（2）调查实施。突出体现敬业（认真完成任务、遵守职业道德）、友善（包容、团结、尊重）等要素。

（3）调查报告。突出体现科学精神（分析方法科学严谨）和工匠精神（格式细节认真打磨）等。

三、百村调查融合课程思政建设实施路径

（一）三个融合，开拓实践教学新思路

（1）理论与实践相融合。除了理论学习，更多是教师带领学生深入海宁市村庄、社区进行实地调研，走村入户访谈，了解乡村振兴战略实施的现状和问题。

（2）历史与现实相融合。除了了解现实，还要引导学生了解各村庄发展历史，在纵向历史与横向现实的对比中让制度自信、道路自信、爱国等

观念深入人心。

（3）育人与专业教育相融合。除了指导学生进行社会实践，还要把实事求是、关注社会民生问题、树立远大理想等价值观传授给学生，同时结合财政税收社会保障等专业背景，引导学生关注各村庄经济发展、社会保障状况，激发学生的职业归属感和认同感，将教书与育人深入融合。

（二）校地结对，多方参与，合力推进

加强推进校地结对共建，在本课程项目申报阶段（2021年4月），由课程负责人牵头参与海宁"春风助农谱新篇　合力振兴开新局"助力乡村振兴授旗结对活动，成立由海宁市农业农村局、海宁市税务局长安税务分局、东方学院财税学院组成的乡村振兴调研团，通过该平台深入开展百村调研，分批分类形成调研报告。同年，百村调查实施方案的主题为"财税学院与海宁市税务局联合开展2021年社会调查实施方案"。2022年，受新冠疫情影响百村调查主要集中于学校附近的长安镇和许村镇部分企业，调查前期课题组负责人与长安镇、许村镇相关部门和商会取得联系，为调查的顺利开展奠定基础，更好地进行基层党建和乡村共同富裕主题的选取。2023年上半年，随着新冠疫情防控形势的极大转变，课题组负责人带队与海宁市许村镇、周王庙镇、斜桥镇等政府部门和商会就当年调研主题进行了富有成效的接洽，并于2023年9月由各带队老师带领学生深入上述村镇、企业，开展实地走访调研。

（三）教师培训，师生同向同行

加强对本课程任课老师及百村调查实践队伍指导老师的培训管理，集中组织课程思政内容及教学方式的培训。2021年9～12月，团队成员多数都通过网络学习取得了国家教育行政学院等颁发的思政教学能力提升专题培训结业证书。另外，严格要求各位指导老师在选题、实地调研、撰写报告等环节对学生调研小组进行全面指导。例如，学院每位指导教师指导的小组至少有1～2篇报告为基层党建主题，要求指导教师在调研前做好与调研村镇社区的沟通，带队深入村庄社区，保留相关调查档案素材，在指导过程中全环节加强与学生的交流，自然融入思政教育元素。

（四）报告汇编，模范引领

目前，已经完成对 2020 级、2021 级及 2022 级全体学生百村调查报告的评选，选取优秀调查报告进行汇编。2021 年共选取 29 篇百村调查优秀报告汇编成册，其中 9 篇是关于农村党建工作的调查报告，其余 20 篇均为乡村振兴其他经济社会发展问题调查报告。2022 年，调查报告分为两册：一册为 2021~2022 年百村调查报告中主题为"基层党建"的优秀报告汇编；另一册为 2022 年百村调查优秀报告汇编，包含乡村振兴和共同富裕的主题。2023 年度调查报告分为两册，含百村调查报告汇编 23 篇和百企调查报告 17 篇。此外，近年来学院教师学生的暑期社会实践和科研项目、创新创业项目等也涌现了一些以社会调查（百村和百企）为基础的成果。

四、思政元素嵌入下的课程建设成效

（一）育人目标的达成

通过课程思政工作的有序推进和创新完善，初步达到了本课程思政育人的知识、能力、素养和思政目标。

知识目标。使学生在项目制的学习模式中能够更加熟练地掌握和运用社会调查的基本理论和方法，尤其是调查主题的选择设计和调查报告的撰写。引导学生关注乡村振兴、共同富裕、基层党建等主题，实现思政教学的"润物无声"。

能力目标。通过探索校地共建平台支撑、老师亲自带队入村调查及学生小组团队作业相结合的实践方式，切实提高学生观察、分析、解决社会问题的能力，有利于学生团结合作、求真务实精神的培养，同时提高撰写专业调查报告等的能力。

素养目标。培养大学生的社会责任感是高校育人的重要使命，更是财政学、税收学、劳动与社会保障专业教学的重中之重，通过教学让学生能够更加主动地关注社会民生和发展，增强社会责任感，拓展更广阔的视野。

思政目标。百村调查具有鲜明的政治属性和实践特性，是开展学生社会调查实践教学的主渠道，在深入挖掘专业课社会调查实践中蕴含的丰富的思政资源及其功能的基础上，实现对学生思想政治的教育。

（二）思政学习的主动性提升

学生参与思政类、调研类课题的积极性增强。通过社会调查培养学生接触社会、了解身边村镇新农村建设的兴趣，学生升入高年级后科研、创新创业项目的申请立项数量有明显增长。尤其是近年来，相关专业学生的院级大学生科研项目、国家级及院级大学生创新创业项目不仅立项数量呈现增长趋势，而且研究主题和内容也更多围绕新农村建设和乡村振兴展开。

（三）思政课程实践教学体系的构建

在社会调查和思政元素融合的课程项目下，财税学院构建了思政课程实践教学体系。

（1）教学科研团队建设。打造了一支思政意识强、思政教学能力突出、思政教学效果显著的实践课教学科研团队。

（2）教学体系建设。构建了一套有机融合课程思政且特色鲜明的教学体系，如考核评价指标体系。

（3）实践教学新模式。创新性地采取了项目制实践教学模式。以百村调查的社会实践项目为依托，在明确选题、方案设计、实地调研、撰写报告四个项目推进环节给予学生教学指导。

（四）教师思政育人等教学成果

（1）社会调查（百村调查）课程思政典型案例（校内展板）：在乡村调查中践行社会主义核心价值观。

（2）课程负责人指导学生获 2021 年浙江省高校课程思政学生征文本科组一等奖 1 项、浙江财经大学东方学院课程思政专题征文一等奖 1 项。

（3）团队指导教师获得 2021 年浙江省高校课程思政教师征文本科组

优秀奖 1 项、东方学院课程思政专题征文一等奖 1 项。

（4）团队指导教师获 2022 年度浙江省第二届高校教师教学创新大赛"课程思政"微课专项赛优胜奖及参赛作品。

（5）团队指导教师及所带团队获得 2022 年暑期社会实践十佳团队、优秀论文奖。

（6）团队指导教师所带乡村振兴实践服务团——"2023 年浙江财经大学暑期社会实践活动团队"获得校级立项。

（7）团队指导教师教研结合促科研。2023 年获批国家自然科学基金青年项目 1 项，为团队后续有效推动教研融合、寓研于教提供了有利条件。

五、课程建设中体现的特色与创新

（一）特色

（1）"红船精神"引领，调查访遍海宁百村。首创性地开展以海宁百余村为实践场所的社会调查，克服诸多困难带领千名学子访百村，培养忠诚为民的奉献精神。

（2）党员教师带头，持续聚焦乡村振兴。党员教师带领学生走村入户，用眼观察、用心感知乡村振兴之路，在调研中开拓视野，真正将理论运用于实践。

（3）调查目标驱动，切实增强改革认同。走进基层，真实感知中国乡村改革发展的伟大变化，增强"四个自信"，树立主人翁意识，激发青年学子的学习报国热情。

（二）创新

（1）调查对象本地化。调查对象为学校所在地海宁的 200 余个村庄（社区），就近调查，便捷高效，可操作性强，同时加强了校地联系，有效推进了校地共建。

（2）导师构成多元化。指导老师以校内为主，同时聘请乡镇（街道）干部、村干部、优秀校友等担任校外导师共同指导学生调研，有效提升调研总体质量，确保调查成果真实。

（3）组织工作系统化。组织学生全员调查，前期精密部署，设计详细的调查方案，组织工作有序开展，并在实践中不断总结提升。

（4）思政教育全程化。从社会调查方法理论教学到走村入户实践探索，全过程贯穿思政育人理念，科学设计各环节，将思政要素融入其中。培养爱国、自信、有强烈社会责任感的当代青年。

六、课程建设存在的不足与未来展望

（一）不足之处

（1）教学中的思政要素考核评价指标体系没有得到进一步完善，对学生总体评价以调查报告质量为主，对调查全过程的分解评价还不到位。对教师育人目标落实情况和教学质量进行监督、评价的具体做法仍然需要完善。

（2）2020~2022 年，本项目受到新冠疫情的影响，原计划在海宁市全市范围内开展的百村调查范围缩小为学校周边的三个镇（长安镇、许村镇、周王庙镇），距离偏远一些的村镇没有进一步拓展，走访的时间和频次都受到了一定影响。

（二）未来展望

（1）继续紧扣"坚定学生理想信念，教育学生爱党、爱国、爱社会主义、爱人民、爱集体"的主线，突出价值引领，力求不断对课程思政教学方式方法进行创新，体现先进性、互动性与针对性。积极拓展调查范围，考虑对前几年走访调研过的村庄开展"回头看"的再次调研，对比最近几年的发展情况和存在的问题。

（2）继续完善和细化本课程思政建设质量评价体系，既包括学生在整个学习和调研过程中思政要素的体现、考核机制的评价、总体成绩的构成，也包括教师在整个教学过程中思政育人目标的落实、过程的考核评价等。

（3）加快建设本课程的思政资源案例集（库）。一方面，建设课程思政案例库可以展示优秀的案例，引导学生学习、模仿，提高教学质量；另一方面，建设课程思政案例库可以精选优秀的案例，引导学生从案例中学习、领悟社会责任感的重要性，增强学生的社会责任感。

（4）推进协同育人实践教学平台建设。借助各类实践平台载体，进一步发掘社会、学校、教师、校友各种资源，使专业课教师、思政课教师、辅导员、行政管理人员相互配合，把思想元素与专业课程共同嵌入百村调查的各个环节，推进百村调查与思政教育相融合，将思政教育贯穿于百村调查的全过程。

参考文献

［1］焦佩，衣安琪．"大思政课"实践教学的学理基础研究［J］．马克思主义文化研究，2023（2）：171-180.

［2］胡洪斌，郭茂灿．社会调查的新视角：中国乡村社会大调查的方法设计与组织设计［J］．魁阁学刊，2023（1）：216-235.

［3］杨丹，刘海，曲燕彬，等．"农村经济发展调查"国家一流课程思政建设逻辑［J］．课程思政教学研究，2022（2）：171-182.

［4］张建华．乡村振兴与中国式现代化道路的探索——基于百村千户的调查［J］．武汉社会科学，2022（4）：3-4.

"党建+一站式高校生活园区"模式下的思想政治教育实践探索

钟晓宇[*]

摘要 大学生生活园区在高校党建工作中占据重要地位，它不仅是学生日常生活的重要场所，也是思想交流、文化碰撞的前沿阵地。本文通过构建集思想教育、文化活动等为一体的学生教育生活园地，实现思想教育、文化活动、师生交流和生活服务的融合，满足学生多元化需求，促进学生全面发展。此模式不仅丰富了校园生活，提升了学生综合素质，还深化了思想教育，培育了具有坚定政治信仰的新时代青年。同时，大学生生活园区党建工作优化了育人环境，显著提升了育人效果，拓展了传统党建工作的领域，实现了思想政治工作资源的优化配置。

关键词 "一站式"学生社区；党建育人；学生社区管理

大学生生活园区作为学生日常活动的重要场所，不仅承载着他们的生活，更是思想交流、文化碰撞的前沿阵地。《关于加快构建高校思想政治工作体系的意见》已明确指出了推动"一站式"学生社区建设的重要性。这一举措不仅是高校思想政治工作的重要创新，也是提升高校党建工作水平的关键一环。集思想教育、文化活动、师生交流、生活服务于一体的学生教育生活园地的构建，旨在更好地满足学生的多元化需求，促进其全面发展。"党建+高校生活园区"一体化建设不仅是一项系统工程，更是新时代高校党建工作的新探索与新实践。我们致力于将大学生生活园区打造成为集学习、生活、实践、交流于一体的多功能平台，使其成为学生思想碰撞、文化交流的重要场所，进一步推动高校党建工作的深入发展。

---

* 作者简介：钟晓宇，浙江财经大学东方学院教师。

项目来源：2023 年度浙江财经大学东方学院院级党务专项课题，项目编号 2023dfyz005。

一、大学生生活园区党建工作的意义

　　大学生生活园区党建工作作为高校党建工作的关键组成部分，有效充实了党建工作的体系架构，显著推进了党的建设进程。通过党组织和党的工作的广泛覆盖，生活园区党建工作为基层党建质量的提升提供了坚实支撑。在这一过程中，它无形之中深化了学生的思想教育，有效融合了价值塑造、知识传授和能力培养，使学生在学习科学文化知识的同时，树立了正确的三观。此外，这种教育模式旨在培育具有坚定政治信仰、能够担当民族复兴大任的新时代青年。同时，大学生生活园区党建工作优化了育人环境，显著提升了育人效果。学生在园区内不仅能够深切感受到党的存在，听到党的声音，更能深刻体会到党的力量和温暖。通过将党建与思政工作深度融入生活园区的治理和学生日常生活中，从而使育人工作更具实效性。

　　从更宏观的视角审视，大学生生活园区党建不仅拓展了传统党建工作的领域，还实现了思想政治工作资源的优化配置。它推动了园区管理服务的人性化和科学化，成为课堂外对学生进行思想教育、价值引领和素质教育的重要阵地。加强学生生活园区的党建工作既是落实党的建设总要求的必要举措，也是提升高校党建工作广度、深度、效度和信度的关键环节。通过发挥学生党组织和党员的先进性和服务性，加强党员的培养、教育和管理，使其更好地服务广大学生，引导他们树立正确的价值导向。同时，大学生生活园区党建工作为高校党建工作注入了新的活力，推动了其创新发展。

　　然而，当前大学生生活园区党建工作的多个方面仍有待加强。在思想重视程度方面，部分师生对党建工作的认识尚显不足；在管理体制方面，尚未形成完善的党建工作体系；在工作方法上，传统的工作方式已难以适应新时代的需求；在资源整合方面，还需进一步挖掘和利用各方面的资源。

　　为构建更为有效的大学生生活园区党建工作机制，本文深入探讨了"党建+一站式高校生活园区"模式下的思想政治教育实践的工作机制，旨在促进学生的全面发展和成长成才。通过解决生活园区和党建工作中遇到的实际性问题，我们致力于推动党建工作的创新发展，为培养新时代的高素质人才贡献力量。

二、大学生生活园区党建工作存在的问题

1. 思想认识不足

在生活园区的党建工作中，一个显著的问题是思想认识不足。这种倾向源于对党建工作的重要性缺乏深刻认识，未能将其与日常生活、学习和工作紧密结合起来。因此，我们需要加大对党建知识的宣传力度，提升广大师生对党建工作的认知，确保其在生活园区得到充分重视和有效推进。

2. 管理体制缺陷

大学生生活园区党建工作的另一个挑战在于管理体制存在缺陷。由于缺乏系统性和规范性，现有的党建工作往往难以形成合力，影响了工作效率。为应对这一挑战，我们需要对现有管理体制进行完善和创新，建立一套既符合实际又具有可操作性的党建工作管理体系。通过明确各部门的职责和权利，形成协同工作机制，推动生活园区党建工作高效运转。

3. 工作方法单一

随着新时代的到来，大学生的需求日趋多元化和个性化，传统单一的工作方法已难以适应这种变化。因此，我们需要不断探索和创新工作方法，使党建工作更加贴近学生实际，更具吸引力和感染力。例如，可以通过组织丰富多彩的主题活动、社会实践等方式，让学生在参与中感受党建文化的魅力，增强对党建工作的认同感和归属感。

4. 资源整合能力欠缺

资源整合能力欠缺也是当前生活园区党建工作面临的问题之一。尽管许多园区拥有丰富的资源，但往往未能充分利用这些资源来推动党建工作的发展。因此，我们需要加强资源的整合和利用能力，形成资源共享、优势互补的良好局面。通过整合园区内的各类资源，如文化活动中心、体育设施等，为党建工作提供有力支撑和保障。

综上所述，生活园区的党建工作既面临着挑战也孕育着机遇。只要我们以高度的政治责任感和使命感不断深化思想认识、完善管理体制、创新

工作方法、强化资源整合，就一定能够推动生活园区的党建工作迈上新台阶，为培养更多优秀人才、服务党和国家事业发展作出更大贡献。在未来的工作中，我们还应持续关注党建工作的发展趋势和大学生需求的变化，及时调整和优化工作策略和方法，确保党建工作始终走在时代前列，为生活园区的和谐稳定和持续发展提供坚实的政治保障。

三、"党建+一站式高校生活园区"模式提升的路径

1. 深化组织堡垒建设，全面强化党建对生活园区的引领

在新时代的浪潮下，为契合时代进步的步伐并满足其发展需求，提升党建工作的实际成效显得尤为关键。深化组织堡垒的稳固性，全面强化党建对生活园区的引领，对推动园区内各项工作的有序开展具有重大意义。鉴于大学生生活园区的独特性及其作为高校重要组成部分的功能定位，对党建工作和组织模式进行全面优化成为我们的迫切任务。

传统的党支部设置模式，如以班级、年级、专业为单位进行组织，已难以适应现代大学园区的快速发展和多元化需求，因此我们需打破传统框架，探索创新的组织设置路径。以宿舍楼宇或生活园区微网格为单元设立生活园区党支部，不仅更能贴近学生生活实际，还能有效发挥党建引领功能，成为园区内的坚强组织堡垒。这些新型党支部将成为推动生活园区发展的重要力量，引领园区内各类活动有序进行。理论学习、园区治理、志愿服务等多维度活动能够把党的理论和政治文化深入渗透到大学生的日常生活中，使党的声音更加深入人心。这些活动不仅能够让学生深刻理解党的理论和政策，还能使他们在实践中真切感受党的温暖与力量，增强对党的认同感和归属感。同时，我们还应注重将党的优良传统和作风融入学生的思想与行为中，引导他们构建正确的世界观、人生观和价值观，通过党建引领，帮助学生树立正确的价值导向，培养具有高尚品德和强烈社会责任感的新时代大学生。此外，我们需进一步强化党建工作指导，建立健全党建工作机制，完善党建工作考核评价体系，以保障大学生生活园区的党建工作能够有序、高效地推进。党建工作和组织工作的创新与实践为大学生生活园区的和谐稳定与发展提供了有力保障。

优化党建工作与组织模式、探索新的组织设置方式、发挥生活园区党

支部的引领功能、注重思想引领与价值观培养及强化党建工作指导等举措，是提升大学生生活园区党建工作实效性的关键路径。在未来的工作中，我们应继续深化研究与实践，不断推动大学生生活园区党建工作的创新发展。

2. 重塑功能定位，打造充满生机与活力的党建阵地

在新时代的背景下，大学生生活园区的党建工作承载着重要的育人使命，亟须重新审视与塑造其功能定位，以充分发挥其在学生成长成才过程中的核心作用。为实现这一目标，我们必须对现有的功能定位进行深刻的反思与重塑，同时借助创新的工作方式和方法，使党建工作能够深入大学生生活园区的每一个细微之处，展现其旺盛的生命力与活力。

生活园区党建工作的功能定位并不仅限于思想政治教育，它还是提升学生综合素质、培养实践能力的重要平台。因此，我们要将党的价值理念与学生的日常生活深度融合，使他们在日常生活的点滴中能深刻感受到党的关怀与力量。通过组织丰富多彩的党团活动、学风建设及志愿服务等，我们可以引导学生树立正确的价值观，培养他们的爱国情怀和社会责任感。创新是推动发展的核心动力。在党建工作方式上，我们应勇于尝试、不断创新。通过引入现代信息技术手段，如线上学习平台、社交媒体等，我们可以拓宽党建工作的渠道，提高党建工作的效率和扩大影响力。同时，我们还可以结合学生的兴趣爱好和实际需求，开展形式新颖、内容丰富的活动，以吸引更多学生积极参与党建工作。情感关怀是党建工作不可或缺的一环。当学生在思想上产生困惑、学业上遭遇挫折、人际交往中遇到难题时，党组织应迅速伸出援手，给予他们及时的关心和帮助。

为实现党员教育管理与园区日常管理、学生活动的有机融合，我们可以采取一系列创新举措，如实施"党员亮身份"制度，让党员在园区中发挥表率作用；引入积分管理机制，激励党员积极参与园区建设；开展理论宣讲和志愿服务等活动，使党员在实践中提升自我、服务他人。这些措施不仅有助于增强党员的责任感和使命感，还能提高学生的参与意识和团队精神。我们应紧跟时代步伐，深入了解当代大学生的思维方式和行为特点，通过定期调研、座谈交流等方式，及时掌握学生的需求和期望，为党建工作的改进和创新提供有力支撑。

大学生生活园区的党建工作是一项系统工程，需要我们从多个方面入手，不断创新和完善。通过深化功能定位、创新工作方式、加强情感关怀及实施创新举措等，我们可以使党建工作在大学生生活园区中焕发出勃勃生机，为培养新时代的优秀大学生贡献力量。

3. 协同人员队伍，形成党建工作的强大合力

在深化大学生生活园区党建工作的进程中，构建协同人员队伍并汇聚党建工作合力显得尤为关键。我们需全面整合管理队伍、辅导员队伍、后勤安保队伍及大学生党员队伍等多方资源，确保他们共同投身于学生教育管理与服务的一线工作中。

管理队伍作为党建工作的核心驱动力，应定期深入园区，全面把握学生动态，承担起教育引导的重要职责。他们应凭借丰富的管理经验和专业知识，积极策划和组织各类党团、社团等活动，并将其纳入党建工作的整体规划之中。党团活动可以加强学生的思想政治教育，引导学生深入学习党的理论和政策，树立正确的世界观、人生观和价值观。社团活动能够为学生提供更广阔的实践平台，培养他们的团队协作能力和创新精神。通过将党团、社团等活动纳入党建工作，我们可以更好地整合资源，形成工作合力，推动党建工作深入开展。辅导员队伍在园区党建工作中亦扮演着重要角色。他们不仅是学生思想政治教育的引路人，更是学生日常生活中的良师益友。辅导员应时刻关注学生的思想变化与成长需求，通过谈心谈话、心理疏导等方式，提供个性化的指导和支持。同时，辅导员还需积极与管理队伍协作，共同策划、组织党建活动，将党团、社团等活动与党建工作相结合，推动园区党建工作的深入发展。后勤安保队伍在维护园区安全稳定、提供优质服务方面发挥着不可或缺的作用。他们应积极参与党建活动，提升服务意识和能力，确保园区的安全、卫生和秩序，通过定期巡查、隐患排查等方式，及时发现并解决问题。同时，后勤安保队伍还可以与党团、社团等活动相结合，为其提供必要的支持和保障，确保活动的顺利进行。大学生党员队伍是园区党建工作的重要力量。我们应充分发挥学生党员的模范带头作用，鼓励他们亮出党员身份，积极参与各类党建活动，通过成立党员先锋队、志愿服务小分队等形式，让学生在实践中锻炼成长，发挥表率作用。

在协同人员队伍的过程中，加强各方之间的沟通与协作显得尤为重要。通过定期召开联席会议、开展联合活动等方式，增进彼此之间的了解与信任，形成工作合力。同时，建立有效的激励机制和考评机制，明确各方职责和任务，确保党建工作深入开展。此外，我们还应利用现代信息技

术手段，如建立党建工作微信群、QQ群等，加强各方之间的实时沟通和信息共享，提高工作效率。通过将党团、社团等活动纳入党建工作，我们能够更有效地整合多方资源，形成工作合力，推动大学生生活园区党建工作深入开展。这不仅有助于提升学生的思想政治素质和综合能力，还能为培养新时代的优秀大学生贡献力量。

4. 完善保障机制，夯实大学生生活园区党建工作的坚实基础

完善保障机制无疑是夯实大学生生活园区党建工作基石的关键一环。为确保党建工作的深入与持续，需从多个维度加强保障机制的建设，从而以更加系统、全面的方式推进工作。

优化人员配置并强化培训非常必要，我们应精心选拔政治觉悟高、业务能力强的优秀人才。此外，党员队伍的建设亦不容忽视，要定期举办党员培训班、开展多样化的党员实践活动，不断强化党员的党性意识和组织纪律性。资金保障作为党建工作的重要支撑，亦需得到充分的重视。在资金的使用上，应建立科学的预算管理和监督机制，确保资金的使用透明和高效。在制度建设方面，党建工作责任制的完善尤为重要。我们应明确各级党组织和党员在党建工作中的具体职责和任务，确保责任到人、任务明确。同时，建立科学的考核评价机制，通过完善党建工作责任制，推动党建工作规范化、制度化，确保党建工作有序、高效进行。另外，党建工作的创新亦是我们不可忽视的重要方面。我们应积极探索新的工作模式，运用现代科技手段，提升党建工作的效率和质量，同时注重总结实践经验，不断完善党建工作的方法和手段，推动大学生生活园区党建工作不断向前发展。

完善保障机制对推进大学生生活园区党建工作具有重要意义。我们应从人员配备、资金保障、制度建设、创新机制等多个方面入手，不断加强和改进党建工作，为培养更多优秀的大学生党员、推动高校党建工作的蓬勃发展作出积极贡献。

四、结语

在新的历史阶段，高等教育的形态正经历着深刻的变革，高校内部基层党支部的组建工作正面临着前所未有的挑战与崭新的机遇。面对这些挑

战，我们应积极探索高校基层党组织建设的新模式，利用现代网络媒体推动党建工作创新，通过一系列有效措施，如举办丰富多彩的活动、设立服务站点等，强化学生生活园区建设。这些实践不仅为加强高校党的建设和思想政治工作提供了有力支撑，还在促进学生全面发展、维护校园安全稳定等方面发挥了积极作用。

我们应坚持党建引领，以学生园区建设为核心，深入剖析其价值取向，将党建工作与学生生活园区的建设紧密结合，从而将学生园区打造成为党建和思想政治工作的新高地、人才培养的新摇篮、学生管理服务的新基地及维护校园安全稳定的新堡垒。此外，我们还应强调党建工作的系统性和整体性，通过统筹规划、协同推进，确保各项党建工作措施相互衔接、相互促进。这种系统性和整体性的思维使我们的党建工作更有逻辑性和结构性，能够更好地适应新时代的发展要求。

综上所述，面对高等教育形态的不断演变，我们必须持续创新党建工作的方式和方法，以适应新时代的发展要求。通过加强基层党组织建设、利用网络媒体推动党建工作创新、加强学生生活园区党的建设工作等措施，我们能够不断提升高校党建工作的质量和水平，为培养德智体美劳全面发展的社会主义建设者和接班人贡献积极力量。同时，我们还需要在实践中不断总结经验、优化策略，以更好地应对未来可能出现的挑战和机遇。

参考文献

［1］王郦玉，杨亚星，王旭．书院制下生活园区学生党建工作现状调研与提升路径——以华东师范大学为例［J］．高教学刊，2022（27）：31-36.

［2］程效．园区党建工作的实践分析与对策研究——以重庆市北碚国家大学科技园党建工作为例［J］．重庆行政（公共论坛），2016（6）：27-28.

［3］郭壮，佟亚辉．高校党建工作与和谐公寓管理的良性互动机制［J］．经济研究导刊，2023（18）：145-147.

［4］苏利娟．高校学生党支部、楼层长协同工作机制研究——基于学生公寓+党建［J］．现代商贸工业，2022（17）：158-159.

［5］陈伟，何婷婷，陈道俊．"党建+管理"视角下大学生四级寝室网格育人模式［J］．教书育人（高教论坛），2022（21）：52-55.

［6］冯泉清．高职院校党建融入宿舍管理体系的路径与创新研究——以外国语学院为例［J］．产业与科技论坛，2024（2）：269-272.

［7］林华荣．高校"一站式"学生社区党建工作路径探究［J］．世纪桥，

2023（9）：33-35.

[8] 何宇宁，苏秋羽，尹霞，等. 高校"党建进公寓"育人模式创新与探索——基于"1+1+1"党员服务平台 [J]. 办公室业务，2023（6）：183-185.

[9] 徐达，骆思贤. 新时期高校学生党建工作进宿舍的实践与思考 [J]. 湖北开放职业学院学报，2023（2）：141-143.

[10] 郭世俊，张志斌，赵垒，等. 高校"党建+学生管理工作"融合模式的实践与探索 [J]. 珠江水运，2024（1）：52-54.

舒适性视角下青年人才
吸引机制研究

——以海宁市 C 镇（H 区）为例

陈希敏　惠　文*

摘要　一个区域想要发展，满足高质量增长的发展要求，非常重要的一步是实现以人才为核心驱动的可持续化发展。本文以舒适性理论为基础，从大学生、政府、企业三个不同的层次进行资料收集与分析，基于 C 镇（H 区）的青年人才吸引现状，探究 C 镇（H 区）面临的错位青年人才供需困境，将其困境归因为舒适性因素竞争不足，并在舒适性因素弥合的基础上探究青年人才吸引机制。

关键词　青年人才；吸引力；舒适性

一、研究背景与问题提出

古往今来，人才都是强国之本，兴邦之计。中国历史上，人才与政治、经济、文化同步兴衰，盛世之治无不是重视贤能人才之时代。一个区域想要发展，满足高质量增长的发展要求，非常重要的一步是实现以人才为核心驱动的可持续化发展。根据第五次至第七次全国人口普查数据，2000 年我国每 10 万人中具有大学文化程度的人数是 3611 人，2010 年上升为 8930 人，2020 年增长至 15467 人，实现平均每十年 106% 的高速增长。2010 年和 2020 年全国流动人口数量相较 2000 年分别增长了 1.17 亿和 2.31 亿。与此同时，根据教育部统计，2023 年高校毕业生数量达 1158 万。面对规模不断增长且流动性可能不断增强的人才队伍，如何进一步提

---

* 作者简介：陈希敏，浙江财经大学东方学院助教。惠文，浙江财经大学东方学院讲师。
基金项目：本文为浙江财经大学东方学院院级一般课题（编号：2023dfy007）的研究成果。

升人才吸引力是各区域共同面临的机遇和挑战。

海宁市 C 镇（H 区）具有优越的发展区位，位于钱塘江北岸、海宁市西部，北邻桐乡市，西南接壤杭州市临平区，是海宁市"融杭"发展的排头兵，也是浙江大湾区的重要锚点，入选了 2022 年全国综合实力千强镇（排名第 190 位）。海宁市 C 镇（H 区）享受着长三角一体化和同城效应带来的福祉，但杭州对其人才的虹吸效应尤为明显。根据 C 镇对其本土两所高校的一项调查，2021 年两所高校毕业生的"留海率"仅为 1.42%，这导致海宁市 C 镇（H 区）政府面临"抢人大战"失利的尴尬情形。与此同时，C 镇（H 区）两所大学的本地学生却面临就业难的问题，形成了"青年人才供给不足与青年人才需求不足"的缺口。为什么会存在这样的缺口，如何弥合缺口以形成青年人才吸引机制，是本文所研究问题的出发点。

二、理论基础与研究方法

（一）现有研究基础

当前，青年人才吸引的相关研究主要集中于人才概念研究、人才吸引政策研究、人才吸引的个体因素研究以及人才吸引的理论视角研究四个方面。在人才概念研究方面，我国历史上就对"人才"的含义进行了讨论，刘红梅和张超楠（2019）讨论了历史上人才评判的标准，在当前中国的语境下，学者对其概念的界定尚没有统一。王宣瑛（2005）、王宁（2014）、苏宁和屠启宇（2018）、郭利辉（2020）等都对其进行了充分的探讨。在人才吸引政策研究方面，许多学者认为西方国家目前主要通过制定相关移民政策和移民优惠政策来吸引世界各地的人才。朱文军和沈悦青（2013）、张丽霞（2014）、张吉等（2019）、熊文丹和王乐新（2019）基于政策研究的视角，对世界及国内的人才竞争进行了研究。相对于政策的宏观角度，郭洪林等（2016）、王宁（2014）、朱杏珍（2002）、Palivos 和 Wang（1996）从微观的人才个体视角出发，探究了人才吸引的个体因素。在人才吸引的理论视角方面，Hilltop（1999）、朱云和俞明传（2019）运用需求层级理论进行讨论，他们认为要从人的需求层次满足的角度提高区域在

"人才大战"中的吸引度。梁伟年（2004）、陈丽贞（2018）从推拉理论的视角出发，认为流出地的"推力"和流入地的"拉力"促使了人才聚集现象的产生。

通过对人才、人才吸引、人才吸引理论等相关文献的解读和总结得出：第一，无论是在历史上的中西方，还是在当代中国，学者对"人才"概念的界定都没有达成共识；第二，无论是国外学者还是国内学者，都将研究的焦点聚在人才的移民及留学生人才的吸引方面；第三，现有学者对"人才吸引"的相关研究集中在政策研究方面，倾向于对政府当前出台的人才相关政策进行分析，强调从宏观的政策层面探究人才吸引的力度；第四，现有学者更多将研究重点放在推拉理论及需求层次理论上，对于区域舒适物对人才的吸引，特别是对青年人才的吸引，相关研究更多地集中在创意人才这一特定人群。

但是，现有研究仍然存在一些研究缺口需要完善和补充，主要包括：第一，学者对人才吸引的研究大多采用全国性的整合数据，针对一些具有自身发展特性的区域，其适用效果会出现偏差；第二，现有关于人才吸引的研究更多集中在人才竞争政策的研究上，从城镇本身出发探究城镇对人才的吸引度的研究相对较少；第三，人才吸引的相关政策研究重点在物质激励等"硬件吸引"上，关于人才吸引的"软件吸引"，如文化、心理等，现有研究相对较少，需要给予相应的补充；第四，国内学者偏重于对舒适性概念及理论的解读，以及对舒适性指标体系的构建与评价，针对城镇舒适性与人才吸引的相关探索相对较少。

本文尝试从城镇本身出发，探究城镇舒适性与青年人才吸引的相关逻辑，主要从两个方面进行理论探讨：一是青年人才所选择的城镇舒适性因素有哪些？二是如何弥合"青年人才供给不足与青年人才需求不足"的缺口？本文试图以舒适性理论为基础，通过深入访谈及问卷调查，构建"虹吸效应"背景下城镇舒适性吸引青年人才的框架，从而为青年人才吸引的相关制度和政策提供支持。

（二）理论基础与维度构建

舒适性理论认为，令人愉悦的生活条件有利于吸引人才。Glaeser 等（2001）在扩展吸引群体和阶层的基础上，进一步将令人愉悦的生活舒适性分为自然舒适性、人造舒适性、市场消费舒适性和社会舒适性四类。在国外研究的基础上，国内学者结合我国区域发展现状，提出不同的区域舒适性分类，如自然环境舒适性，人文环境舒适性，人工舒适性，社会氛围舒适性，经济发展舒适性，社会生活环境舒适性，公共服务舒适性，科教创新环境、文化和商业舒适性，交通便利程度和卫生服务设施舒适性等（王宁，2014；马凌，2015）。学者对构成舒适性的要素有不同界定，但都强调自然舒适性是核心要素，包含气候、地形、资源、区位等内容（王宁，2014；马凌，2015）。舒适性概念的一个重要特性是地方特有性，即舒适性在特定的地方是特有的，并且是不可以移动的，具有不可替代性，这意味着人们只有去特定的地方，才能够享受到该地特有的舒适性。这些地方不仅包括较大空间尺度的不同区域，也包括较小空间尺度的同一区域内部的不同位置，以及特定位置的社区、住房等。在国内外研究的基础上，本文综合考虑青年人才需求及 C 镇（H 区）的区域特性，将城镇吸引青年人才的舒适性划分为自然舒适性、消费舒适性、公共物品舒适性及社会文化舒适性四个维度。

自然舒适性一般指气温、日照、降雨量等自然形成的气候条件，以及地形、地貌、植被等自然条件。随着社会逐渐步入后工业化时期，我们可以明显观察到，相较于传统经济发展模式过度侧重于生产机器，对人们的生活需求关注不足，如今地区发展日益注重生活品质的提升和消费需求的满足。尤其是在教育水平较高的居民群体中，生存已不再是他们的唯一追求，他们开始关注生活的舒适度和品质。本文围绕消费舒适性在区域发展中的重要作用，将其划分为物质消费与精神消费两个维度。公共物品舒适性这一维度由王宁提出，主要衡量政府的作为水平。针对青年人才，提高开办企业的便利程度，提升医疗服务水平，确保基础教育保障等，从而为吸引人才提供坚实的公共服务保障。社会文化舒适性作为一种柔性的人文环境，其在青年人才吸引方面具有举足轻重的作用，它主要表现在开放性、多样性和包容性这三个方面。

（三）研究方法

1. 资料收集方法

本文从三个不同的层次进行资料收集，分别是青年人才、政府及企业。第一，本文以青年人才到 C 镇（H 区）就业创业的意愿为主题，重点对杭州 X 大学城的高校大学生和 C 镇（H 区）两所高校的青年大学生展开调查，此部分调查问卷共发放 1500 份，回收有效问卷 1314 份，回收率为 87.6%；第二，收集海宁市及 C 镇（H 区）人才吸引的相关政策，从政治机会的角度进行分析；第三，对企业开展调查，此次调查共走访了 C 镇（H 区）26 家企业。首先，发放企业人才调查问卷，共 200 份，回收了 157 份有效问卷，回收率为 78.5%；其次，发放企业发展调查问卷，共 26 份，回收 26 份有效问卷，回收率为 100%；最后，收集 23 份企业层面的访谈资料。

2. 资料分析方法

本文采用定性为主、定量为辅，定性与定量相结合的资料分析方法。首先对大学生及企业人才的问卷进行描述性分析，重点阐述 C 镇（H 区）所面临的青年人才缺口困境；其次借助 NVivo 软件对企业访谈及政府政策文件进行开放式编码与轴心式编码；最后进一步探究青年人才吸引机制。

三、C 镇困境：错位的青年人才供需

随着我国经济的快速发展，人才培养成为国家发展的重要支柱。特别是青年人才，他们代表着一个地区未来科技、经济和社会发展的希望，因此各个地区纷纷把青年人才的争夺作为重要战略，力求在这场竞争中占据优势。在此背景下，如何"抢"人，如何"抢"高素质的人，成为地区未来发展的关键所在。海宁市 C 镇（H 区）具有优越的发展区位，享受着长三角一体化和同城效应带来的福祉，但杭州对其人才的虹吸效应更为明显，面临"抢人大战"失利的尴尬情形。另外，C 镇（H 区）两所大学的本地学生面临就业难、认知结构失衡及知识与技能结构失衡的问题，呈现出青年人才供需失衡的局面。

（一）天平的倾斜：失衡的青年人才供给

青年就业创业群体作为人才的供给方，在流向劳动力市场的过程中存在认知结构失衡及知识与技能失衡两个方面的问题，总体上表现出供给不足的矛盾。另外，将来工作地区的舒适程度是影响青年人才就业地域选择的重要因素。综合以上三种因素，C 镇面临着青年人才供给失衡的问题。

1. 认知结构失衡

认知结构失衡主要表现为青年人才，特别是大学生群体的职业期望与客观人才要求冲突。随着社会发展水平的不断提升，青年人才对就业择业的相关要求变高，到热门行业、发达地区、大企业的意愿较强，但是从其自身能力的角度来考量，部分学生往往达不到所要求的标准，因此很多大学生面临着"毕业即失业"的困境。此外，为追求职业目标而选择继续深造的本科生比例在逐年扩大，"慢就业""缓就业"等现象是大学生就业认知结构失衡的直接结果。有关调查数据显示，45.51%的大学生选择在企业就业；27.17%的大学生选择继续深造；13.7%的大学生选择考公务员或事业单位；10.88%的大学生选择自主创业，剩余 2.74%的大学生另有想法。

2. 知识与技能结构失衡

行业的飞速发展要求大学生具备强大的知识储备、转化及增值能力。《海宁市制造业高质量发展"十四五"规划》提出，未来发展要瞄准产业发展前沿，结合海宁实际，将打造时尚产业 1 个千亿级产业集群，壮大泛半导体、高端装备制造、光伏新能源、新材料 4 个 500 亿级产业集群，培育生命健康、航空航天 2 个百亿级产业集群，构建海宁"142"先进制造业集群。这无疑给大学生就业群体提供了很好的就业机会。然而，在高等教育扩招及我国一定程度上"重理论轻实践"的教育模式的影响下，大学生无法理解人才市场逻辑对集成性知识的要求，也缺乏将专业知识与岗位要求、行业发展关联的能力，高技术技能人才、复合型知识人才紧缺。

3. 就业地域的舒适性偏好

就业地域偏好是指求职者在择业过程中对就业地域所表现出来的某种倾向。长期以来，大部分大学生从求学那一刻起就踏上了"离乡之路"。但是，近年来大学生留在"外面"的意愿逐渐降低。在参与调查的学生群体中，有 74.27%的学生为浙江省内的学生，仅 2.44%的学生是海宁户籍，这让他们的回乡成本大大降低。调查数据显示，青年人才在选择就业地点时，选择经济环境好的比例为 79.15%，生活环境好的比例 71.43%，人文环境好的比例 49.85%，企业环境好的比例 48.4%，人才政策环境好的比例 32.22%，自然环境好的比例 17.78%，因此，青年人才的就业地域选择与该地区的舒适性有一定的关联性。

（二）来去皆失：得不到满足的青年人才需求

青年人才吸引的关键在于"人才"的争夺，近些年 C 镇（H 区）在社会经济发展过程中享受到了作为杭州周边区域的红利，社会经济发展较为迅速，杭州对其的人才虹吸效应和溢出效应更为明显，导致 C 镇（H 区）在"抢人"大战中失利，主要表现为政府"引不来"人才与企业"留不住"人才。

1. 政府"引不来"人才

地方政府的人才政策是吸引和集聚人才的重要抓手，从实践来看，杭州市政府与海宁市政府都争相出台了各类人才优惠政策，以吸引和集聚优秀人才到本地创业就业。然而，在与杭州市"抢人才"的竞争中，海宁市政府面临着政策工具吸引度低的问题。从政策工具选择上看，同质化的现象严重。杭州市在社会公共服务、工作环境和区域发展潜力等方面存在着较大的地理空间优势，人才的联动效应等因素更容易对人才形成强大的吸引力。另外，海宁市和杭州市在人才引进政策上均采用以现金奖励和补贴支持为代表的货币化形式的政策工具，包括现金奖励、科技研发支持、租房优惠、创业支持等。

2. 企业"留不住"人才

政府是吸引青年就业创业的政策提供者，企业是人才引进的主体，是人才供给的主要需求主体。企业人才调查数据显示，企业人才工作年限不到 5 年的占比最高，为 37.58%；其次是工作年限在 5~10 年的人群，占比为 33.76%；工作年限在 10~20 年的人群占比为 23.57%；工作年限超过 20 年的人群占比最低，仅为 5.1%。从整体趋势来看，工作年限越长，人数越少。C 镇（H 区）的企业以中小型民营企业为主，这些企业普遍面临两个方面的问题：一是缺乏合理的人力资源规划，致使"才不配位"等事件屡屡发生，导致难以引进或留住高端人才；二是中小企业受其资金及规模限制，无法在自己的企业中培养本土人才，因此需要高校或者其他大型企业协助培养。但是，这样培养出来的人才存在小企业不适应及忠诚度低的问题，很大可能会选择跳槽到其他企业。

四、城镇特性：C 镇（H 区）的舒适性分析

在虹吸效应下，C 镇在吸引青年人才"留海""留 C"的过程中处于政府"引不来"人才与企业"留不住"人才的双重困境中，最终形成了供需错位的青年人才缺口。针对这一缺口，推拉理论将其归结为地区之间推力与拉力的相互牵绊，过度强调经济条件在其中的作用；需求层次理论将这一缺口归结为人的不同层次需求得到满足的情况，这在一定程度上忽略了客观环境的影响。笔者认为自然地理、人工设施、社会文化氛围等非经济要求对青年人才的就业地域选择具有重要的影响作用，在青年人才就业创业地域选择的过程中，其需求由单一的经济收入向综合的生活质量的提升转变，综合的生活质量提升是基于区域或者城镇的舒适性因素构建起来的。因此，笔者结合 23 家企业访谈资料及海宁市人才政策文件，从 C 镇（H 区）自身特性出发，对其舒适性进行分析，从而搭建 C 镇（H 区）吸引青年人才的桥梁。

（一）政策文本分析

NVivo 软件的词频功能可以显示出政策文本中出现频率最高的词语，帮助我们了解青年人才相关政策的倾向性。词频图中字码的大小直接反映了其在政策文本中出现的次数，笔者运用 NVivo 软件对海宁市青年人才政策文本进行词频分析，设置搜索条件为显示前 200 个词频，图 1 为依据海宁市相关政策文本节点生成的词频图，其相关政策的关注点主要在发展、企业、人才、青年等方面。由此可以看出海宁市对青年人才的重视程度，以及其采取的一系列政策措施。

但是，词频的分析方式无法有效地观察和比较政策本身及环境舒适性程度对青年人才的吸引程度。因此，笔者从海宁市的 12 份政策文本出发，对其进行开放式编码，并将开放式编码及其对应的主轴式编码嵌入其政策文本的分析中（见表 1），从而对海宁市的舒适性及其对青年人才的吸引程度进行深层次的理解和分析。从现有的编码内容来看，海宁市认识到了青年人才对区域整体发展的重要性，并且出台了一系列的政策，政策涉及青年人才就业和创业保障、物质环境、文化环境、青年人才需求及人才平

台建设五个方面，为 C 镇（H 区）的青年人才引进提供了方向指引。

图1 海宁市青年人才政策文本节点词频

表1 政策文本中的主轴式编码与开放式编码

主轴式编码	开放式编码示例
青年人才就业与创业保障	实施就业困难人员精准帮扶 构建就业失业动态监测和就业政策效果评估机制
物质环境	实施"青年购房无忧"计划 实行高校毕业生到海宁市企业就业补贴 实行高校毕业生就业见习补贴 进一步推进杭海城际铁路建设 加大人才住房和保障性住房建设力度 实施"青年出行无碍"计划
文化环境	建成一批高水平的公园、游乐场和艺术场馆 创建海宁市青年发展型社区 建强青年活动阵地
青年人才需求	培育青年文化人才，鼓励青年在微电影、短视频、网络直播等文化新兴领域创新成才 加大高技能人才的培养和引进力度，鼓励高技能人才到海宁就业，企业新建立"海宁市技能大师工作室"的，一次性给予3万元开办经费补助
人才平台建设	湖乡青年振乡村；培育青农创业主体 实行创业平台建设补助、税费减免、创业补贴和带动就业补贴 推进见习基地和创业园建设，大规模吸引大学毕业生到 H 就业创业拓宽识才渠道，探索建立在学校、企业、农村、社会组织等领域优秀青年的分层分类培养体系

（二）C 镇舒适性分析

C 镇隶属于海宁市，其人才相关政策以海宁市的政策为基准，具有其发展特殊性，属于全国综合实力千强镇，该镇立足长三角一体化发展战略视角和站位，锚定"海宁区域副中心"和"融杭发展桥头堡"定位，试图构建以 C 镇（H 区）为中心的钱塘国际新城。地区的发展要紧紧围绕"以人为本"的理念，而发展的关键在于人才的吸引。因此，C 镇要从自身出发，从其舒适性出发，构建青年人才的吸引机制。

本文结合 23 家企业的访谈资料，结合 NVivo 软件对受访者的原始描述进行编码，继而将所有编码进行归纳，将其划分为自然舒适性、消费舒适性、社会文化舒适性及公共物品舒适性四个类目，气候、地形、区位、物质消费、精神消费、文化设施、友好包容的价值观、青年人才的归属感、科技创新环境、社会保障水平、基础教育保障水平、人才引进合作平台、人才政策及公共服务便利化水平 14 个子类目。

1. 自然舒适性

根据受访者的描述，在气候方面，C 镇与杭州市、海宁市其他地区相比，并无太大差异，无论是生活还是工作都相对比较舒适；在区位方面，C 镇相比于海宁市其他城镇，具有天然的区位优势，其坐拥中国最富饶的长三角城市群，是沪杭黄金分割点、环杭州湾城市群，对接杭沪两大国际区域的关键战略锚点。在 23 个访谈资料中，有 16 个访谈涉及区位，共有 20 个参考点（见表 2）。

表 2　自然舒适性的编码结果

主要类属	次要类属	参考点（个）	访谈内容举例
自然舒适性	气候	5	我们当时选址在这里也是因为气候相对比较适宜
	区位	20	开始考虑了下沙市区，海宁招商成本低
	资源	10	如果是在下沙或者杭州的高校，我们的学生不愿意到海宁来就业 海宁的话，我觉得首先它地理位置是不错的，上海、江苏、浙江、嘉兴其实处于三者中间 在交通方面，大部分员工采取自驾的方式，因为公交车站较远，班数较少，希望公交与工作时间相符，末班车最晚是 6 点多，公共出行方面对上班的员工造成了不便

2. 消费舒适性

正如鲍德里亚所阐述的那样，社会的整体发展逐渐由生产型社会向消费型社会转变。我们若仅仅从"生产"这一视角来解读社会的发展进程未免过于狭隘。区域对人才的吸引力有很大一部分来自区域舒适性，特别是为青年人才构建的"消费想象"。此时，人才流入的区域称为集体消费品，一方面，公众的消费成为区域发展的"投资环境"，从而促进集体消费品构成消费型资本；另一方面，消费舒适性成为吸引人才，特别是高端人才的重要条件。本文将消费舒适性划分为物质消费及精神消费两个维度，其中精神消费涵盖 10 个参考点，物质消费涵盖 16 个参考点（见表 3），这在一定程度上反映了青年人才在做就业创业地域选择时区域消费舒适程度的影响作用。

表 3　消费舒适性的编码结果

主要类属	次要类属	参考点（个）	访谈内容举例
消费舒适性	精神消费	10	我们有健身房、篮球场
	物质消费	16	如果说交通便捷的情况下，你们自己可能会更想去下沙逛逛 你想住房给你解决了，吃饭给你解决了，也就没有了压力

3. 社会文化舒适性

社会文化舒适性与自然舒适性最大的不同之处在于，自然舒适性是一个地方的天然特性，而社会文化舒适性是以人为主体，在人与人、人与群体、群体与群体之间所营造的一种社会氛围。一个地方的社会文化舒适性程度与青年人才对地区的归属感密切关联，是青年人才"留得住"的重要因素。根据访谈资料，笔者将社会文化舒适性分为包容的价值观、青年人才的归属感及科技创新环境三个子类目：包容的价值观涵盖 6 个参考点；青年人才的归属感涵盖 9 个参考点；科技创新环境涵盖 14 个参考点（见表 4）。通过受访者提供的信息发现，C 镇在包容的价值观层面呈现出积极的状态；科技创新环境是青年人才"留下来"的重要考量；青年人才的归属感层面存在明显的不足，这主要体现在大学生对 C 镇的了解程度上。当询问学生对 C 镇的了解情况时，很多学生表示"不太了解"，这也在一定程度上显示出青年人才对 C 镇的归属感不强，这样不仅会导致青年人才"留不下"，而且会导致青年人才"留下"之后"留不住"。

表4　社会文化舒适性的编码结果

主要类属	次要类属	参考点（个）	访谈内容举例
社会文化舒适性	包容的价值观	6	厂里的员工来自全国各地，也没有固定哪里人，也没有地域歧视 企业要想办法把海宁学校的这些学生留住
	青年人才的归属感	9	一小部分会有外来人才待遇比本土人才的待遇好些的情况，科技类奖项难以申请，虽然公司可以使用该专利，但是专利在美国，难以申报科技类奖励
	科技创新环境	14	浙江智能工厂这类奖项的奖金发得太慢

4. 公共物品舒适性

公共物品与私人物品相对应，其最重要的两个特征是非排他性与非竞争性。政府是公共物品的主要供给方，公共物品的供给情况是衡量政府作为水平的重要依据。在当前各个地方"抢人"的激烈竞争下，政府的公共物品供给质量和水平成为吸引青年人才的重要因素。本文结合现有研究及 C 镇调研资料，将公共物品舒适性划分为基础教育保障水平、社会保障水平、人才合作平台、人才政策及公共服务便利化水平五个子类目，其中基础教育保障水平涵盖 11 个参考点，社会保障水平涵盖 9 个参考点，人才合作平台涵盖 16 个参考点，人才政策涵盖 25 个参考点，公共服务便利化水平涵盖 29 个参考点（见表5）。从受访者提供的资料来看，在基础教育保障水平层面，C 镇需要加强青年人才子女的上学名额等相关工作。在社会保障水平层面，有受访者表示 C 镇医疗资源的配套情况需要进一步加强。在人才政策方面，许多受访者表示若想要从杭州吸引人才，其相关的人才政策要向杭州看齐，甚至要比杭州的条件好一些，这样才能够有竞争优势，同时要特别注重加强人才公寓等配套设施的建设工作。在公共服务便利化水平方面，有受访者表示要加强 C 镇的公共交通建设。C 镇拥有四通八达的交通网络，与萧山国际机场、杭州东站、海宁西站等区域枢纽均在一小时行程圈内，区域实现了高效连接，然而与其区位优势不相匹配的是其公共交通的便利性，虽然开通了杭海城际，但是地方的公交运营时间较短，站点少，不利于人才通勤，这也成为吸引青年人才的一个阻力。在人才合作平台方面，C 镇虽然坐拥两所高校，但是尚未形成"政企校"三方高效联动机制。

表5 公共物品舒适性的编码结果

主要类属	次要类属	参考点（个）	访谈内容举例
公共物品舒适性	基础教育保障水平	11	这边小孩子的上学名额和资源非常有限，留不住人 希望医保可以异地通用；医疗资源一定要配套 东方学院这一块没有做过招聘
	社会保障水平	9	目前还没机电那边的，机电我们也没去过，知道是知道，但是没去过 可能是我们现在产业跟高校合作得不多
	人才合作平台	16	政府的一些人才政策我们享受不到，我们都是工人居多，希望政府向基础性产业倾斜
	人才政策	25	由于区域等级差异太大，大部分员工希望把社保交在杭州 由于距离杭州较近，相比于嘉兴的院校，企业更偏向于招聘杭州高校的学生 人才公寓来的话，你别给我分三六九等 公共服务那肯定对于人才吸引有很大的影响
	公共服务便利化水平	29	像海宁这个地方，说实话它基础设施在我们这个园区不是非常优秀

五、青年人才吸引机制分析

（一）竞争不足：舒适性分析结果

本文以舒适性理论为基础，从大学生、政府、企业三个不同的层次进行资料收集与分析，基于 C 镇（H 区）青年人才吸引现状，探究 C 镇面临的错位的青年人才供需困境：一方面是失衡的青年人才供给，主要体现为青年人才认知结构失衡、知识与技能结构失衡以及就业区域的舒适性偏好；二是不能满足青年人才需求，主要体现为政府"引不来"人才，以及企业"留不住"人才。

通过对海宁市政策文件分析发现，其相关政策的关注点主要在发展、企业、人才、青年、人员支持等方面，这体现了海宁市对青年人才的重视程度。C 镇隶属于海宁市，其人才相关政策以海宁市的政策为基准，但是 C 镇具有其发展特殊性，要从 C 镇自身出发，从其舒适性出发，从而更好地探究青年人才吸引机制。研究表明区域的舒适性要素在影响青年人才就业区域选择时表现出"引力"和"阻力"两种状态。当"引力"舒适性要素能够满足青年人才的需求时，青年人才会产生"留下来"；当"阻力"舒适性要素不能够满足青年人才的需求时，便会阻碍青年人才"留下来"。城镇吸引青年人才的理论框架包含自然舒适性、消费舒适性、社会文化舒适性及公共物品舒适性四个要素，这四个舒适性要素均对青年人才具有吸引力，由此可以得出结论：区域舒适性有助于吸引青年人才。与此同时，本文通过对访谈资料进行编码分析，进一步得出结果，公共物品舒适性对青年人才的吸引力最为显著，社会文化舒适性次之；消费舒适性及自然舒适性紧随其后。总体来看，四要素均显现出舒适性竞争不足的状态。

（二）机制构建：舒适性要素的弥合

自然舒适性的利用。自然舒适性能够对地区吸引力产生影响，自然舒适性高的地区具有较高的人才吸引力。在舒适性理论视角下，自然舒适性在所有的舒适性因素中占据核心地位。从现有的研究结果来看，C 镇（H 区）坐拥良好的区位优势、适宜的气候与丰富的资源，与其说它是城镇，不如说它更像自然环境中的"区域"，是发展方向更像区域的特殊城镇。因此，在青年人才引进的过程中，C 镇（H 区）要注重自身自然舒适性的利用。

消费舒适性的优化与升级。消费舒适性是吸引人才的关键因素。根据"第三空间理论"，酒吧、咖啡厅、书店等面对面交流的开放式休闲场所有助于促进社会交往。这些场所不仅满足了人才之间沟通、讨论等社交需求和工作需求，还能带来更多的思想交流和知识溢出。在此过程中，人们得以放松身心，激发创造力，从而创造出更多的价值。消费舒适性所营造的轻松、刺激、富有创意的环境有助于激发人才潜能。在这样的环境下，人们更容易产生新的灵感，突破传统思维框架，这对于人才成长和创新能力提升具有重要意义。因此，众多青年人才倾向于消费舒适性，它们成为青年人才会集的重要载体，C镇（H区）要注重自身消费舒适性的优化与升级。

社会文化舒适性的营造。社会文化舒适性是青年人才吸引力的重要来源。这一结果为区域培育开放、包容、多元的社会氛围提供了有力的经验证据。区域汇聚"人气"才能聚集"人才"。首先，开放性环境对青年人才吸引力产生了显著效应。一方面，开放性环境有助于吸引国内外投资，能够直接创造出更多高品质的青年人才就业机会。另一方面，开放性环境为青年人才提供了丰富的对外交流途径和平台，激发了他们的内在潜能，进一步释放了创新创造力。这种创新创造力不仅是区域发展的关键驱动力，也是提升青年人才吸引力的重要因素。其次，多样性文化是社会舒适性的另一个关键要素。多样性文化通常意味着较低的社会融入障碍或门槛，对外来流动人口具有极大的吸引力。同时，多样性社会结构有利于多元知识和技能的交流与融合，从而提升整个地区的吸引力。多样性文化不仅能丰富生活内涵，还能提升对青年人才的吸引力，为区域发展注入新活力。最后，包容性氛围是社会舒适性的核心要素之一。包容性氛围意味着地方能更灵活地调动资源，开展企业家活动，为青年人才提供广阔的发展空间。同时，包容性氛围还体现为一种乐于接受创新活动，鼓励新兴事物发展的社会环境。这种环境对青年人才具有强烈吸引力，有助于青年人才队伍的建设和优化。因此，C镇（H区）在发展过程中应重视吸收接纳来自不同地域、具有不同背景的人口，进一步释放自身发展潜能，提高整体吸引力，营造更具魅力、更有活力的社会文化环境。

公共物品供给质量的提升。公共物品的供给质量始终是影响青年人才作出迁移决策的重要因素。其中，教育和医疗是最具代表性的两个方面。面对人才"用脚投票"的情况，C镇（H区）要继续优化教育、医疗资源配置水平和配置效率，同时借助新兴科技推动教育、医疗系统改革，利用互联网技术加速公共服务模式革新，从而提高其对青年人才的吸引力，实现青年人才"安其居、乐其业"的美好愿景。与此同时，面对以大学生为代表的青年人才主体，要加强政校企之间的联动，构建多元主体的人才合作平台，为青年人才留在C镇提供更加广阔的渠道。

参考文献

[1] 陈丽贞. 国内外人才集聚研究综述及启示 [J]. 科技经济市场, 2018 (1)：157-160.

[2] 郭洪林, 甄峰, 王帆. 我国高等教育人才流动及其影响因素研究 [J]. 清华大学教育研究, 2016 (1)：69-77.

[3] 郭利辉. 武汉高新技术企业人才吸引力评价指标体系的构建研究 [J]. 海峡科技与产业, 2020 (10)：85-88.

[4] 刘红梅, 张超楠. 人才定义的演变与发展 [J]. 教育教学论坛, 2019 (38)：66-67.

[5] 苏宁, 屠启宇. 全球城市吸引力、竞争力、创造力的内涵与互动特点 [J]. 同济大学学报（社会科学版）, 2018 (5)：115-124.

[6] 马凌. 城市舒适物视角下的城市发展：一个新的研究范式和政策框架 [J]. 山东社会科学, 2015 (2)：13-20.

[7] 梁伟年. 中国人才流动问题及对策研究 [D]. 武汉：华中科技大学, 2004

[8] 王宁. 舒适物、人才流动与产业升级（专题研究）[J]. 人文杂志, 2014 (9)：95.

[9] 王宁. 区域舒适物与消费型资本——从消费社会学视角看区域产业升级 [J]. 兰州大学学报（社会科学版）, 2014 (1)：1-7.

[10] 王宣瑛. 青年人才特点与成长途径 [J]. 中国青年研究, 2005 (2)：34-36.

[11] 熊文丹, 王乐新. 基于熵值法的人才吸引评价分析 [J]. 高师理科学刊, 2019 (11)：23-27.

[12] 易丽丽. 发达国家人才吸引政策新趋势及启示 [J]. 国家行政学院学报, 2016 (3)：45-49.

[13] 张吉, 王超, 潘媛媛. 深圳市人才吸引力水平与国内主要城市比较分析 [J]. 人才资源开发, 2019 (21)：13-15.

[14] 张丽霞. 我国地方政府关于高层次人才引进的资金补助政策分析 [J]. 科技管理研究, 2014 (4)：25-28.

[15] 朱军文, 沈悦青. 我国省级政府海外人才引进政策的现状、问题与建议 [J]. 上海交通大学学报（哲学社会科学版）, 2013 (1)：59-63, 88.

[16] 朱杏珍. 人才集聚过程中的羊群行为分析 [J]. 数量经济技术经济研究, 2002 (7)：53-56.

[17] 朱云, 俞明传. 人才流动影响因素研究—— 一项来自长三角城市的实证 [J]. 上海商业, 2019 (2)：4-11.

[18] Glacier E, Kolko J, Saiz A. Consumer city [J]. Journal of Economic Geography,

2001（1）：27-50.

　　［19］Hilltop J M. The quest for the best：Human resource practices to attract and retain talent［J］. European Management Journal，1999（17）：422-430.

　　［20］Palmolive T，Wang P. Spatial agglomeration and endogenous growth［J］. Regional Science Urban Economics，1996（26）：645-669.

　　［21］Ullman E L. Regional Development and The Geography of Concentration［J］. Papers in Regional Science，1958（4）：179-198.

认知·体验·情感：三维递进下红色文化融入党团队一体化文化育人的路径探索

张　渊[*]

摘要　红色文化作为独特文化遗产，不仅凝聚了中国革命的历史智慧，还是新时代培育和传承社会主义核心价值观的重要资源。党的十八大之后，以习近平同志为核心的党中央强调党团队一体化建设的重要性，发布一系列政策文件，推动党、团、队资源和力量整合，培养具有坚定共产主义信仰的接班人。本文基于认知、体验、情感的三维递进模式，深入分析红色文化在党团队一体化文化育人中的作用机制和实施路径。研究发现，红色文化的有效融入可以加深学生对党的历史和理论的认知，丰富他们的实践体验，激发他们对党和国家的情感归属，促进学生理想信念的坚定和品德情操的提升。

关键词　红色文化；党团一体化；认知、体验、情感的三维递进模式

一、引　言

党的十八大以后，以习近平同志为核心的党中央提出构建党团队一体化，加强党团队工作的重要性，并出台《关于深入贯彻落实党建带团建、队建　加强少先队工作体制机制建设的意见》《关于贯彻落实党建带团建、队建　加强大中小学校党团队一体化建设的意见》等政策性文件，以推动这一进程。这一举措旨在通过整合党、团、队等组织的资源和力量，培养

---

　　*　作者简介：张渊，浙江财经大学东方学院讲师。
　　课题项目：2024年度浙江省少先队研究课题《认知·体验·情感：三维递进下红色文化融入党团队一体化文化育人的路径探索》（课题编号：ZS202473）。

具有优秀党性和坚定共产主义信仰的接班人，传承和发扬红色文化，进行政治启蒙和价值观塑造，从而为祖国的未来和中华民族作出贡献。这些措施不仅强化了党对青年一代的引导，还为培养有社会责任感、有国际视野的新时代青年打下了坚实的基础。

二、红色文化的传承内涵

（一）党性文化的传承内涵

党性文化的传承体现在对共产党员政治品格和理想信念的培养上，强调理论与实践的结合，通过深入学习党的理论知识，如马克思列宁主义、毛泽东思想、习近平新时代中国特色社会主义思想等，加深对党的历史、党的基本理论和党的基本路线的理解。它要求党员不断提高政治觉悟，坚定理想信念，培养良好的党性修养，以实际行动践行党的宗旨。党性文化的传承核心在于，强化党性理论教育和革命传统教育，培养坚定的共产党员。这种文化传承要求在教育过程中深入解析党的理论和历史，将党性教育与学生的实际生活和学习经验紧密结合，通过讲述党的历史、英雄人物的故事和重大革命事件，让学生深刻理解共产党人的初心和使命，培养学生的党性觉悟和革命理想信念。

（二）革命文化的传承内涵

革命文化的传承内涵在于继承和发扬中国革命的伟大精神，包括牺牲奉献、艰苦奋斗、勇于创新和坚定信念等。通过学习党领导下的革命历史，特别是重要革命事件和革命英雄人物的事迹，传承革命文化，激发爱国情怀和革命英雄主义。革命文化的传承强调将革命传统基因融入学生的思想意识中，让学生通过学习革命历史，了解中国共产党领导下的革命斗争及其伟大成就。这种文化传承旨在让学生从历史的角度认识到革命精神的传承，理解新时代革命精神的现代价值，提升学生的民族自信心和文化自豪感。

（三）民族文化的传承内涵

民族文化的传承内涵在于弘扬中华民族的历史、语言、艺术、宗教和习俗等方面的优秀传统文化。这种传承要求深入挖掘和展示中华民族的文化精髓和独特魅力，如孝道文化、中医文化、书法和绘画艺术等，以及对和谐、勤劳、智慧和勇敢的价值观的认同。它旨在增进民族文化自信心和自豪感，加强文化自觉，保护和传承非物质文化遗产。民族文化的传承在于弘扬中华民族的伟大民族精神，包括爱国主义、集体主义、英雄主义等。在党团队一体化教育中，通过讲述民族英雄的故事、重大历史事件及民族优秀传统，教育学生继承和发扬民族精神，增强民族认同感和民族自豪感，培养学生的爱国情怀。

（四）社会主义先进文化的传承内涵

社会主义先进文化的传承内涵在于培养和弘扬社会主义核心价值观，如富强、民主、文明、和谐；自由、平等、公正、法治；爱国、敬业、诚信、友善。这种文化传承强调通过教育和实践活动，培育公民的社会责任感、集体主义精神、创新能力和道德品质，促进社会主义文化的繁荣和发展。社会主义先进文化的传承注重社会主义核心价值观的教育，通过党团队一体化的教学活动和实践，加强学生对社会主义先进文化的认同和理解。这一传承强调利用党的理论和实践成果，引导学生树立正确的世界观、人生观和价值观，促进学生全面发展。

（五）中华传统文化的传承内涵

中华传统文化的传承内涵在于传承和弘扬中华民族的优秀传统美德和文化智慧，包括仁义礼智信、和谐共处、敬天爱人等。通过对经典文学、哲学、历史的学习，以及对传统节日、民俗活动的体验，深化对中华传统文化的理解和认同，促进文化传承和创新。中华传统文化的传承注重挖掘和传承中华优秀传统文化中的革命元素和进步思想，如忠诚、勇敢、坚韧、奉献等。这种传承要求在现代教育中融合传统文化与革命文化，利用传统节日、民俗活动等，教育学生了解和尊重传统文化，培养学生的文化自觉和自信。

（六）爱国文化的传承内涵

爱国文化的传承内涵在于培养和强化对国家和民族的深厚情感，这种文化体现为对祖国的忠诚、对人民的爱、对社会的责任感和对中华民族伟大复兴的共同追求。它通过讲述历史上的爱国故事、学习爱国英雄的事迹、参与爱国主义教育活动等，激发人们的爱国情怀，增强国家意识和民族自豪感。爱国文化的传承也涉及对国家的未来发展和社会进步的积极参与，鼓励个体为实现国家繁荣和民族复兴贡献力量。通过这种文化的传承和弘扬，形成全社会尊重历史、关注现实、面向未来的良好风尚。爱国文化的传承注重培养学生的爱国主义情感，将爱国主义基因作为教育的重要内容。通过组织学生参观革命纪念地、纪念馆等，听取革命烈士的事迹，学生可以直观地感受到革命先烈英勇奋斗的伟大精神。

三、红色文化融入党团队一体化文化育人的必要性和可行性分析

（一）红色文化融入党团队一体化文化育人的必要性

红色文化融入党团队一体化文化育人的必要性不仅体现在《中共中央关于全面加强新时代少先队工作的意见》和《国家中长期教育改革和发展规划纲要（2010—2020年）》中，还体现在当代中国社会培养全面发展青少年的重要战略选择上。这种必要性源于对学生正确价值观的塑造、道德品质的培养及组织纪律观念的建立，是确保青少年健康成长、为社会主义现代化建设贡献力量的基础。

在新时代背景下，红色文化的传承和发展面临着新的机遇与挑战。随着信息化、经济全球化的深入发展，外来文化冲击使青少年面临多元价值观的选择，因此将红色文化融入党团队一体化文化育人显得尤为重要。红色文化作为中国共产党长期革命斗争中积累的宝贵精神财富，蕴含着丰富的历史智慧和道德力量，是培养青少年爱国情怀、集体意识、社会责任感

的重要资源。党团队一体化的全链条路径不仅是一种组织形式的创新，更是一种深入人心的教育实践。通过将党的教育资源和团队组织的活力相结合，可以有效地将红色文化的精神内涵转化为青少年可感知、可参与的实践活动，使红色文化教育更加生动、贴近生活。此外，党团队一体化育人模式能够为红色文化的传承创造更加广阔的空间，使之不再局限于课堂内的理论教育，而是渗透到学生的日常生活中，通过社会实践、志愿服务等形式，让学生在实践中学习红色文化，感悟红色精神。

更重要的是，红色文化融入党团队一体化文化育人有利于强化青少年的历史使命感和时代责任感。在新时代的征程中，培养担当民族复兴大任的时代新人需要青少年深刻理解和继承红色文化中的理想信念、斗争精神和道德情操。通过党团队一体化的育人模式，使红色文化教育与国家的发展目标、时代的前进方向紧密相连，激励青少年立志成才，为实现中华民族伟大复兴的中国梦贡献青春力量。因此，红色文化融入党团队一体化文化育人不仅是对青少年进行思想政治教育的需要，也是培养具有良好道德品质、强烈社会责任感和国际视野的新时代青年的关键。这种育人模式可以有效地传承和弘扬红色文化。

（二）红色文化融入党团队一体化文化育人的可行性

将红色文化融入党团队一体化文化育人，其可行性分析基于当前社会、政治及教育环境的具体条件。首先，从历史积累和文化传承的角度来看，中国共产党自成立以来积累的丰富的革命文化资源、英雄人物事迹及革命理论成果，为红色文化教育提供了坚实的内容基础。这些资源的存在，使红色文化融入育人体系不仅具有深厚的历史根基，而且拥有丰富的教育资源。其次，党团队一体化的组织架构为红色文化的融入提供了有力的组织保障。党组织的领导和共青团、少先队的广泛覆盖，构成了覆盖各级教育机构、渗透学生日常生活的组织网络。这种组织网络的存在不仅能够确保红色文化教育活动的有效实施，也有助于形成对学生全方位、多层次的育人效果。再次，当前国家对思想政治教育的重视为红色文化的融入提供了政策支持。各级政府和教育部门陆续出台的关于加强和改进青少年思想政治教育的指导意见和实施方案，明确了红色文化教育的重要地位和具体要求，为其融入党团队一体化文化育人提供了政策和指导。最后，红色文化本身所蕴含的丰富精神价值和时代意义，与新时代青少年成长的需求和社会发展的要求相契合。红色文化中的爱国主义精神、集体主义精神、奋斗精神等，对引导学生树立正确的世界观、人生观、价值观，培养他们的社会责任感和历史使命感具有重要作用。这种精神价值的传递，不仅能够促进学生个人全面发展，也能够为社会主义现代化建设培养出更多有用之才。

红色文化融入党团队一体化文化育人不仅具有必要性，而且在当前的社会政治环境、教育体系、技术条件下，其具有很强的可行性。有效的组织实施和创新性的教育方式可以使红色文化教育成果更加显著，为培养新时代的社会主义建设者和接班人奠定坚实的基础。

四、红色文化融入党团队一体化文化育人的调研分析

本次专题调研共抽样大中小幼学校 276 所。其中，幼儿园 58 所、小学 109 所、初中 81 所、高中 26 所、大学 2 所。同时，走访和实地考察了海宁市的两所学校，分别是海宁市仰山小学和海宁市长安镇中心小学，党团队红色文化教育的结果统计如下：

（一）关于组织党团队红色文化教育活动的频率

海宁市在不同教育阶段（幼儿园、小学、初中、高中、大学）组织党团队红色文化教育活动的频率显示了明显的趋势和差异。从表 1 可以看出，大学阶段对红色文化教育活动的重视程度最高，其中有 50% 的大学经常组织此类活动，已成为学校教育的鲜明特色，还有 50% 的大学将其作为校园制度定期组织，如在重大节假日。相比之下，初中阶段的定期组织频率较高，达到 66.67%，但经常组织的比例最低，仅为 3.46%，表明当地在初中阶段虽然重视红色文化教育，但更倾向于在特定时间点集中进行。

表 1　海宁市大中小幼学校组织党团队红色文化教育活动的频率

内容	幼儿园（%）	小学（%）	初中（%）	高中（%）	大学（%）
经常组织，已形成学校教育的鲜明特色	32.76	37.61	3.46	26.92	50.00
定期组织（如重大节假日），已形成学校制度	48.28	51.38	66.67	69.23	50.00

总体来看，海宁市的大中小幼教育机构普遍重视红色文化教育的组织与实施，不同教育阶段根据其教育特点和学生接受能力采取不同的组织频率和形式，从而确保红色文化教育活动能够有效地贯穿学生的成长过程，为学生树立正确的价值观和世界观打下坚实的基础。

（二）关于组织党团队红色文化教育活动的内容

从海宁市大中小幼学校各教育阶段组织的党团队红色文化教育活动内容（见表 2）来看，各教育阶段在红色文化教育的内容选择上存在显著差异，反映了不同年龄段学生的教育需求和重点不同。海宁市在不同教育阶段对红色文化教育内容的选择和侧重反映了教育的层次性和针对性，旨在通过不同内容的红色文化教育活动，培养学生的爱国情感、社会责任感，以及对中华文化的认同和尊重。

表 2　海宁市大中小幼学校组织党团队红色文化教育活动的内容

内容	幼儿园（%）	小学（%）	初中（%）	高中（%）	大学（%）
革命文化育人教育	63.79	65.14	81.48	80.77	50.00
社会主义先进文化教育	84.48	93.58	96.3	96.15	50.00
中华优秀传统文化教育	27.59	55.96	66.67	65.38	50.00
民族团结教育	39.66	44.95	45.68	38.46	100

（三）关于组织党团队红色文化教育活动的效果评价

从海宁市各教育阶段组织的党团队红色文化教育活动效果评价（见表 3）可以看出，不同教育阶段对红色文化教育活动的效果评价展现出了一定的差异，但整体而言评价结果比较正面，说明这些活动在不同程度上成功引导了学生正确认知红色文化。值得注意的是，在所有教育阶段中，将红色文化教育活动效果评价为"一般"的比例都较低，尤其是在大学阶段，没有收到任何"一般"的评价，说明红色文化教育活动普遍能够在一定程度上达到预期的教育目标。总体来说，海宁市在大中小幼各教育阶段通过组织党团队红色文化教育活动，在引导学生正确认知红色文化方面取得了较好的效果。虽然不同阶段的教育活动效果存在差异，但普遍反映出积极的影响，表明红色文化教育在传承和发挥社会主义核心价值观的重要作用。

表3　海宁市大中小幼学校组织党团队红色文化教育活动的效果评价

内容	幼儿园（%）	小学（%）	初中（%）	高中（%）	大学（%）
很好，能有效地引导学生正确认知红色文化	55.17%	60.55%	53.09%	38.46%	50.00%
较好，在一定程度上帮助学生正确认知红色文化	37.93%	34.86%	43.21%	57.69%	50.00%
一般，教育效果不明显	6.90%	4.59%	3.70%	3.85%	0

五、认知·体验·情感：三维递进下红色文化融入党团队一体化文化育人的实践模式

（一）一维认知：聚焦红色主题，点燃红色文化

在党团队一体化文化育人模式下，红色文化教育通过其全面而系统的教育模式，深化学生对红色文化的认知，激发他们的兴趣，并最终引导他们继承和发扬红色基因。在具体实践中，这一目标可以通过开发特色红色课程、引导学科教育渗透和建设校内外实践基地等多方面的努力来实现。

开发特色红色课程：在党委、团委、党支部、团支部、少先队的共同支持下，学校开发与当地历史、文化特色紧密结合的特色红色课程。这些课程应涵盖情境感染类、活动体验类、精神再现类等多种形式，旨在通过多样化的学习体验，让学生深刻感受到红色文化的魅力。通过参观纪念场馆、重走革命路线、聆听革命故事等方式，学生可以从直观体验中提炼抽象认知，更好地理解和吸收红色文化的精髓。党务、团务组织的工作者在这一过程中发挥着不可或缺的作用，他们通过协调资源、邀请专家等方式，确保教育内容的丰富性和深度。

引导学科教育渗透：将红色文化教育渗透到日常学科教育中，是实现党团队一体化文化育人的有效手段。通过在学科教学中融入红色基因，特别是语文、历史等学科，教师可以借助现有教材内容，如《狼牙山五壮

士》《开国大典》等，引入红色文化元素，让学生在学习传统学科知识的同时，接受红色教育的熏陶。此外，音乐、美术等学科也可以通过学唱红色歌曲、创作革命主题画作等方式，将红色文化的学习融入到学生的兴趣爱好中，从而提高教育的吸引力，扩大影响力。

建设校内外实践基地：根据党团队一体化的指导原则，建设一系列校内外红色文化实践基地，以提供更加广阔的学习平台。这些基地既包括以活动形式存在的无形基地，如团旗、队旗交接仪式，也包括有形的学习环境，如革命主题阅读室、"四史"学习阵地等。这些实践基地能够为学生提供身临其境的学习体验，增强他们对红色文化的认同感和归属感。此外，校外实践基地的建设，如与地方纪念馆、博物馆合作等，可以将学习活动延伸到校园之外，让学生在更为广阔的社会背景中学习和体验红色文化。

（二）二维体验：联结多方互动，传承红色精神

通过深度倾听、匠心育人，以及走访城市进行红色寻味等策略，致力于将红色文化的深刻内涵转化为学生的实际体验，进而深化他们对红色精神的理解和认同。这一过程不仅是知识的传递，更是情感和精神的共鸣，通过党团队一体化的强大联动效应，为学生提供一个全面、深入了解和体验红色文化的平台。

三联三共，共同参与：在"三联三共"模式下，党团组织的有效协同不仅将红色教育的资源和力量进行了优化整合，还创造了一个互助共赢的教育生态环境。这种模式下的红色教育不是孤立的，而是一个融入学生日常学习和生活的过程，它通过党委与党支部、教师与学生、学生与团支部及少先队的紧密联系，实现了从理论学习到实践活动的无缝对接，让学生在参与中学习，在学习中成长。学生党员、团员和少先队员在老师和党团组织的指导下，共同策划和参与红色文化相关的实践项目。例如，共同组织"追寻红色足迹"社会实践活动，学生党员负责调研和规划路线，团员负责宣传和组织参与，少先队员负责实地考察并全程记录。这样的分工合作不仅让每个成员都有明确的责任和任务，还能通过跨年级、跨组织的合作加深对红色精神的理解和体验。

深度倾听，匠心育人：深度倾听是一种生动的历史教育。通过走访老党员所在的单位或村庄，直接听取那些参与过革命、建设和改革的老一辈

党员的亲身经历，学生党员在此过程中担任主持和讲解员，团员和少先队员负责策划活动和收集问题，鼓励在座的学生提问和交流。这种互动式的历史教育能让红色精神的传承更加生动和深刻，同时培养学生的组织能力和交流能力。学生可以更直观、更生动地理解红色精神的价值和意义。这种直接的历史见证使红色精神不再是抽象的概念，而是具有血肉和情感的故事，更易于激发学生的情感共鸣和思想共识。

走访城市，红色寻味：以党团队为单位组织学生开展城市红色文化探索活动。该活动不仅包括参观革命历史博物馆或纪念地，还包括走访革命老区、探索城市中的红色文化遗迹等。在这一过程中，学生党员负责前期的资料收集和线路规划，团员负责活动的具体组织和实施，少先队员则通过参与活动进行学习和体验。通过这样的活动，学生不仅能够获得丰富的红色文化知识，还能够在实践中加强团队协作和实践能力。通过实地探访那些革命遗址和纪念地，学生不仅能够获得更加丰富的历史知识，还能够在实践中加深对红色精神的理解和认同。这种形式的教育活动将学习与体验、认知与情感紧密结合，让红色精神在新时代的青少年心中生根发芽。

（三）三维情感：树立向党意识，升华红色心灵

在三维情感阶段，党团队一体化的红色文化教育活动通过深化学生对党的感情、加强爱国情怀和传承红色基因，树立学生的向党意识，升华他们的红色心灵。通过具体而生动的活动，学生党员、团员和少先队员能够有效联合在一起，共同参与和推进红色文化的传播和学习。具体的实施策略如下：

主题实践活动的深化：通过党团队一体化组织，开展一系列与"四史"相关的主题实践活动，如"红色故事会""时代楷模进校园"等活动，让学生通过听故事、看展览的形式深入了解党的光辉历程和英雄模范的壮举。学生党员在这些活动中担任领导者和组织者的角色，团员和少先队员则积极参与，通过角色扮演、模拟演练等方式，体验党员和革命先辈的责任与使命，从而增强自我认同感和使命感。

党史知识竞赛的举办：举办党史知识竞赛是激发学生学习红色知识、增强红色情感的有效手段。学生党员可以作为题目的出题者和竞赛的评委，团员和少先队员参与竞赛，通过这种形式，学生不仅能够在准备过程中深化对党史的理解，还能在竞赛中通过互动和讨论，加深对党史知识的

记忆和理解。此外，优秀的竞赛作品可以在校园内外进行展示，鼓励更多学生参与到红色文化的学习中来。

利用网络平台进行红色文化的创新传播：网络平台为红色文化的传播提供了广阔的空间和创新的方式。教师和学生党员可以联合开发适合青少年的网络课程，团员和少先队员参与课程的学习和讨论。在特殊的纪念日，如国庆节、五四青年节，通过网络平台组织线上红色歌曲合唱、红色故事征文等活动，让学生在虚拟空间中也能感受到红色文化的魅力。此外，还可以创建红色文化的网络学习社区，邀请学生党员、团员和少先队员共同参与讨论和交流，形成线上学习红色文化的良好氛围。

参考文献

［1］习近平．在文化传承发展座谈会上的讲话［N］．人民日报，2023-06-02．

［2］王献甫．先锋工程铸魂育人学校"党团队一体化育人"建设的探索与实践［J］．基础教育论坛，2021（20）：6-7．

［3］钟良．党团队"六个一体化"建设培养合格建设者和可靠接班人［J］．中国共青团，2020（6）：71-73．

［4］房炳云．传承红色基因，吹响新时代号角：北京第二实验小学大兴实验学校党团队工作一体化育人的探索与实践［J］．北京教育（普教版），2022（9）：47-48，65．

［5］黄曼君，冯碧燕．党团队一体化，打造传承红色基因全链条［J］．中国德育，2022（2）：75-77．

劳动教育背景下的社区管理
产教融合教学模式研究

刘央央*

摘要 劳动教育与产教融合之间具有互相促进的关系，社区管理课程具有强实践属性。在劳动教育和MAQ型人才培养理念下，课程存在学生学习积极性低与大班校外实践授课"形式化"的问题。在合作方深度参与下，本课程明确了"三管"公共管理技能、"六心"公共部门价值和职业品格的公共事务管理接班人教学目标，重塑了课程内容体系，创新性地引入了递进式项目制模式，确保全员有效参与，实现多方受益格局，具有较高推广价值。

关键词 劳动教育；社区管理；产教融合；教学模式

一、引言

社区管理是浙江财经大学财政学专业地方财政管理方向的专业选修课，于2019年开设，共有2学分，是学校在应用型改革背景下开设的首批课程，是省级劳动教育一流本科课程，其培养目标是培养具备公共部门视野的基层公共管理应用型人才。课程的"公共部门"性质与"与人打交道"内容，使本课程具有很强的社会实践性。与此同时，未来经济社会的快速发展，对财经类专业人才的培养提出了更高要求，新财经人才的培养目标为培养高情操（Morality）、高能力（Ability）、高素质

---

* 作者简介：刘央央（1982-），女，浙江省温州人，浙江财经大学东方学院讲师。研究方向：社会保障理论与政策。

项目来源：2022年浙江省劳动教育一流课程《社区管理》。

（Quality）的 MAQ 型全面发展人才①。如何在本课程中实现 MAQ 型人才的培养呢？我们认为劳动教育下的产教融合正是实现 MAQ 型人才培养的重要途径之一。马克思劳动实践哲学指出劳动使人在与自然、社会及自我的三重关系中逐渐拥有自己的本质，形成人的全面发展。由此可见，MAQ 型人才契合劳动教育理念。与此同时，《中共中央 国务院关于全面加强新时代大中小学劳动教育的意见》指出大学的劳动教育需要通过学科专业有机渗透这一途径来展开以达到人才培养目标。从这个层面而言，劳动教育与专业教育的产教融合目的上是一致的，通过产教融合，以实现劳动立身（职业）、劳动树德（品行）、劳动立志（青年远大理想抱负）。社区管理课程的教学模式改革正是在劳动教育理念下积极与社区开展"双向奔赴"的产教融合之路的。

二、本课程原教学模式中存在的问题

（一）学生学习积极性低

本课程与专业主要课程体系的地位差异导致学生学习本课程的积极性低。财政学专业属于应用经济学学科，在专业课程体系中，财政学类课程是主干课程，财会税收类课程是辅助课程，管理类课程则为兴趣拓展课程，学生主要通过选修的形式学习此类课程，学生的专业思维更倾向于财经分析，而非管理分析，学生缺乏充足的前期基础铺垫导致提不起上课兴趣，存在上课走神、玩手机等"不想学"的问题。造成此类问题的一个重要原因是，课程内容"看似简单"，相对于繁杂的财会知识，社区管理内容较为简单，学生容易形成"不用学都知道"的心理。但是，一旦进入案例分析练习或者到实际环境中去解决问题，又会出现"无处下手"的尴尬境地。显然，该问题本质是知识如何转变为技能。

在实际工作中，社区民生支出是一个地区财政支出的重要方面，关系到社会民生保障质量。财政学专业学生通过深入学习，能够解决专业学习上的"财为民用在哪里"和"财为民用得如何"两大核心问题，可以说

---

① 魏江．以科研思政和党建引融培养 MAQ 人才［R］．浙江财经大学，2024．

修读本课程是提升专业能力的重要途径。因此，我们认为要将课程"做大、做实、做难"，要从"大财政格局、重实践训练、提内容难度"三个角度着手进行改革，一方面将课堂从校内搬到校外的真实场景，另一方面系统设置与学生及社区实际需求接近的教学内容体系与实践体系，实现深度产教融合，让学生"想学、能学、乐学"，激发课程对学生的吸引力，让学生真正实现"学有所成"。

（二）校外授课形式化

相对于理工科实践产出的"有形性"，文科实践产出则表现为无形的思维提升。大班授课形式缺乏有效的产教融合授课管理机制，容易出现各种"摸鱼"现象。社区作为本课程的实践场所，开放程度与复杂程度非常高。本课程每期选课人数不少于 50 人，而合作社区仅提供十余个实习岗位，数量差距之大给产教融合提出了难题。在这种情况下，如何带领大批学生实现产教融合是一个巨大的挑战，很容易产生"作秀""到此一游"等形式化现象。因此，我们认为本课程的产教融合过程亟须一种行之有效的、能够激发学生自我管理能力的教学管理手段，确保产教融合教学产出。

三、教学模式改革举措

基于上述问题，遵循 MAQ 型人才培养思路，本课程在明确培养目标和重塑教学内容体系的基础上，设计契合专业特点与行业标准的"两课堂"联动产教融合教学模式，与社区合作，建立实践教育基地，形成全流程参与的"双导师制"，即校内导师与校外导师共同开展实践内容设计、实践授课与实践评价，确保实践教学达到专业教育水准。着力引入递进式项目制开展实践。通过对社区岗位职能与作用进行反复解构，开发出基础技能训练层次的"顶岗实践项目制"与综合技能提升层次的"创投实践项目制"，形成与能力递进提升相对应的实践体系，确保全员有效参与实践。

（一）明确课程培养目标

结合财政学专业高素质经管类应用型人才培养目标，围绕基层公共事务管理所需知识与能力要求，本课程在马克思主义劳动观（通过劳动促进人的全面发展）指导下，形成以"劳动立智、劳动立身、劳动立德"的教学目标，培养学生成为具备"三管"公共管理技能、"六心"公共部门价值和职业品格的公共事务管理接班人（见图1），具体如下：

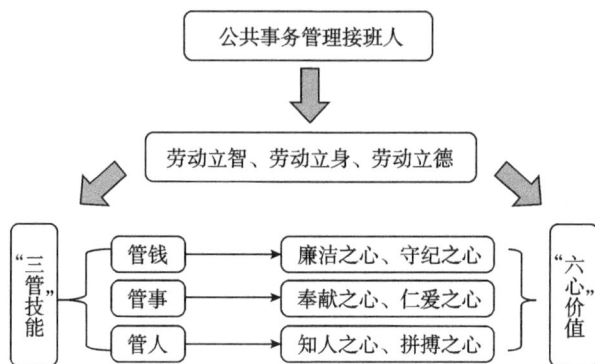

图 1　课程培养目标

（1）通过课内外学习掌握社区管理知识，形成公共部门视野与财政思维下的公共事务治理现代化的认知体系。

（2）通过岗位实践解决基层公共事务问题，培养岗位执行力、组织管理力、人际沟通力、临场应变力"四位一体"的岗位胜任力和劳动能力，形成管事、管人、管钱"三管一体"的职业技能体系。

（3）通过产教融合促进大学生理想信念与社会管理责任感的培养，形成仁爱之心、守纪之心、奉献之心、廉洁之心、识人之心、拼搏之心"六心一体"的职业价值体系。

（二）重塑教学内容

现有社区管理教材大多面向管理类专业，内容上难以满足本专业人才培养要求，因此，课程内容应基于财政学专业学生学习本课程的特殊目的，通过与校外导师的共同合作，围绕"区情调查—项目实施—绩效评价"的财政思维，设置体现现实趋向性与理论性有机融合的四章精品理论内容，以及先课堂后校外、先易后难的实践体系，如表1所示。

表1　课程内容与资源

课程内容	课时	教学资源				
		课件	大纲与学习指导书	案例集	优秀实践作品资源	讲座视频
社区管理概述	4	1	√	√		
社区管理内容	4	1	√	√		
社区管理主体	4	1	√	√		
社区管理方法	4	1	√	√		
校内实践	4		√	√	14	1
校外实践	12		√		6	
小计	32	4	3	1	20	1

（三）构建"两课堂"联动产教融合教学模式

1. 具体实施过程

"两课堂"联动是指校内课堂（理论讲授、案例讨论、翻转课堂"三位一体"校内教学），与校外实践（递进式项目制校外实践）共同推进的课程教学模式。通过巧妙融入爱国、敬业、科学精神等十大课程思政元素，打造与专业融合、与就业融合、与现实融合的专业课，让学生掌握"三管"实践技能的同时，自觉养成遵守岗位纪律、主动承担工作任务、注意寻找方法与技巧等职业习惯，具备"六心"思政价值与职业品质，实现"以劳动立智、以劳动立身、以劳动立德"的教育目标。详细思政切入过程与"两课堂"联动过程如表2和图2所示。

表2　课程思政元素切入与"两课程"实施

章节内容	课程内容	切入点		思政与劳动教育元素	教学过程	教学方法
一、社区管理概述	社区管理基本概述	富强	自信	社区建设取得丰硕成果，植入"财为民所用"的理念，激发学生的家国情怀和民族自豪感	以修川社区众志成城抗疫案例为切入点，分析社区新发展阶段的管理行为	理论讲授案例教学

续表

章节内容	课程内容	切入点	思政与劳动教育元素	教学过程	教学方法
二、社区管理内容	社区环境管理	爱人民	以"共享、平等、发展、和谐"为理念，讲授社区环境、民主政治参与、公共服务管理、公共事业管理、公共安全管理等内容，培养学生"仁爱之心"，形成"管事"的视野	以修川社区外立面改造为课程案例，开展课外实景考察、课内献计献策、社区主任点评的授课内容	案例教学社区实践
	社区社会事务管理	共同富裕		模拟"民生议事堂"，开展社区讨论	情景教学社区实践
三、社区管理主体	社区管理组织	纪律意识	以组织纪律严明为特征，介绍社区相关的管理组织及其职能，了解社区党群服务中心等相关组织职能，培养学生的"纪律之心"，养成遵守纪律的工作习惯	学生寻找身边的社区管理组织，挖掘身边的社区管理组织及其职能	生做师评翻转课堂
	社区管理者素质	爱岗敬业	以爱岗敬业为职业精神，介绍社区管理者需具备的素质，激发学生"奉献之心""廉洁之心"，学习"管人、管事、管钱"技能，形成爱岗敬业的品质	社区主任从业讲座：基层十年"三部曲"	讲座学习心得总结
	人员配备	过程公正	以社区工作人员配备制度为依据，传达社区人员配备、招聘、培训教育及人员调任过程内容，培养学生具备社区管理者"知人之心"，学习"管人"技能	举办社区工作者招聘面试模拟赛	理论讲授以赛促学
四、社区管理方法	方法	科学精神	融入创新精神，讲授社区工作方案的步骤与内容撰写方法，制定社区工作方案，培养学生"拼搏之心"	社区管理能力体现的理论集成：社区工作方案制作	社会调查方案撰写
	创新	创新发展			

续表

章节内容	课程内容	切入点	思政与劳动教育元素	教学过程	教学方法
五、校外劳动	项目制实践	劳动实践出真知	以"知行合一"为引领，深入社区实践，实现显性实践"三管"劳动技能训练与隐性"六心"职业价值有机融合	社区管理工作习惯、劳动技能、职业品质的实践集成	社区实践外化于行

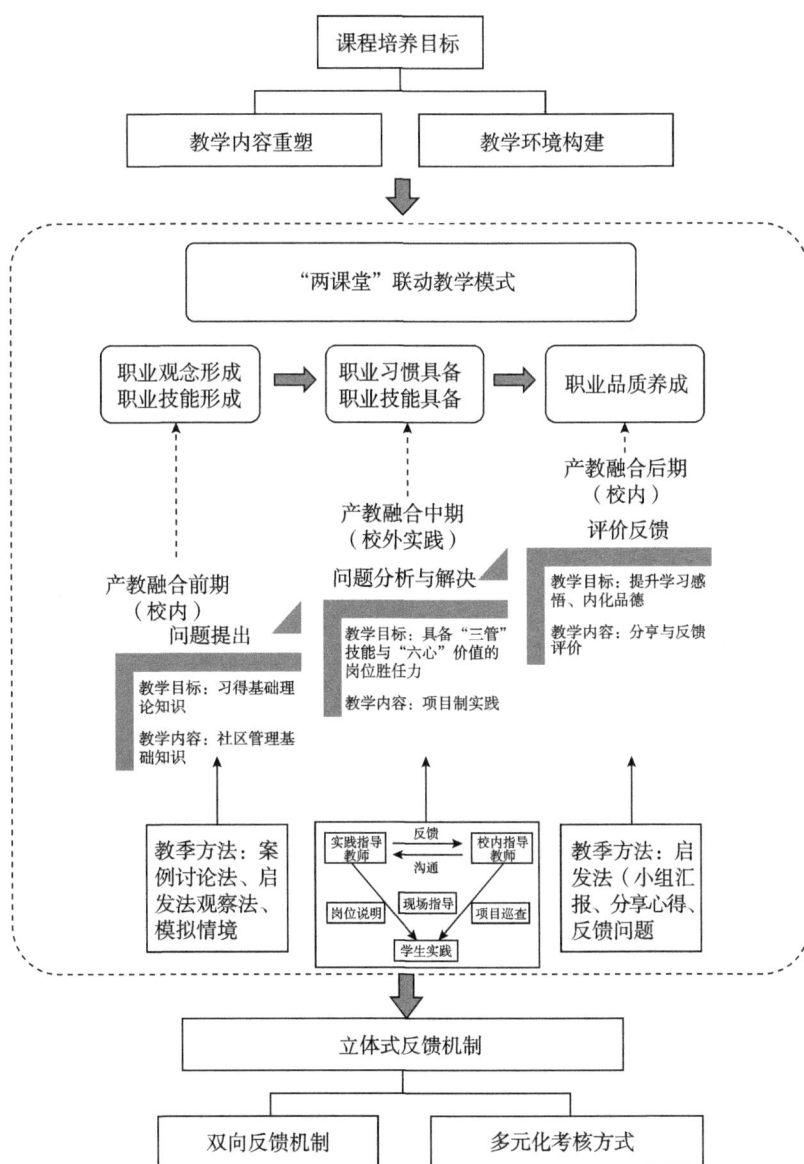

图2 "两课堂"联动实施过程

具体而言，本课程的产教融合过程如下：

第一，在产教融合初期阶段，将校内教学作为起点，以问题为导向组织学生进行理论学习、案例讨论、讲座听讲、情景模拟、观察等，习得基础理论知识，从中提出实践问题。

第二，在产教融合中期阶段，以校外社区实践为主，在校外实践中采用递进式项目制实践模式，它包括基础技能训练层次的"顶岗实践项目制"与综合技能提升层次的"创投实践项目制"（见图3），前者包括在岗实践与线上地方党史播报志愿服务。在顶岗实践中，学生深入社区，开展七彩周末课堂、养老服务经费测算、社区文化挖掘、垃圾分类积分兑换业务实操、红色物业设计制作、老旧小区加装电梯入户调查等10个劳动项目任务，学生依据项目不同进行分组，每个项目设置项目组长，采用观察、实地调查、情境分析等方法在真实人物、真实事件、真实环境中感知社会现实并寻找答案。党史播报项目由3~4名学生组成小组进行播报，

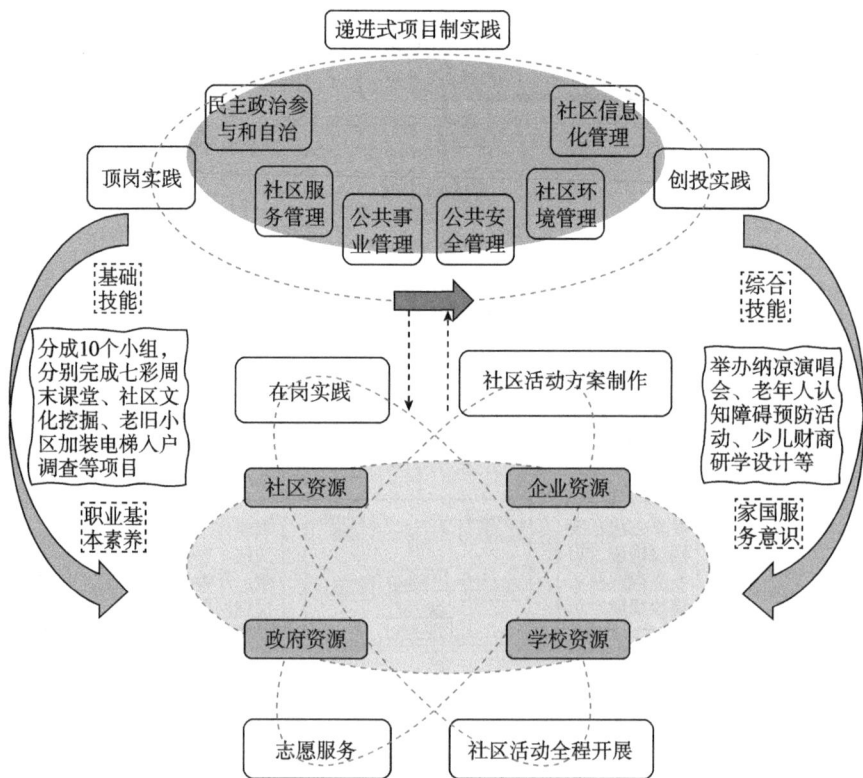

图3 递进式项目制实践模式

社区择优进行公众号播放，培养学生"三管"技能与"六心"价值，使其具备基层公共事务管理的基本岗位胜任力。同时，为了进一步提升学生的综合实践能力，设置"创投实践项目制"，社区或者老师出题，学生先通过调查、区情分析撰写创新的社区活动方案，然后根据方案开展社区活动，最后校内外导师根据方案、活动效果进行综合评价。

第三，产教融合后期阶段为总结反馈阶段，学生汇报实践成果，分享学习心得，双导师进行总结评价，学生提升学习感悟，并将其内化成爱岗敬业、拼搏创新的劳动品德与职业素养。

2. 课程成绩评定方式

本课程采用过程性考核方式，总成绩由40%课堂学习和60%项目制实践成绩构成，主要考核学生的综合能力。校内考核内容为学习态度、课堂表现及作业完成质量，校外则依据项目制实践项目不同，形成不同的考核标准，包括实践参与度、项目完成情况、报告撰写能力等，并进行双导师考核。具体评价考核指标如表3所示。

表3　成绩构成情况

课堂学习考核（40%）	考核项目	每次课堂布置的任务	
	考核内容	学习态度（出勤情况、学习准备情况等）	
		课堂表现（主动发言、回答正确、自主思考）	
		作业完成质量（准确性、及时性、独立性）	
	考核方式	任课教师考核	
实践教学考核（60%）	考核项目	顶岗实践（30%）	创投实践（30%）
	考核内容	参与度（团队合作、态度积极）	参与度（团队合作、态度积极）
		成果质量标准（格式规范、逻辑完整、论证严密）	成果为方案和活动过程视频，方案要求格式规范、逻辑完整、论证严密等，视频要求清晰、完整、形象生动等
		汇报表现（表达清晰、PPT排版）	
	考核方式	校内教师、校外导师各占50%	

3. 课程产教融合改革成效

经过课程开展，学生对本课程的评价都较高，校内外教学参与度及热情都很高，学评教成绩优秀。另外，形成的多方受益格局，对学生来说，通过参与本课程学习，能够在校期间就获得非常真实的实习实践经历，提升职业技能，塑造职业品格，同时还可以对其他专业课学习、专业实践、毕业论文撰写产生较好的延伸效应。截至目前，与本课程相关的学生成果：省级竞赛 12 人次获奖，省级及以上创新创业类项目 4 项，1 个院级十佳暑期社会实践团队，毕业生从事基层公共管理工作 16 人，优秀毕业论文 11 篇。对于校内专业指导教师来说，课程产教融合改革能够形成有益的教学改革经验，主讲教师研究成果获得当地政府主要领导批示 1 项，获批嘉兴市社科项目 1 项，还带着管理经验参加另一个当地社区的改造项目，这些实践结果形成良性循环，助力教师提升育人成效。对于合作方——修川社区来说，该课程可以解决社区管理人手不足的问题，提升社区知名度，创新社会管理实践，履行本部门的社会责任，有利于本社区居民获得高质量的、喜闻乐见的公共服务。截至目前，本课程实践获得国家级、地区级媒体报道 3 次。

四、改革的意义与推广价值

1. 专业教育与行业实践"深融合"，成为产教融合的"坚实阵地"

社区管理作为财政学的专业课程，在"财为民所用"理念的指导下，紧密围绕社区管理行业规范与要求，以"基层公共事务管理者"的"三管"技能与"六心"职业素养为培养目标开展产教融合，形成适应本区域发展的社区管理教学体系与社区建设能力体系，使本课程成为产教融合育人的"坚实阵地"。

2. 劳动教育与专业教育"强融合"，实现劳动教育"形神兼备"

通过丰富的校外实践活动，把课堂"搬到"社区，用多样的实践教学引导学生从实践出发认识理论，体会课程思政元素与劳动精神，在习得"三管"技能的同时，能够自然、自发、自觉地形成"六心"价值，培养出全面发展的新时代大学生。

3. 专业教育与实际情况"严融合"，确保产教融合"有效产出"

引入递进式项目制进行实践教学管理，集聚多方资源，解决大班外出实践管理难、实践效果难以明确、实践积极性不高等难题，实现校外实践全员参与。同时，本课程实践教学设计了双导师、多元化的育人评价机制，解决了大班外出实践形式化难题，确保了行业方的深度参与，最终实现了产教融合的"有效产出"。

参考文献

［1］连宏萍，杨谨顿．社区居委会参与老旧小区物业管理的困境及机制探索［J］．城市问题，2024（2）：36-45.

［2］陈琼，柳友荣．新时代劳动教育校外实践基地建设：内涵、问题与路径［J］．教育理论与实践，2024（11）：3-8.

［3］何虹，张忠，曹国．地方应用型本科经管类专业产教融合的对策研究［J］．常州工学院学报（社会科学版），2019（3）：109-115.

劳动经济学课程思政的教学
设计与教学实践研究

李彦俊*

摘要 立德树人是高等教育的本质目标，在专业知识教学中自然顺畅地融入思政元素，开展和推动思政教育活动，有利于学生形成正确的人生观、世界观、就业观等，有助于实现立德树人的教育理念和教育目标。同时，课程思政也会让课堂"活"起来，让学生更积极地参与课堂活动，从而提高学生学习的效率。劳动经济学是劳动与社会保障专业的核心基础课程，本文以劳动经济学为例进行了课程思政教学设计，选取劳动力市场歧视和工资收入差异两个教学知识点，以营造公平有序的就业环境和建设共同富裕示范区为目标，采用课程案例融入思政的方法进行了教学实践研究，概括总结了教学目标、思政教学过程、教学改革及教学效果等。

关键词 劳动经济学；课程思政；教学设计；案例分析

劳动经济学是经济学科体系中非常重要的分支。我国是一个拥有丰富劳动力资源的国家，在中国特色社会主义市场经济运行过程中，各种劳动经济问题日益普遍且逐渐突出。当代大学生未来无论从事政府工作，还是从事非政府工作，都必然进入劳动力市场，因此系统地学习劳动经济学的原理，对正确地理解劳动力市场现象和更好地参与劳动力市场都具有十分重要的意义。

教育的本质是立德树人，培养德才兼备的社会主义接班人是高等教育非常重要的目标。劳动经济学是劳动与社会保障专业的核心课程，在其教学过程中逐渐地融入思政元素，开展和推动思政教育活动有利于培养学生正确的人生观、世界观和就业观，实现立德树人的教育理念和教育目标，

* 作者简介：李彦俊（1988-），男，汉族，山西运城人，浙江财经大学东方学院财税学院讲师。研究方向：劳动经济问题、社会保障问题研究。

同时课程思政也会让课堂"活"起来，让学生更积极地参与到课堂中，提高学生学习的效率。

一、课程内容与教学目标

（一）课程内容

本课程的内容共分为十一章，第一章为导论，主要介绍劳动经济学的研究范畴、学习意义和研究方法，介绍课程逻辑结构。第二到第五章着重介绍劳动力市场的基本理论，主要从宏观和微观的角度探讨劳动力市场需求和供给，以及劳动资源配置等基本原理。第六到第十章着重阐述劳动力市场运行过程中的各种现象和结果，包括工资差异和结构、劳动力流动与迁移理论、劳动力市场歧视理论、内部劳动力市场和失业政策与理论等。第十一章着重从政府的视角来分析，政府作为宏观调控者，其有关政策是如何影响劳动力市场的。

（二）教学目标

通过本课程的学习，使学生比较系统地掌握劳动经济学的基本知识和基本理论，能够正确理解市场经济条件下的各种劳动经济现象，掌握劳动力市场运行的基本特点和基本规律，了解各种市场性、制度性、社会性因素对劳动力市场运行的影响，以及劳动力市场运行与宏观经济运行之间的关系，培养学生观察、认识、利用所学知识分析和解决劳动经济问题的能力。

1. 知识目标

（1）掌握劳动经济学的基本概念、基本原理和基本理论。

（2）了解劳动经济学的研究方法、基本思路和研究范式。

（3）学会运用劳动经济学知识分析劳动力市场的现象，透过现象分析本质。

（4）建立劳动经济学基础知识的理论体系，优化自己知识结构。

2. 能力目标

（1）提高学生利用经济学思维分析和理解劳动经济现象、解决劳动力问题的能力，增强思辨能力。

（2）通过课程设计的实践任务提高资料收集能力、社会调研能力、PPT 制作能力和演讲汇报能力。

3. 素养与价值目标

通过价值引领，弘扬社会主义核心价值观，培养新时代大学生投身国家建设的社会责任感、使命感和自豪感，坚定理想信念，培养学生浓厚的家国情怀，深刻理解和领悟世情、国情与党情。

二、课程教学设计

1. 优化教学目标，更新思政设计理念

专业课程是高校思政教育的"隐性课程"，劳动经济学课程的思政目标是通过专业课程，培养学生观察、认识、利用所学知识分析和解决劳动经济问题的能力，增强思辨能力，培养经济学思维。

劳动经济学课程以劳动力资源优化配置为核心，通过研究劳动力供给、劳动力需求，分析劳动力市场的运行、组织和结果。因此，劳动经济学是一门理论与实践结合非常密切的课程，课程内容相关资料的收集紧紧围绕我国本土劳动力市场的背景（人口红利、少子化、老龄化、高质量发展、共同富裕、区域经济、最大的发展中国家等）展开，通过时政新闻资料收集、思政案例课堂讨论、小组主题调查汇报及线上资源学习等多种形式开展线上线下全方位思政教育。

2. 修订教学大纲，完善内容思政设计

根据课程内容的特点及融入思政元素的契合点，对教学内容进行合理优化。在教学内容方面，深挖思政元素，着重收集新颖、有趣的思政案例。比如，张桂梅与张桂梅原型电影《我本是高山》的争议。围绕这些案例，学生讨论以下知识点：①劳动的价值：人为什么要工作，工作的动机是什么？②劳动力市场歧视：前市场差别，女性在进入劳动力市场之前，在原生家庭中未能得到公平的教育机会。③人力资本投资：走出大山后女生们有了新的人生轨迹。

目前已经完成劳动经济学教学大纲、学习指导书的新一轮修订，同时完成劳动经济学课程思政案例集和实训大纲的修订工作，并在本轮实践中将课程中涉及的思政元素与案例等融合课程内容（见表1）让学生广泛参与讨论，一方面增强学生对劳动经济学理论知识的理解；另一方面通过对客观劳动力市场的认识，培养学生用经济学思维分析劳动力客观市场，理解劳动力市场中出现的各种现象的原因的能力。

表1 劳动经济学课程中的思政元素与思政案例

教学内容	思政融入知识点	思政元素与内容	思政教学案例
导论	（1）课程学习的意义 （2）劳动力市场的典型特征	宣扬"劳动者最光荣"；鼓励学生培养吃苦耐劳的精神；"幸福是奋斗出来的"	（1）课程实践任务：资料收集、主题调研、PPT汇报 （2）劳模精神、企业家精神 （3）张桂梅
劳动力供给	（1）个人工作—闲暇模型 （2）家庭供给决策	世情国情党情民情、爱岗敬业、法治精神；培养学生"青春在于奋斗而不是享乐"的人生观	（1）案例分析：继承巨额遗产会导致一个人退出劳动力队伍吗？ （2）"怎么看待清华北大留学生不回国？" vs. 钱学森先生艰难归国路
人力资本投资	（1）教育投资模型 （2）教育是一项有益的投资吗	科教兴国、职业生涯规划；批驳短视的"读书无用论"；强调社会需要与个体需要、社会价值与个体价值的统一	（1）实证分析：上大学或者考研是划算的吗？
劳动力需求	（1）劳动力需求的影响因素 （2）人工智能对劳动力需求数量和结构的影响	培养学生分析问题的公正视角与辩证思维方式；警醒学生培养忧患意识；引导学生辩证看待技术进步的双重效应	（1）资料分析——城市抢人大战 （2）人工智能（AI、ChatGPT等）进步对劳动力需求的影响
工资差异与结构	（1）工资差别理论	自由、平等、和谐、共同富裕	（1）浙江省共同富裕示范区 （2）2022年我国及各省份平均工资对比分析
劳动力流动	劳动力流动经济分析	国情、民情、职业匹配	（1）百度地图上的春运迁徙大数据，映射出一个融合的中国经济
劳动力市场歧视	（1）劳动力市场歧视理论 （2）我国劳动力市场中的歧视类型	强调"平等、公正、互惠"的劳动力市场理念；弘扬平等、公正的价值观，培养正确的就业观	（1）案例分析：两会上提出的反乙肝歧视提案（2006年） （2）第一学历歧视 （3）地域歧视 （4）性别歧视

续表

教学内容	思政融入知识点	思政元素与内容	思政教学案例
就业与失业理论	失业类型与原因	爱岗就业，引导学生树立积极的就业观，杜绝懒惰和好高骛远的求职倾向	（1）案例分析：经济危机时，政府如何去解决就业？ （2）杭州市大学生创新创业支持政策解析

3. 创新教学方法，丰富课堂教学方式

综合采用讲授法、案例分析、小组讨论、视频播放、学生演示、时事新闻讨论、热点话题讨论等方法来分享课程内容，激发学生的学习兴趣，培养学生善于思考、主动学习、积极参与团队合作等习惯。课前，教师采用任务驱动法，给学生下达学习任务和学习目标，落实实践任务，让学生接触社会，了解现实的劳动力市场，一方面锻炼学生资料收集、调研和汇报的能力；另一方面在了解客观劳动力市场的基础上，培养学生正确的就业观、择业观和价值观。每个小组分别做两个实践项目：一个是通过查阅文献收集劳动力市场当前的基本信息；另一个是结合课程内容进行实地调查，并形成两个PPT，在班级里分享汇报，最大限度地让学生参与。课中，结合案例，提炼和运用知识点，充分利用思政案例讨论的方法，在讨论中加深学习内容的理解，通过教师总结与思政引导等方式让学生在掌握理论知识的基础上树立正确的世界观、人生观和价值观。课后，采用作业、测试等方式检验学生的学习成果，利用调查问卷反馈学习效果，及时进行教学反思（见图1）。

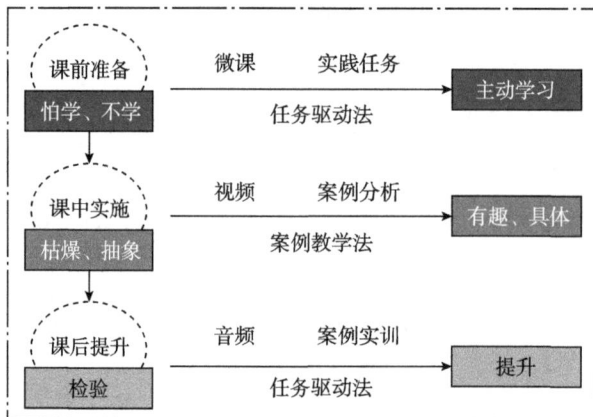

图1 课程教学活动设计

三、课程教学实践——以育人元素实施案例为例

案例一：劳动力市场歧视案例介绍
授课章节：第八章　劳动力市场歧视

（一）章节教学目标与思政目标

1. 知识与技能目标

（1）了解劳动力市场歧视的概念及劳动力市场歧视带来的后果。

（2）理解劳动力市场歧视存在的原因，并进行根源分析。

（3）了解各个国家消除市场歧视的作为，并进行效果分析。

2. 思想政治教育目标

（1）让学生正确认识人与人之间的差异，平等待人。

（2）让学生懂得包容他人、尊重他人。

（3）培养学生爱国精神。

（4）熟知消除歧视、平等待人的重要性。

（二）教学实施

1. 教学内容

劳动力歧视的概念、种类、成因、后果及对策。

2. 教学方法

讲授、视频播放、案例分析、小组讨论等方法。

3. 实施过程

（1）课前准备。

A. 发布任务。课后布置任务或云班课平台发布。

a. 课前查看学习云班课视频资源第八章劳动力市场歧视的内容。

b. 小组进行资料收集并制作 PPT 汇报，主题为我国就业歧视面面观，要求案例翔实多样，内容逻辑清晰，字体大小适宜，PPT 制作精美。

（2）课堂实施。

A. 案例导入，分析情景。

a. 小组 PPT 汇报分享。

b. 结合小组汇报案例和教师教学案例导入（非常众多，五花八门）。

性别歧视。2018 年 4 月，持有中式烹调师高级资格证书的李女士应聘某大型酒店厨房主厨时被告知已经招满，后来李某在工作岗位搜索时发现该酒店相同岗位的招聘广告明确要求应聘者为"男性"。李某再次去应聘，被明确告知厨房不要女性，就算有高级厨师资格证书也不考虑女性。

地域歧视。2019 年 7 月，××省姑娘小闫投了简历应聘浙江喜来登度假村有限公司法务和董事长助理岗位。次日，她收到该公司应聘回复：不合适，原因：××省人。

提问同学，这两家公司的行为是否合理，会对当事人造成怎样的后果？劳动力市场上为什么会存在这样的现象？

引出今天要分享的课程题目：劳动力市场歧视。

B. 讲授新课（理论结合案例）。

a. 概念。劳动力市场歧视是指在劳动力市场上，某些劳动者提供了与其他劳动者相同的生产率，但是由于他们在一些非经济个人特征上有所不同，如性别、年龄、民族、宗教、观念、地域、经历、出身、残疾、外貌等，因而在劳动报酬、劳动条件、职业晋升等方面会受到不平等待遇。

歧视本质上是一种不负责任的连带责任。无论你的工作能力如何，只要你是被歧视的群体，如女性、不好的学历、河南人、乙肝病毒携带者、身高较低的人、黑人等，就可能随时随地遭遇不公平的职场对待。

b. 区分劳动力市场歧视 vs. 前市场差别。案例分享：张桂梅筹建的女子免费高中针对的就是贫困山区因家庭贫困或女性偏见，导致接受教育的机会不均等的女子。如若没有张桂梅，这些女子可能因为其教育水平低，可从事的岗位和收入比较少，此为前市场差别。

c. 后果。被歧视的直接后果是劳动者在工作搜寻或者升迁过程中劳动报酬及劳动条件等受到不平等的待遇。然而，更深层次的后果是无论你怎么努力都没有用，因为你的某一种身份或者非经济个人特质可能是与生俱来的，与你的个人奋斗和努力程度没有关系。

如开场我们分享的河南姑娘找工作被公司歧视的案例，最终经过法院判决该公司赔偿河南姑娘精神损失费 9000 元，公证费 1000 元，口头并书面向小闫道歉。

引导学生能够正确认识劳动力市场的危害，倡导人格平等、平等待人的价值观。引出歧视的常见种类：种族歧视、性别歧视、年龄歧视、地域歧视等。

C. 学生讨论，教师引导。

a. 劳动力市场歧视长期存在的原因分析。小组讨论通过分析"为什么河南人备受歧视""学历歧视，985/211 优先""招聘只看第一学历"等现实案例来思考为什么这些歧视会普遍存在，引导学生从个人偏见（雇主、雇员、顾客）、先入为主的统计性歧视（为什么会出现先入为主——信息不对称）、垄断性市场力量等方面进行原因探索。

b. 讨论劳动力市场歧视会对雇主造成惩罚吗？引导学生从竞争性市场和垄断性市场两个视角分析是否有差异。

c. 我国有哪些解决劳动力市场歧视的政策和做法，效果如何？比如，在女性性别歧视方面，生育保险男女都缴费，男性增加陪护假等。

D. 课堂小结：总结知识点。

总结归纳，以案例为载体，通过案例、视频、讨论等方式带领学生找寻问题答案。比如，在统计性歧视方面，由于信息不对称，国外对中国不了解，那么少数国人在国外的不好行为，就非常容易让国外对中国形成统计性偏见。因此，国人在国外不仅代表着个人，还代表着中国人的形象，要激发学生树立坚定的集体责任感和爱国精神。

（3）课后提升。

案例拓展：观看云班课视频《美国之痛：种族歧视》，分析美国种族歧视无法消解的背后原因。

案例二：工资差异结构：共同富裕
授课章节：第六章　工资差异与工资结构

（一）章节教学目标与思政目标

1. 知识与技能目标

（1）了解劳动力市场上不同行业、地域、职业等工资差异与工资结构的客观现实。

（2）理解劳动力市场均衡工资差异长期存在的原因，并进行理论分析。

2. 思想政治教育目标

通过 2022 年我国各省居民人均收入差异、城镇居民人均可支配收入与农村居民人均纯收入差距、行业差距等案例分析，引导学生了解当前我国收入差距现状，关注地区、城乡发展不平衡问题，引导学生把国家、社会、公民的价值要求融为一体，树立正确的发展观，以及为实现共同富裕而不断贡献自身力量的远大理想。

（二）教学实施

1. 教学内容

工资差异的原因：工作差异、工人差异、劳动力市场阻隔；享乐主要工资理论。

2. 教学方法

资料收集、小组汇报、讲授、案例分析、小组讨论等方法。

3. 实施过程

（1）资料收集报告汇报。

资料收集主题为"近几年我国劳动力市场平均薪酬",小组做 PPT 汇报,让学生对目前我国劳动力市场上各行各业各区域的薪酬有整体的认识和了解,了解我国劳动力市场的基本情况。

(2)案例分析与小组讨论。

案例1:2020 年李兰娟院士说:"这次疫情结束以后,希望国家给年青一代树立正确的人生导向!把高薪留给德才兼备的科研、军事人员……适当管控娱乐圈那些'明星'动辄上千万的片酬!只有少年强则国强,为祖国未来发展培养自己的栋梁之材!希望媒体、教育部门、全社会能够形成一个共识,那就是教育我们的孩子要崇尚科学,要尊重科学家,要努力成为科学家。疫情过后,希望全社会树立健康观念,树立生物安全意识,多科普健康知识,多一些忧患意识。"

李院士说的"娱乐圈那些'明星'动辄上千万的片酬"所言非虚。娱乐圈"明星"的收入到底是多少,在国内一直以来都是"秘密"。但是,管中窥豹,从一些媒体的报道中,相信网友能窥见"一斑",少的上百万元,多的上亿元。

案例2:发展与分配

党的十九届五中全会提出"全体人民共同富裕取得更为明显的实质性进展"的目标。《中华人民共和国国民经济和社会发展第十四个五年规划和 2035 年远景目标纲要》提出,支持浙江高质量发展建设共同富裕示范区。这说明国家和浙江省在"做大蛋糕"谋发展的基础上,更注重收入分配,旨在解决如何分好蛋糕的问题,不断缩小城乡差距、区域差距。习近平总书记指出:"共同富裕本身就是社会主义现代化的一个重要目标。我们要始终把满足人民对美好生活的新期待作为发展的出发点和落脚点,在实现现代化过程中不断地、逐步地解决好这个问题。"

A. 如何看待这些人〔网红主播、娱乐明星、里皮(中国前男足主教练,年薪 1 亿元)〕的高工资?是否合理?

B. 怎样看待中国的贫富差距和收入分配机制?

C. 如何优化收入分配机制,缩小贫富差距,实现共同富裕?

D. 各行各业各区域为什么会有薪酬差异,该差异为什么不会消失?

(3)课堂讨论——工作选择决策(享乐主义工资理论)。

A. 选择高工资差的环境,还是好的环境低工资?

B. 除工资之外,你更看重非工资特征中的哪些方面(稳定性、安全性、职业地位、发展前景)?

C. 希望你未来的就业单位能够给你提供怎样的福利包（教育、住房公积金等）？

（4）课堂小结：总结知识点，实现知识与价值共频。

工资差异与工资结构的形成有多种因素，既有工作方面的原因，如工作的非货币特征、技能要求和教育要求不同、效率工资的存在等，又有工人效率差异方面的原因。人与人先天禀赋与后天受教育程度不同带来了人力资本存量的差异，另外劳动力市场上的信息不完全和流动障碍使工资差异长期存在。与此同时，工资差异要控制在合理的区间之内，优化收入分配机制，形成合理的工资结构，有助于构建和谐社会，积极投入劳动力。共同富裕目标的提出和推进也标志着我国始终坚持以人民为中心，始终把满足人民对美好生活的新期待作为发展的出发点和落脚点，这体现了社会主义的优越性和中国共产党的先进性。

四、教学效果与反思总结

1. 课堂活动明显生动

在认知目标完成方面，通过案例讨论和任务驱动式的课堂教学方法，使学生学习自主性明显提高，课堂参与度明显增强，课堂更活跃。学生通过主题汇报、课堂讨论，更好地锻炼学生以经济学思维分析问题和解决问题的能力。以当下比较热点的案例为例开展课堂教学，更有助于学生认识和理解劳动力市场，而不是泛泛而谈，浮于表面。在思政目标完成方面，着重考虑内容本身蕴含的思政元素，始终把握课程主线和特色，避免把专业课上成思政课，点到为止，不着痕迹地融入思政元素。

2. 综合能力明显增强

通过主题汇报和资料收集等，对比第一次实践任务（资料收集）和第二次实践任务（主题调查），以及第三学期（劳动经济学课程学期）和第四学期（其他课程，同一个老师授课），发现学生在资料收集逻辑性、调查研究科学性、PPT 制作精美度和汇报演讲自信度等方面有明显提升。

3. 考核方式明显合理

本课程为必修课，期末考核为闭卷考试，其成绩占比 40%，平时成绩占比60%，其中期中成绩占比10%，云班课学习和测验成绩占比10%，两个实践任务占比20%，课堂讨论占比20%。考核方式的优化赋予平时成绩更大的比重，让学生更重视课前预习和课后测验，课堂学习的参与性和互动性明显提升，课程考核更多元化，成绩能更好地反映出学生在整个学期课程学习的积极性和学习效果。

参考文献

［1］吴晶，胡浩．习近平在全国高校思想政治工作会议上强调：把思想政治工作贯穿教育教学全过程　开创我国高等教育事业发展新局面［J］．中国高等教育，2016，(24)：5-7.

［2］丁福兴，马彦．"劳动经济学"课程思政的目标、元素与方法［J］．晋城职业技术学院学报，2021（2）：57-59.

［3］许敏兰．"案例演讲"+"案例研讨"式教学的课堂组织及效果评价分析［J］．教育教学论坛，2019（4）：209-211.

［4］徐刘芬，雷启振．劳动经济学教学模式的反思——基于培养学生合作学习和思维能力视角的分析［J］．教书育人（高教论坛），2020（3）：104-106.

［5］胡泊．课程思政背景下经济教学融入思政元素探讨——评《经济学原理》［J］．国际贸易，2023（10）：99.

混合式课程思政教学探索与实践

——以"社会保障学"课程为例

夏 磊[*]

摘要 "社会保障学"作为劳动与社会保障专业的核心课程，在构建专业基本知识框架、建立初步的专业认知、培养专业认同感等方面有着非常重要的作用。在"互联网+教学"及"混合式教学"的大背景下，如何将课程思政内容融入该课程日常的教学实践中，引导学生对中国特色的社会保障制度形成正确的认知，树立积极的职业价值观，培养专业认同感，成为课程建设中的一个新的挑战。因此，有必要在混合式课堂教学改革的基础上，结合课程的特点推进思政内容的融入，优化课程的教学效果。本文结合课程思政教学的探索，重新确定了课程的教学目标，提出了混合式课堂教学实践过程中的思政教学策略。

关键词 课程思政；混合式；教学

一、引言

"社会保障学"是劳动与社会保障专业的核心课程，也可作为人力资源管理、社会工作、社会学、保险学等专业的专业课，具有综合性、应用型和交叉性的特征。社会保障的发展体现了人们互助的愿望，也体现了国家在为人民服务过程中的智慧和担当，特别是我国改革开放以来社会保障制度的建设和发展极大地促进了我国社会保障体系的丰富和完善。在"社会保障学"课程教学中融入思政元素，提取其中的价值观念和教育因素，有助于增强学生的中国特色社会主义道路自信、理论自信、制度自信、文

＊ 作者简介：夏磊，浙江财经大学东方学院讲师。

项目来源：浙江财经大学大学东方学院课程思政研究项目，项目编号：2023JK17。

化自信，厚植爱国主义情怀，在指导学生学习专业知识的同时，树立社会主义核心价值观。

二、课程基本现状

（一）基本情况

"社会保障学"这门课主要包括社会保障基本理论（第一章至第四章）和社会保障实践（第五章至第十二章）两个方面的内容。本文所探讨的课程主要为面向社会保障专业学生开设的专业必修课程（见表1）。

表1 "社会保障学"课程基本信息

项目	详情
课程性质	专业选必修课
课程学时	48学时（16周）
课程学分	3学分
课程学期	第三学期
课程教材	郑功成：《社会保障学》；马克思主义理论研究和建设工程重点教材：《社会保障概论》
先修课程	公共管理
适用专业	社会保障、劳动关系、社会工作等

首先，从专业理念和知识传承的视角来看，社会保障具有很强的意识形态。任何国家都会依据自身的特点积极发展自己的社会保障事业，目的是更好地分散社会风险，降低社会矛盾，服务本国居民，这和国家的未来发展密不可分。因此，在专业知识教学的过程中更应该专注思政教育内容的安排和融入。

其次，从职业生涯规划的角度看，社会保障专业人才培养是我国社会保障事业发展和完善的保障。社会保障专业毕业生可进入企事业单位从事社会保障方面的政策制定、组织管理、实务操作等工作，这类职业不但要求理解并掌握相关的政策和理论知识，还要求对国家有强烈的情感和全面的认识，客观判断和认识社会保障在不同国家的形态，以及我们国家的发展情况。因此，须加强社会保障专业课程思想政治教育的渗透力和穿透力。

最后，"社会保障学"作为社会保障专业的核心课程，在专业知识体系架构和专业理念引领方面同样具有核心的作用，特别是在思政元素的融入和设计方面，在体现专业特色的时候应该有特色、有主线、有逻辑。

（二）面对的问题

虽然该课程相关的思政教学改革有许多不同的实践摸索和研究，但没有梳理出围绕主线的内在紧密逻辑，有亮点，无梳理总结，因此思政元素的融入显得较为随意和松散。"社会保障学"在专业知识体系架构和专业理念引领方面具有核心的作用，在体现专业特色的时候有特色、有主线、有逻辑，主要表现在以下几个方面：

（1）总结"弱"。"社会保障学"思政教学是"富矿"，在教学过程中，有很多思政教学亮点可提炼，但总结梳理方面的意识"弱"。

（2）融入"散"。融入的点很主观随机，没有形成自有逻辑主线，随机"散"在一些章节。

（3）覆盖"窄"。收集整理的思政资源以社会保障发展成果为主，覆盖面"窄"。

（4）思路"缺"。整体思路不够清晰，"缺"梳理。

三、思政目标和基本实施思路

（一）思政目标

通过课程的学习可使学生充分认识社会保障在社会主义和谐社会建设中的重要地位和作用，了解社会保障制度的特点，把握、分析社会保障制度在运行过程中存在的问题和解决的办法，能够从社会保障的专业视角，对社会问题进行深入分析，并结合实践应用，培养应用实践能力，达到应用型人才的培养要求。

"社会保障学"课程作为劳动与社会保障专业的核心课程，课程思政建设对培育新时代社会保障应用型人才极为重要。该课程以专业知识的传授为主线，自然融入思政元素，进而实现"教书"与"育人"有机结合，以及寓道于教、寓德于教的核心目标。该课程的思政建设以习近平新时代中国特色社会主义思想为引领，以坚定理想与承载责任，助力构建社会主义和谐社会为目标，从社会保障学基础理论及其发展着手，以爱国情怀、理想与社会责任为基本承载点，以专业综合能力的培养与提升为主要落脚点，凝练社会保障学课程思政元素。构建以基础理论、典型案例、时事政治等为主要内容的立体化资源库，优化课程思政内容结构。通过综合运用课堂讲授、翻转课堂的教学方式，以及互动式、研讨式、案例式的教学方法，在激发学生学习兴趣，掌握专业知识的同时，进一步提升学生的思想政治素养，培养学生的民生情怀，树立核心价值观，提高专业综合素质和能力。

（二）实施思路

1. 思政元素

社会保障制度是助力和谐社会不断发展和完善的重要力量，也是中国特色社会主义制度建设的重要组成部分，为促进经济和社会的长期稳定发展奠定了坚实的基础。对社会保障学课程内容进行分析，能够发现课程思政的内容贯穿一主线：习近平新时代中国特色社会主义思想和社会主义核心价值观引领下的社会主义和谐社会建设。本文围绕这一主线，从社会保障助力和谐社会建设的视角展开，以下是课程思政元素切入的基本过程，如表2所示。

表2 "社会保障学"课程思政元素

章	教学内容	切入过程	课程思政元素
第一章	绪论	通过关系民生的一些具体情景的回顾探讨，结合实践任务，引导学生认识到社会保障在和谐社会建设中的重要性	和谐社会 社会保障
第二章	社会保障制度的发展	了解改革开放几十年来我国社会保障事业取得的巨大成就，结合实践任务进行热点分析，通过讲中国经验与中国方案，让学生树立"制度自信"	制度自信 爱国主义教育 社会责任感
第三章	社会保障体系与模式	通过关于福利国家的案例探讨，以及观看纪录片《中国社会保障纪实》第一集《民生福祉》，使学生深刻体会到我国社会保障体系改革带来的幸福感，增强制度自信	制度自信

续表

章	教学内容	切入过程	课程思政元素
第四章	社会保障的立法与管理	通过对我国社会保障立法的了解，以及对具体管理实务情景的感受，凸显法治化建设和服务意识重要性	依法治国 服务意识
第五章	养老保险	通过对我国养老保险从"双轨制"到"单轨制"改革的介绍，结合"我身边的养老保险"的课后小调查，增强学生对养老保险和社会公平的认识	社会公平 社会平等
第六章	医疗保险	通过医保谈判典型案例，以及医保在疫情防控中的作用，增强学生制度自信，爱国情怀	制度自信 爱国情怀
第七章	失业保险	通过对多米诺骨牌效应及真实案例的介绍，认识失业对社会和个人产生的消极影响，鼓励学生积极就业，培养良好的爱岗敬业精神	爱岗敬业 职业精神
第八章	工伤保险	通过对工伤保险不同历史阶段责任划分变化的介绍，以及对工伤保险一些大家关心的实务案件的介绍，凸显制度设计以人为本的宗旨	以人为本 人文关怀
第九章	社会救助	通过灾害救助和扶贫救助中的典型案例，引导、鼓励学生乐善好施、乐于助人，树立助人、友善的价值观	社会主义 核心价值观
第十章	社会福利	具体介绍我国近些年在公共设施、义务教育、住房保障等方面取得的进步，培养学生的爱国主义精神和民族自信心	爱国精神 制度自信
第十一章	社会优抚	通过对军人职业特殊性和对军人保障的介绍，培养学生的爱国拥军意识	爱国拥军意识
第十二章	补充保障	通过介绍不同的补充保障的类型，引导、鼓励学生未雨绸缪，艰苦奋斗	艰苦奋斗 忧患意识

2. 基本思路

"社会保障学"课程致力于打造有温度、有情怀、有共情的社会保障课堂。课程主要围绕"习近平新时代中国特色社会主义思想和社会主义核心价值观引领下的社会主义和谐社会建设"这一主线，课程思政主要依据"三三三"思路进行展开：

（1）选取"三"方面组建素材库。

广泛地收集社会保障领域的各种思政素材，从我国社会保障发展成果、国内外社会保障热点事件、身边的社会保障故事三个方面进行收集和整理，素材库包括社会保障领域的典型案例和热点事件的视频、音频、专家学者的研究成果和文献资料等多种形式的丰富的思政素材。

（2）实现"三"个基本目标。

我国社会保障制度要助力社会主义和谐社会建设，实现三个基本目标：一是体会到获得感和制度自信，二是感受到自身使命感和责任感，三是激发起浓厚的家国情怀和爱岗敬业精神。在这三个目标的基础上结合课程知识，挖掘思政元素的价值，对素材进行相应的编辑，并根据使用的目的进行相应的归类。

（3）做到"三"个结合。

根据课程章节内容和教学进度，确定思政素材进入课程教学的方式和时机，尝试通过"线上线下相结合""理论和实践相结合""课前课中课后结合"三种结合方式，做到专业知识学习和课程思政育人水乳交融，润物无声，贯穿始终。

3. 教学实施

在"三三三"思路的基础上，围绕预设目标，根据教学的章节内容和教学进度，为课前、课中、课后课程思政元素的自然融入做出一些安排，下文以三个不同的教学实践加以说明。

（1）建立专业认知。

通过绪论章节知识点的介绍，学生对社会保障有了基本的认识和了解，然后老师精选出与民生相关的社会保障主题或学生自己非常感兴趣的主题由学生自己去调查了解，形成对该主题内的社会保障问题较为详细的认识，培养学生自学能力，培养学生作为社保人的高度社会责任感，具体情况如表3所示。

表3　专业认知的建立过程

目标：培养自学能力，提升制度自信，培养社会责任感	
活动形式	学生自主收集和分析资料文献
参与人员	教师和全体同学
活动内容	分组：3个同学一组 选题：每组同学认领或自拟一个感兴趣的社会保障范畴内的主题
具体分工	明确组内的责任分工（如资料收集整理、PPT制作、汇报等），通过收集资料、讨论、达成共识、组织撰写，形成最终的报告
成果形式	形成的主题调查成果上传到云班课，同时由小组的汇报人负责在课堂上进行本组PPT汇报
成绩形成	云班课教师点评/学生互评

（2）捕捉时事热点。

社会保障关系国计民生，不缺乏热点，通过专业领域内的热点捕捉，培养与锻炼专业思维和专业敏感度。要求学生在阅读报纸期刊、看电视的过程中，关注社会保障问题，或与社会保障有关的问题。学生对与教学内容相关的最近的社会保障新闻等进行收集，选出一个或几个事例，对该热点问题作简要分析。上课时，学生要将准备好的问题和相关分析分享介绍给同学，教师可根据需要组织同学对此热点问题进行讨论，通过教师的引导挖掘问题的原因，引起同学们的进一步关注（见表4）。

表4 社会保障时事热点的捕捉

目标：培养专业思维和敏感度，提升社会责任感，培养家国情怀	
活动形式	翻转课堂：学生限时主题演讲
参与人员	教师和全体学生
活动内容	分组：3 个同学一组 演讲：小组代表作社会保障热点分享
具体分工	课前每组对与教学内容相关的最近的社会保障新闻等进行准备和研究讨论，选出一个或几个事例，对该热点问题作简要分析，选出主讲人。明确组内的责任分工（如资料收集整理、PPT 制作、汇报等），通过收集资料、讨论达成共识并在课上分享
成果形式	形成的分享内容传到云班课，同时由小组的汇报人负责在课堂上分享本组的 PPT（限时 10 分钟）
成绩形成	云班课教师点评/学生互评

（3）情景模拟体验。

在学习过社会保障的立法和管理章节知识后，理论联系实际，通过社会保障综合实训平台的情景模拟，明确社会保险登记、基数核定等操作流程，让学生扮演社会保险申请者或审核者，感受较为真实的社会保险相关实务操作流程（见表5）。通过对我国社会保障立法的了解，以及对具体管理实务情景的感受，进一步加深对专业的认同，了解法治化建设和专业服务意识的重要性。

表5 社会保障实务情景模拟

目标：提升专业认同，凸显依法治国和服务意识	
活动形式	角色模拟（计算机软件模拟业务操作）
参与人员	教师和全体学生

	目标：提升专业认同，凸显依法治国和服务意识
活动内容	1. 教师指导学生课前预习相关知识点，了解相关社会保险政策及规定 2. 教师通过电脑分配角色模拟任务 3. 学生完成任务
成果形式	1. 学生模拟完整任务流程 2. 任务形成实践报告，并上传至云班课
成绩形成	云班课教师点评/操作得分

四、课程的特色及创新

（一）纵向重构（线上+线下）

在课程内容的编排上，以适应线上线下混合式的教学方式为前提，对原有的课程内容作了纵向的线上和线下教学内容的重新安排，积极选用思政元素突出的线上课程（见表6），基本做到线上与线下内容协同进行，逐步推进。

表6 "社会保障学"教学内容及线上融入

章	教学内容（线下）	授课学时	教学内容（线上）
第一章	绪论	3	合作秩序与国家公器：初识社会保障
第二章	社会保障制度的发展	4	公民权利与国家治理：社会保障的前世今生
第三章	社会保障体系与模式	5	全球社会保障制度概览
第四章	社会保障的立法与管理	5	社会保障经办管理与基金运营
第五章	养老保险	5	老有所养：代际更替稳固安全的养老保险
第六章	医疗保险	5	病有所医：化解疾病健康风险的医疗保险
第七章	失业保险	4	业有所属：分担失业风险的就业保障
第八章	工伤保险	4	伤有所偿：分担因工伤残的工伤保险
第九章	社会救助	4	扶危济困与普适共济：作为兜底性保障的社会救助
第十章	社会福利	4	民生福祉与普惠共享：作为叠加性保障的社会福利
第十一章	社会优抚	3	

续表

章	教学内容（线下）	授课学时	教学内容（线上）
第十二章	补充保障	3	未来之路与价值选择：走向更加公平的社会保障
合计		48	

注：线上内容主要来源于中国大学 Mooc 平台上西北大学的"社会保障学"课程。

（二）横向拓展（理论+实训+思政）

在课程纵向重构的同时，积极地在横向上拓展课程的广度与深度，嵌入本专业综合实训的内容，在课程横向上作了重新安排。通过与上海逸景网络科技公司的协同育人合作项目，利用智能虚拟仿真技术实现实例情境、多媒体素材等的灵活应用，将劳动与社会保障实训嵌入"社会保障学"课程的教学中来（见表7），将理论和实践相融合，提升学生的积极性和学习效果。

表7 "社会保障学"教学内容及实训嵌入点

章	教学内容	授课学时	课程相关实训嵌入点
第一章	绪论	3	
第二章	社会保障制度的发展	4	
第三章	社会保障体系与模式	5	
第四章	社会保障的立法与管理	5	社会保障实训：
第五章	养老保险	5	1. 社会保险登记与缴费实训
第六章	医疗保险	5	2. 社会保险个人账户管理实训
第七章	失业保险	4	3. 社会保险待遇给付实训
第八章	工伤保险	4	
第九章	社会救助	4	
第十章	社会福利	4	社会救助和社会福利实训等
第十一章	社会优抚	3	（待开发）
第十二章	补充保障	3	
合计		48	

五、教学的效果和反思

（一）教学的效果

除了学校传统教学管理中的学评教及教学信息员制度外，本课程还主动在每次课程结束的时候进行较为细致的问卷调查与反馈，涉及课程资源、课程模式、课程效果、课程改进等方面的信息，并在此基础上对最近一次教学情况进行初步的了解与分析（见图1），使之成为课程改进的重要依据。总体来看，绝大部分同学能够接受目前的授课方式，从学评教的成绩和问卷调查的结果来看，整体的教学效果都有提升。

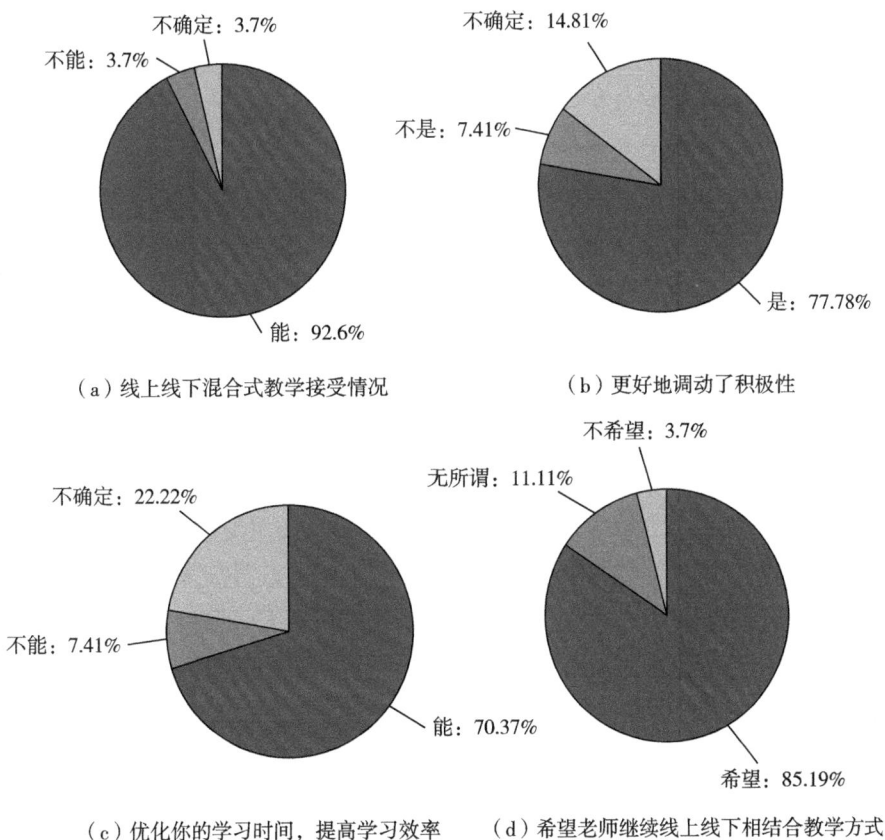

（a）线上线下混合式教学接受情况　　　　（b）更好地调动了积极性

（c）优化你的学习时间，提高学习效率　　（d）希望老师继续线上线下相结合教学方式

图1　课程问卷调查数据分析（节选）

（二）教学的反思

1. 线上资源的准备

线上平台需要大量的资源来协调线下的教学，虽然线上资源的便捷性和可及性强，但在实际的教学过程中发现并不是越多越好，也不是越丰富越高端越好。所有混合教学中的资源都应该基于基本的教学内容，做到经常收集梳理、条理清晰、便于掌握吸收，这些教学资源可以自己制作，也可以整合网络上已有资源，但是这些资源需要和教学内容协调一致，线上资源推送的时间需要与教学的进度一致，推送的量也要考虑学生的接受和适应能力。

2. 线下课堂教学

混合教学在线上重资源，但在资源的整理、设计、利用的同时，对线下课堂教学也要特别地关注。因为在混合教学模式下，线下课堂教学也特别重要，线下的课堂教学往往需要与线上教学的协同进行，可能会花费大量的时间去录制或剪切视频资源，把很多线下课堂可以完成的任务搬到线上，但由于大量相关的学习资源未经严格筛选便无差别上传线上，导致网上资源整备花费过多的时间和精力，使线下的课堂教学安排过于刻板松散，显得索然无味，效果也不尽如人意。

3. 思政元素的挖掘和梳理

作为专业的核心课程，"社会保障学"在专业知识体系架构和专业理念引领方面同样具有核心的作用，特别是在思政元素的融入和设计方面，在体现专业特色的时候有特色、有主线、有逻辑。就目前来看，虽然该课程相关的思政教学改革有许多不同的实践摸索和研究，但仍然需要继续围绕主线，结合专业课程特点，梳理出一些有特色、有逻辑的思政元素，解决思政元素的融入显得较为随意和松散的问题。

参考文献

［1］赵玉娟，尚海燕. 大学生专业课课程思政获得感提升路径研究：以"社会保障学"课程为例［J］. 湖北开放职业学院学报，2023（14）：109-111.

［2］徐小言．混合式课程思政教学创新研究——以社会保障概论课程为例［J］．吉林教育，2024（5）：73-75.

［3］高萌．应用型人才培养理念下的课程思政教学改革研究——以"社会保障学"为例［J］．产业与科技论坛，2023（14）：114-116.

［4］曹月盈．基于多平台协同的混合式线上教学实践探究——以 UG 的三维造型课程为例［J］．山西青年，2021（13）：114-115.

［5］张娜．"社会保险"课程思政元素的挖掘与教学实践［J］．百色学院学报，2023（3）：127-132.